成本会计

（第二版）

主　编　杨守杰　马云平　王　迪
主　审　吴宝宏　王海东

哈尔滨工程大学出版社
Harbin Engineering University Press

内容简介

本书主要强调并突出了成本会计管理理念对管理实践的重要意义，归纳了现代成本管理过程和（或）流程的现状与变化，并前瞻性地指出了其未来发展趋势，对成本管理中采用的技术、方法、手段、工具和技巧进行全面概括和分析，内容具有时代性、先进性、实践性和实用性。本书分析和探讨了相关理论在现实中的应用，对当今管理实践和社会活动中存在的现象从管理角度进行了分析和讨论。

本书既可作为高等院校经济管理类专业的教材，也可作为管理类人才培训的参考资料。

图书在版编目（CIP）数据

成本会计／杨守杰，马云平，王迪主编．—2版．—哈尔滨：哈尔滨工程大学出版社，2019.1
ISBN 978-7-5661-2200-1

Ⅰ．①成… Ⅱ．①杨… ②马… ③王… Ⅲ．①成本会计 Ⅳ．①F234.2

中国版本图书馆CIP数据核字（2019）第019332号

选题策划 刘凯元
责任编辑 刘凯元
封面设计 博鑫设计

出版发行 哈尔滨工程大学出版社
社　　址 哈尔滨市南岗区南通大街145号
邮政编码 150001
发行电话 0451-82519328
传　　真 0451-82519699
经　　销 新华书店
印　　刷 哈尔滨市石桥印务有限公司
开　　本 787 mm×1 092 mm 1/16
印　　张 15.75
字　　数 400千字
版　　次 2019年1月第2版
印　　次 2019年1月第1次印刷
定　　价 48.00元
http://press.hrbeu.edu.cn
E-mail:heupress@hrbeu.edu.cn

近几年,复合应用型会计学专业教育迅速发展。为做好复合应用型会计学专业教育教材建设工作,编者在充分调研的基础上,吸收近年来一些高校在此方面的成功经验,强调面向行业,增强针对性和实用性,体现适用、简明的要求,重视学生实践能力的培养。同时,教材建设不仅要注重内容和体系的改革,创新体系结构和编写形式,还要注重方法和手段的改革,紧扣时代脉搏,以跟上科技进步和经济发展对各层次人才的实际需要。

本教材在编写过程中,一方面根据我国最新颁布的会计相关法规、制度,结合我国会计改革的特点,尽可能吸纳本学科最新的研究成果,使其具有一定的理论性和前瞻性。另一方面,充分考虑人才培养目标和教学特点,力求做到既有一定的理论深度,又兼顾其可操作性,注重对学生基本技能的培养,使其具有广泛的适用性。

随着社会经济的迅猛发展,会计人员不仅要做好成本核算工作,还应按成本最优化的要求,对企业生产经营活动进行预测、决策、计划、控制和分析。因此我们对本书在结构、内容和方法上做了较大的调整和充实。本书共十三章,内容分为四大部分:第一部分为成本会计的基本理论;第二部分系统地介绍了工业企业成本核算的基本原理和具体方法,为本书的重点,其内容主要包括生产费用的核算、产品成本计算的基本方法、辅助方法;第三部分主要阐述标准成本、作业成本等成本管理方法;第四部分对商品流通企业、施工企业和房地产开发企业等典型行业的成本核算原理做了说明。

参加本书编写的有佳木斯大学的杨守杰、马云平、王迪。具体编写分工如下:杨守杰编写第1、2、5、12章,马云平编写3、4、6、10、11章,王迪编写7、8、9、13章。本书的结构设计由杨守杰确定,并负责组织撰写和定稿,最后对全书进行修改。佳木斯大学吴宝宏、王海东担任本书的主审。

本书在编写过程中,吸收借鉴了国内外最新研究成果和其他有关教材的成果,在此一并表达由衷的敬意和感激之情。感谢吴宝宏和王海东副教授给予的大力支持和悉心指导。感谢哈尔滨工程大学出版社刘凯元同志在编写过程中给予的大力支持!

由于作者水平有限,编写时间仓促,书中难免有疏漏和不当之处,恳请专家、学者批评指正。

编　者

2018 年 10 月

目录
CONTENTS

第1章　总　　论

【知识要点】

1. 成本的概念、具体内容；

2. 成本会计的含义、内容；

3. 生产费用与产品成本的关系；

4. 成本会计的工作组织。

1.1　成本的含义

1.1.1　成本的概念

成本是一个价值范畴，它所涵盖的范围相当广泛，是会计学、投资学、工程学中一个重要的范畴。不同的学科，由于其研究的角度、目的不同，对成本有不同的认识，对其定义也不相同。成本会计是会计的一个重要分支，是以成本为对象的一种专业会计，其所研究的成本只为了实现一定的经济目的而付出的、可以用货币计量的代价。

1. 成本的含义

产品成本包括产品制造过程中所发生的成本，所以也称为制造成本或生产成本。产品生产是物质生产企业的基本经济活动。产品的生产过程，同时又是物化劳动和活劳动的消耗过程，企业生产产品所消耗的物化劳动和活劳动的总和构成产品的社会生产费用、产品的社会生产费用构成产品的价值。

商品 W 的价值具体包括三部分：①生产经营过程中耗费的物化劳动价值(c)，即已耗费的生产资料转移的价值；②劳动者为自己劳动所创造的价值(v)，即活劳动中归劳动者个人支配部分；③劳动者为社会劳动所创造的价值(m，即归社会支配的部分)。商品 W 的价值用公式来表示是 $W = c + v + m$。从理论上讲，上述的前两部分是商品价值中的补偿部分，它构成商品的理论成本，即理论成本可用公式表示为 $c + v$，从理论上说明了成本的经济实质和它应该包括的客观内容。理论成本具体表现为组织生产产品耗费的原材料、燃料及动力、计提固定资产折旧、支付工资、福利费等。成本是商品价值的主要构成部分，也就是马克思劳动价值理论 $W = c + v + m$ 中的 $c + v$，即商品价值 W 减去剩余价值 m。

2. 成本的具体内容

在实际工作中，很难确定纯粹的 $c + v$ 这种理论成本，为了促使企业成本计算口径一致，保持成本的可比性，成本作为国家宏观管理手段，在 $c + v$ 与 m 之间存在一定程度的流动性。国家通过有关法规制度界定了成本开支范围。在成本开支范围中，明确规定哪些费用开支允许列入产品成本，哪些费用开支不允许列入产品成本。按这种法定的内容计算出来并登记入账的现实成本，称为财务成本，也叫作核算成本或制度成本。现实成本即产品成本，是指生产一定种类和数量的产品而耗费的物化劳动和部分活劳动的货币表现。成本开支范围具体包括以下内容：

(1)为制造产品耗用的原料、材料、外购半成品;
(2)为制造产品耗用的燃料、动力;
(3)生产工人、车间管理人员的工资、福利费;
(4)生产用房屋、机器、设备的折旧费、修理费;
(5)低值易耗品费用;
(6)固定资产租赁费;
(7)按规定列入成本的停工费用;
(8)废品的损失费用;
(9)财产保险费用。

在实际工作中,根据不同时期经济管理的要求,对某些不形成商品价值的部分也列入产品成本,如废品损失、财产保险费等,从而使现实成本和理论成本产生差异。

3. 期间成本

期间成本也称期间费用,又称为非产品成本或非制造成本,是与产品生产活动没有直接联系的成本。它不计入产品成本,而是直接归入当期损益。也就是说,期间成本发生时即同当期销售收入相配比,全额列在利润表上作为该期销售收入的一个扣减项目。它不随产品实体流动而流动,而是随着企业生产经营活动持续期间的长短而相应增减。

期间成本主要分为销售费用、管理费用和财务费用三项。

工业企业的生产成本、销售费用、管理费用和财务费用都是企业经营性的支出。

4. 成本的一般含义

以上我们以物质生产企业的产品为对象,阐述了产品成本的定义,说明了成本的经济内容和经济本质,这些基本理论也适合于其他行业企业,虽然其他行业企业(如商业企业和服务企业)的经营特点和费用发生的形式与范围不同于工业企业,但它们都和工业企业一样有着最本质的共同点:都是向社会有偿提供其所需要的物品或服务,提供物品和服务的过程都要发生各种物质和人工的消耗以及其他有关的货币支出,为了维持企业经营的持续进行,耗费的各种物质和人工以及其他的货币支出都要从营业收入中补偿。企业向社会提供的物品和服务是有偿的,接受者(顾客)要以货币相交易才能获取,我们可将其统称为产品。不同行业的企业提供物品和服务所发生费用的形式和范围形形色色,但总体来看,不外是物质消耗、人工消耗以及其他有关的货币支出。成本的经济本质是补偿价值理论,也是对企业所提供物品和服务定价以及计算相关营业损益的基础。

因此,我们一般将成本定义为:成本是企业为了提供物品、服务等商品而在物质和人工上的耗费以及其他有关的货币支出,并应从其营业收入中得到补偿的价值。

1.1.2 成本的作用

在社会主义市场经济条件下,成本作为一个客观存在的经济范畴,在以提高经济效益为根本目标的经济管理体系中发挥着重要的作用。

1. 成本是生产经营耗费的补偿尺度

企业从事生产经营发生的资金耗费只有从取得的收入中得到补偿,才能保证生产经营在原有规模上继续进行。成本是全部资金耗费在产品上的集中体现,以产品成本作为衡量尺度,与产品收入相比较,可以判断资金耗费能否得到补偿,能在多大程度上得到补偿。如果企业的产品收入小于其相关的成本,表明企业的资金耗费未能全部得到补偿,原有生产经营规模将难以维持,企业必须通过增加收入和降低耗费来弥补资金的不足。相反,如果企业的产品收入大于其相关的成本,则表明企业的资金耗费不仅能全部补偿回来,而且能得到一个资金增量,用于扩大生产经营规模。

2. 成本是综合反映企业工作质量的重要指标

成本指标直接反映成本水平的高低,并综合反映企业的经营管理水平。企业生产经营的规模、品种、质量和结构、劳动生产率、材料消耗、设备利用程度、资金运用、生产和劳动的组织等,都会在成本中直接或间接地表现出来。因此,成本作为衡量企业工作质量的综合指标,始终是企业核算和管理的重要内容。任何企业只有加强成本的监督和控制,才能不断提高经济效益和管理水平。

3. 成本是制定产品价格的重要依据

价格是价值的货币表现。从市场方面看,企业的产品能按一定价格出售,标志着社会对其劳动价值的认可,出售价格的高低反映其价值的实现程度。从企业方面看,成本是价值中物化劳动和必要劳动的货币表现,是价值的主体部分,反映已经垫付的各种劳动耗费,必须通过出售价格取得补偿,否则就无法维持简单再生产。因此,企业在制定价格时,考虑的众多因素中,成本是最重要的因素。成本是制定价格的最低经济界限,销售价格不小于成本,是企业生存的起码条件。当然,这并不排斥企业作为一种营销策略或权宜之计,将产品低于成本出售的情况。只有当销售价格高于成本时,企业才能盈利,这是企业发展的基本前提。

4. 成本是企业进行经营决策的重要依据

市场经济条件下,企业作为自主经营、自负盈亏的经济实体,面对千变万化的市场和竞争,必须随时就有关生产什么、生产多少和如何生产的问题做出正确的决策。企业的任何生产经营决策,其最终目标都是提高经济效益,这就必然涉及"所得"与"所耗"的比较,而"所耗"即成本费用。企业在市场上的竞争,表面上是质量和价格的竞争,实质上是成本费用的竞争。因此,任何企业进行重大经营决策时,都要运用有关成本数据,分析和比较决策方案的经济效益,以便权衡利弊。值得注意的是,现实成本数据只能作为决策的参考,而不能作为决策的依据。因为在产品质量和数量、管理水平及技术水平等诸多因素的影响下,成本是动态变化的,所以在对未来经营进行决策时,应在现实成本的基础上正确预测成本变动趋势。

5. 成本是企业竞争的主要手段

在市场经济条件下,企业的竞争主要是价格和质量的竞争,而价格的竞争归根到底是成本的竞争,只有成本低才能卖价低,并有盈利。因此,成本是企业竞争的重要手段。企业效益好坏、竞争能力强弱,在很大程度上取决于其成本高低。若一个企业的个别成本能低于社会的平均成本,该企业在竞争中就占有较大优势。因此,成本的竞争将日益成为企业竞争的重要手段。

1.1.3　生产费用的分类

工业企业的主要经营活动是材料物资采购、产品生产和产品销售三个环节,其中产品生产是中心环节。在产品的直接生产过程中,即从原材料投入生产到产品制成的过程中,一方面制造出产品,另一方面要发生各种各样的生产耗费即生产费用。生产费用是指企业在一定时期内发生的、用货币额表现的生产耗费。

生产费用与产品成本似乎成了同义语，但实际工作中二者不完全相等。生产费用是以本期实际支出为标准，而产品成本则以费用是否应归属于本期为标准。如本期实际支出的生产费用可能需要推后计入后期产品成本，而计入本期产品成本的生产费用可能已在前期支付或要等到下期支付。概括地说，对生产费用的计量是以期间为标准，以时间长度来计算费用总额，而产品成本是以产品为对象归集费用，是对象化的生产费用，在二者的核算中，生产费用的核算是基础。

为了考核和分析生产费用的发生情况，正确地计算产品成本，生产费用可以按以下标准分类。

1. 按费用要素分类

生产费用概括地讲，包括劳动资料、劳动对象等物化劳动耗费和活劳动耗费两大部分。前两方面为物化劳动耗费，即物质消耗；后一方面为活劳动耗费，即非物质消耗。这三类可以称为工业企业费用的三大要素。

为了具体地反映工业企业各种费用的构成和水平，还应在此基础上将工业企业费用进一步划分为以下九个费用要素。

（1）外购材料。它是指企业耗用的一切从外部购进的原料及主要材料、半成品、辅助材料、包装物、修理用备件和低值易耗品等。

（2）外购燃料。它是指企业耗用的一切从外部购进的各种燃料，包括固体、液体、气体燃料。从理论上说，外购燃料应该包括在外购材料中，但由于燃料是重要能源，需要单独考核，因而单独列为一个要素进行计划和核算。

（3）外购动力。它是指企业耗用的从外部购进的各种动力。

（4）工资。它是指企业的职员和工人的工资。

（5）计提的职工福利费。它是指企业按照工资的规定比例计提的职工福利费。

（6）折旧费。它是指企业按照规定计算的固定资产折旧费用。出租固定资产的折旧费不包括在内。

（7）利息费用。它是指企业的借款利息费用减去利息收入后的净额。

（8）税金。它是指企业应缴纳的各种税金，包括房产税、车船使用税、印花税、土地使用税等。

（9）其他费用。它是指不属于以上各要素的费用，例如邮电费、差旅费、租赁费、外部加工费等。

按照上列费用要素反映的费用，称为要素费用。

上述要素费用如为生产产品消耗，形成产品生产成本；如为组织、管理生产经营活动、销售活动所发生则形成了企业的期间费用（管理费用、销售费用、财务费用）。

2. 按费用用途分类

计入产品成本的生产费用在生产过程中的用途也各不相同。有的直接用于产品生产，有的间接用于产品生产。为了具体地反映计入产品成本的生产费用的各种用途，还可将其进一步划分为若干个项目，即产品生产成本项目，简称产品成本项目或成本项目。

根据生产特点和管理要求，工业企业一般可以设立以下四个成本项目。

（1）原材料。亦称直接材料，它是指直接用于产品生产、构成产品实体的原料、主要材料以及有助于产品形成的辅助材料。

（2）燃料及动力。它是指直接用于产品生产的外购和自制的燃料和动力。

(3)生产工资及福利费，简称工资及福利费，亦称直接人工。它是指直接参加产品生产的工人工资以及按生产工人工资和规定的比例计提的职工福利费。

(4)制造费用。它是指直接用于产品生产，但不便于直接计入产品成本，因而没有专设成本项目的费用(例如，机器设备折旧费用)，以及间接用于产品生产的各项费用(例如，机物料消耗、车间厂房折旧费用等)。它是没有专设成本项目的其他生产费用。

3. 按费用与产品的关系分类

在构成产品成本的各项生产费用中，直接用于产品生产的费用可以称为直接生产费用，例如，原料费用、主要材料费用、生产工人工资和机器设备折旧费用等；间接用于产品生产的费用可以称为间接生产费用，例如，机物料消耗、辅助工人工资和车间厂房折旧费用等。

4. 按费用计入成本的方法分类

在构成产品成本的各项生产费用中，可以分清哪种产品所耗用、可以直接计入某种产品成本的费用，称为直接计入费用(一般简称为直接费用)；不能分清哪种产品所耗用、不能直接计入某种产品成本，而必须按照一定标准分配计入有关的各种产品成本的费用，称为间接计入(或分配计入)费用(一般简称为间接费用)。

综上所述，按照企业会计准则和会计制度的有关规定，可以把工业企业成本会计的对象概括为企业生产经营过程中发生的“生产经营业务成本和期间费用”。

商品流通企业的主要经营活动是商品的采购和销售。因此，商品流通企业的成本会计对象是商品采购成本、商品销售成本以及各项商品流通费用。为了简化核算，商品的采购成本和销售成本按直接进价确定，不包括相关费用。商品流通费用是商品流通企业的经营管理费用，包括为采购、储存、销售商品发生的经营费用，以及在经营管理中发生的管理费用和财务费用。这些费用虽不计入商品的采购成本和销售成本，但直接影响当期损益核算，应当作为成本会计的对象。

其他行业企业成本会计的对象，总的来说是成本和不计入成本的相关费用，但不同行业的生产经营特点不同，其核算和监督的内容亦各不相同。

(1)旅游、饮食服务业主要是为人们提供旅游观光、临时食宿和其他生活服务，其成本会计的对象是营业成本，以及不计入营业成本的销售费用、管理费用和财务费用。

(2)施工企业的基本经济活动是进行建筑工程的施工，其成本会计的对象是工程成本，以及不计入工程成本的管理费用、财务费用。

(3)房地产开发企业主要从事房屋和土地的开发，其成本会计的对象是房屋和土地的开发成本，以及不计入开发成本的营业费用、管理费用、财务费用。

(4)交通运输企业主要从事公路、铁路、航空和水上运输，其成本会计的对象是各种运输成本，以及不计入运输成本的管理费用、财务费用。

(5)农业企业主要从事种植、畜牧、水产等类产品的生产，其成本会计的对象是各种农产品的生产成本，以及农业企业发生的营业费用、管理费用和财务费用。

由上述可见，成本会计的对象既包括生产经营成本，又包括各种相关费用，可以概括为：各行业企业经营业务的成本和有关的经营管理费用，简称成本、费用。因此，成本会计实际上是成本、费用会计。

在西方发达国家中，随着经济的发展和企业经营管理要求的提高，成本的概念和内容都在不断发展、变化。美国会计学会所属的“成本概念与标准委员会”将成本定义为：成本

是指为达到特定目的而发生的价值牺牲，它可用货币单位来衡量。这就是说，成本是为了实现一定目的而支付或应支付的可以用货币计量的代价。成本的这一定义已经大大超越了产品生产成本和以上所述各种经营业务成本的内容和概念。

企业在管理工作中，为了适应经营管理的不同目的，运用着不同的成本概念。例如，为了按照税法规定计算利润、缴纳税金；为了进行产品成本管理，计算产品生产成本；为了进行生产经营短期的预测和决策，计算变动成本、固定成本、机会成本和差别成本；为了加强企业内部的成本制和考核，计算可控成本和不可控成本等。

综上所述，随着成本概念的发展、变化，成本会计的对象和成本会计本身也相应地发展、变化。现代成本会计的对象应该包括各行业企业生产经营业务成本、有关的经营管理费用和各种专项成本。现代成本会计就是以这些成本、费用为对象的一种专业会计。

1.2 成本会计的职能

1.2.1 成本会计的产生和发展

作为会计的一个重要组成部分，成本会计是为了适应特定的经济发展要求而产生和发展的。最初为了确定商品价格和经营盈亏而只对成本进行估计，随后又采用统计的方法来计算成本，再后与财务会计相结合构成成本核算体系，最后再与预算管理等相结合朝事前控制、管理发展，形成了主要对内报告会计。概括起来，成本会计的产生、发展大体经过了以下几个阶段。

1. 成本会计的形成阶段

14 世纪后期至 19 世纪前期，随着英、意、德以及欧陆西部诸国的商业的逐步发达，手工制造业得到极大发展，业主们为了对被同业工会组织严密操纵的工匠进行有效控制，特别在意工匠手中所持有的材料的消耗情况，同时也需要了解付给工匠的工资与其应得工资之间的关系，从而在原有估计的基础上采用了实地盘点以及一系列统计的方法对经营消耗予以确定，并与簿记方法结合，形成了初步的成本记录，显露出成本会计的端倪。由于企业传统会计尚处于以记录、记载为主的簿记向完整意义上的会计的过渡阶段，成本会计也不可能形成一套完整的方法和理论体系，只是作为一种成本的原始计算行为，表明成本会计的萌芽已经出现并将随着商品经济的发展而发展。

19 世纪末至 20 世纪初，随着产业革命的完成，工业规模日渐壮大，企业数量日益增多，企业之间的竞争加剧，工业界对成本资料的需求更加迫切，于是生产成本受到足够的重视。为了满足各方面对成本信息的需要，提高成本计算的准确性，企业开始将成本计算工作交由会计人员承担，并逐步使成本记录与会计账簿一体化，形成了一套较为完整的成本计算方法和理论体系，使成本会计趋于成形。

2. 成本会计成熟阶段

20 世纪初至 20 世纪中叶，世界经济发展迅速，企业竞争更趋激烈，企业外部生存环境日趋复杂。为了在市场竞争中处于有利地位，企业特别注意对内部管理工作的改进，注重事前的预测、决策、控制和考核环节，将管理的重心由事后移向事前。作为内部管理的重要方面，成本管理的表现尤为突出。企业要想在竞争中求生存、争取市场，首先就要成本低，如果想大幅度降低成本，就必须在投产前就对产品的设计、结构、工艺、生产的组织安排等

进行周密的考虑，使设计出的产品成本最低。为此，就要做好成本预测，制定目标成本，这表明商品经济的发展客观上要求成本会计由事后的核算向事前的预测、决策、控制拓展。

20世纪以前，成本会计的发展均同事后的实际成本有关，到了20世纪初，泰勒制度的广泛采用为成本会计的进一步发展提供可能条件。泰勒科学管理方法的要点就是通过对各环节、步骤乃至动作的研究，事先制定相应的工作标准以对生产进行管理，这不仅推动了生产的发展，而且也促使成本会计做出相应改革。在会计实践中，成本会计也不甘停留于生产过程中的成本控制和事后的成本核算和分析上，开始了事先制定成本标准，并据以进行日常的成本控制和定期的成本差异分析，按标准成本来控制实际成本，使成本会计又在预测未来和寻求成本最佳配合方面取得了卓有成效的进展。而后，变动成本计算法的产生，为企业进行成本预测和决策开辟了捷径，成本控制也由控制生产过程进而控制未来的经营与损益。

3. 现代成本会计阶段

20世纪中叶以后，企业在广泛采用了通过成本预测制定目标成本后，又在成本控制环节上建立了按责任归属考核成本控制业绩的责任成本制度，实施以绩效评价为中心的目标管理。标准成本、预算管理、差异分析等技术方法引入会计之中后，成为了成本会计的有机组成部分；变动成本法和责任成本制度又使成本会计的内容更为充实；加之电子计算机处理数据的广泛运用，现代数学、数理统计方法的渗透，都有力地推动了成本会计职能的发展，使成本会计形成了一套较为完善的方法和理论体系，标志着成本会计已趋于成熟。这时的成本会计，其内容已不再仅仅是对成本的事后核算，而且还扩展到了事前的成本预算和全过程的成本控制，从而使成本会计的职能由成本核算扩大到成本预算、成本控制和成本分析等方面。此阶段，成本会计的基本内容——成本核算业已成熟，成本会计的高新内容——成本预测、成本决策、成本计划、成本控制、成本分析、成本考核等也已成形。成本会计已具备了完整的方法和理论，形成了相对独立的学科。同时，以成本会计的新内容为基础，兼顾到价格、资金、利润等方面，又逐渐从传统会计中衍生出与财务会计并列的一个会计分支——管理会计，从而使企业会计形成了财务会计、成本会计和管理会计的三分局面。从地位上看，成本会计介于财务会计与管理会计之间，并与两者都有密切联系。

4. 成本会计的新发展

20世纪80年代前后，现代高科技广泛用于生产和经营管理之中，电脑化、自动化程度显著提高，给成本会计的求新发展提供了更为可能的客观条件。同时，企业对降低成本、提高效益的主观要求更高。管理者们借助高科技手段，在实施全面质量管理制度的同时，力图将企业的消耗与最终产品直接挂钩，把企业中所有作业区分为能为最终产品增加价值的作业和不能为最终产品增加价值的作业两大类，在同全面质量管理紧密相连的前提下，保证前者，缩减后者。这种被称为适时制的管理思想，对成本的计量工作要求更高，使成本计量方法、计划和控制方法等都面临非改不可的局面，从而引发了一种新的成本计算方法，即作业成本法。此法虽然运用并不广泛，但有些学者仍将其视为一种发展趋向，称之为成本会计的最新发展阶段。这表明了成本会计的发展仍在继续。

由成本会计的演进过程可知，成本会计的理论和实务是随着社会经济的发展而不断进化的，它既有财务会计的成分，又是管理会计的发源，因而对不同时期表现出不同侧重的成本会计，其含义也就不尽相同。

就整体而言，完整意义上的成本会计是出于管理的目的而着重研究成本的计算、预测、控制、分析和考核的理论和方法,为经营决策或理财决策提供所需要的各种成本资料的管理信息系统。它以资源运用的经济有效为最基本的着眼点,主要对生产经营过程中的耗费进行核算,并根据成本核算资料和其他资料,采用现代数学和数理统计方法,对企业复杂的生产经营活动进行预测、决策、控制、分析、考核,以达到企业生产经营活动实现最优运转的目的。

成本会计是以货币为主要计量单位,利用价值形式全面地、系统地反映企业生产经营过程耗费情况的一种管理活动。

为了避免重复,突出成本会计的基本内容,对如何运用成本资料进行预测、决策、控制等以服务于内部管理决策的内容,留待管理会计进行专门研究,而本书中着重讨论成本核算有关的基本内容。

1.2.2 成本会计的职能

成本会计的职能是指成本会计在企业经营管理中能够发挥的功能。最初的成本会计职能只是进行成本核算,随着企业经营管理要求的提高,以及成本会计与管理科学的结合,又逐步增加了成本预测、决策、计划、控制、考核等职能。因此现代成本会计的职能包括成本预测、成本决策、成本计划、成本控制、成本核算、成本分析和成本考核。

1. 成本预测

成本预测是根据有关的成本数据,运用一定的方法对未来的成本水平及其发展趋势进行科学的估计。通过成本预测,为企业的成本决策提供依据。在进行成本预测时,既要参考本企业的历史成本资料,又要参考同行业、同类型企业的有关成本资料,在分析、比较这些资料时,既要考虑成本水平,又要考虑成本的构成内容,在此基础上做出尽可能正确的成本预测。在进行成本预测时,一般可提供若干个方案以供成本决策时选择。

2. 成本决策

成本决策是根据成本预测及其他有关资料,按照既定或要求的目标,运用一定的专门方法,对有关方案进行正确的计算和判断后,选择成本预测方案中的最佳方案。成本决策是确定目标成本,制订成本计划的基础。

3. 成本计划

成本计划是对成本决策所确定成本目标的具体化。它是根据成本目标,具体规划在一定时期内为完成产品生产任务所需的生产费用,规划各种产品的成本水平,并提出保证成本计划的实现应采取的措施。成本计划是建立成本责任制的基础,编制成本计划,使企业全体员工明确降低成本的目标,以挖掘降低成本的潜力,这是提高企业经济效益的关键之一。

4. 成本控制

成本控制是指按成本计划所确定的成本目标,在实际发生成本的过程中对实际成本进行控制。在实际成本控制时,应严格审查各项成本费用的发生是否与成本目标相符,并计算成本目标与实际成本之间的差异,分析产生差异的原因,揭示浪费并采取措施消除浪费,实现成本目标。

5. 成本核算

成本核算是指将产品生产过程中所发生的各项生产费用进行审核,按一定的成本计算对象和标准进行归集和分配,计算确定各成本计算对象的总成本和单位成本。成本核算要求准确、及时,所采用的成本核算方法要符合企业的生产类型和成本管理的要求。通过成本核算不仅可以考核和分析成本计划的执行情况,揭露经营过程中存在的问题,还可以为制定价格提供依据。

6. 成本分析

成本分析是指将成本核算和其他有关资料,全面与成本目标、责任成本、上年度实际成本、同行业同类产品的成本进行比较,分析成本变动情况及存在的差距,寻求降低成本的途径,为新的成本决策提供依据。在进行成本分析时,既要注重产品的技术经济分析,又要对企业管理水平的好坏及内部控制制度的建立和实施情况进行分析,及时揭示经济管理中存在的问题和总结成功经验,提高企业经济效益。

7. 成本考核

成本考核是指在成本分析的基础上,对成本预算的执行情况进行考察评价。成本考核应将责、权、利紧密结合,明确经济责任,落实权限,把考核的结果与经济利益挂钩,通过成本考核,调动职工控制成本的积极性。

1.2.3 成本会计工作的任务

企业经营管理的最终目标是最大限度地取得经济效益,而经营中的成本费用高低对企业经济效益举足轻重。因此,与企业经营管理目标相一致,成本会计工作的根本任务是为企业生产经营管理提供成本数据和信息,并促使企业不断降低成本费用,提高经济效益。围绕着这一根本任务,根据企业经营管理的要求,适应成本会计对象的特点,成本会计的具体任务如下。

(1)根据正确的成本预测和决策,按期制定目标成本,并编制成本费用计划,力求企业生产经营的最佳经济效益。

(2)准确、及时地进行成本费用核算,反映成本费用计划的执行情况,为企业生产经营决策提供成本信息,并按规定为国民经济的宏观管理提供必要的成本数据。

(3)准确、及时地修订各种消耗定额,并根据各种消耗定额、成本费用计划和有关法规制度,严格控制各项成本费用开支,防止浪费和损失,促使企业执行成本费用计划,尽可能节约费用,降低成本。

(4)分析、考核各项消耗定额和成本费用计划的执行情况及其结果,制定成本管理制度和奖罚制度,开展成本宣传,为企业改进生产经营管理措施,挖掘降低成本潜力,提高经济效益出谋划策。

1.3 成本会计工作的组织

组织好成本会计工作是充分发挥成本会计职能作用的根本保障。企业为完成成本会计工作任务,应科学地组织成本会计工作,明确、建立健全成本会计的工作机构,合理配备成本会计人员,制定并不断完善与成本会计有关的各种法规和制度。不同的企业应当根据自身规模的大小、企业机构的设置和生产经营业务的特点等,组织成本会计工作,并在保证工作质量的前提下,注意节约工作时间和费用,不断提高工作效率。

1.3.1 成本会计机构

成本会计机构是处理成本会计工作的职能部门，属于企业会计机构的组成部分，是企业内部直接从事成本会计工作的组织机构。设置成本会计机构时要考虑业务类型和经营规模、成本会计与财务会计的关系。企业的业务类型是影响成本会计工作本身业务繁简程度的最重要因素，而企业的经营规模往往又决定了成本会计工作量的大小。一般而言，业务类型较复杂、经营环节较多的企业，其成本会计的工作比业务类型简单，经营环节少的企业要繁杂一些，如工业企业、施工企业的成本会计工作就比商业企业、服务企业的要复杂些，其内容、步骤也多一些。一般情况下，经营规模大的企业，其成本会计的工作量比经营规模小的企业就大一些。企业应根据自身的实际情况，使设置的成本会计机构与配备的成本会计人员尽量与企业的业务类型和生产经营规模相适应，既要保证成本会计工作的质量，又要讲求成本会计工作的效率。另外，作为会计学科体系中两个重要组成部分的成本会计和财务会计，联系是非常紧密的，但就基本内容而言，两者核算的对象不同，工作的侧重也有所不同。这种既有联系又有区别的关系，对成本会计组织机构的设置产生着实际影响。成本会计与财务会计的联系，成为两个机构合并设置的理论基础；成本会计与财务会计的区别，又成为两个机构分别设置的理论依据。在实际工作中往往是兼顾到成本会计与财务会计这种既有联系又有区别的关系，采取合中有分、分中有合的做法，即在以财务会计为主的会计机构中单独设置成本会计部门，或指定专人负责该部门相应职责。一般在大中型生产企业里，通常是在专设的会计机构中单独设置成本会计科、室或组，配备必要的具有成本会计知识的专职人员从事成本会计工作。在规模小、会计人员不多的生产企业里，则通常在会计部门中指定专人处理成本会计工作。

以制造业为例，由于成本会计管理的重要性和复杂性，通常应视企业规模的大小和生产经营管理的特点，设置若干层次的专门成本会计机构。一般应在厂部会计机构内设置成本会计科（组），在厂级各有关职能部门和下属车间（班组）设置成本会计组或者配备专（兼）职成本会计人员，厂部成本会计机构负责对企业内部各级成本会计机构进行业务上的指导和监督。

在成本会计机构内，可以按成本会计的职能进行组织分工，应将厂部成本会计科分为成本预测决策组、成本计划控制组、成本核算组和成本分析考核组，也可以按成本会计的对象进行组织分工，如分产品成本组、经营管理费用组和专项成本组。无论采用哪一种组织分工，都应当建立必要的协调工作程序，并根据分工职权范围落实岗位责任制。

企业内部各级成本会计机构之间的组织分工，有集中工作方式和非集中工作方式两种。

集中工作方式是指成本预测、决策、计划、控制、核算、分析和考核等各方面工作，主要由厂部成本会计机构集中进行，厂级以下成本会计机构或人员只负责登记原始记录和填制原始凭证，并进行初步的审核、整理和汇总，为厂部进一步工作提供资料。在这种方式下，车间等其他单位大多只配备专（兼）职的成本会计人员。采用集中工作方式，厂部成本会计机构能及时全面地掌握企业的成本信息，便于集中对成本数据进行处理，还可以减少成本会计机构的层次和成本会计人员的数量。但是，集中工作方式不利于实行责任成本核算，不便于企业内部直接从事生产经营的有关单位和职工及时掌握本单位的成本信息。

非集中工作方式又称分散方式，是指成本计划、控制、核算和分析等工作，分散由厂级以下成本会计机构或人员分别进行;成本考核以上级考核下级的方式逐级进行;厂部成本会计机构只集中进行成本预测和决策工作、全厂成本核算的汇总工作,以及成本计划、控制、分析、考核的综合工作,并对下级成本会计机构进行业务上的指导和监督。非集中工作方式的优缺点与集中方式的优缺点刚好相反。

企业可根据其规模大小、内部各单位经营管理的要求与成本会计人员的配备状况,从有利于充分发挥成本会计的职能作用、提高工作效率的角度出发来选择工作方式。从我国目前的情况看,一般在大中型企业采用非集中方式,在小型企业采用集中方式。实际工作中,为了扬长避短,也可将两种方式结合起来运用,即在同一企业内,一些单位采用集中方式,而另一些单位则采用非集中方式。

1.3.2 成本会计人员

成本会计人员是指专门从事成本会计工作的专业技术人员。企业应当根据业务量的大小在成本会计机构中配备数量适当、素质合格的专兼职成本会计人员。国家对会计人员的技术职称和职权范围有明确规定,这些规定同样适用于成本会计人员。

成本会计人员应当承担的义务包括:认真履行自己的职责;做好本职工作;围绕降低成本费用、提高经济效益的基本任务,提出改进经营管理的建议,参与企业生产经营决策,当好企业领导的参谋,充分发挥成本会计的职能作用;坚持原则,模范遵守和严格执行成本会计规范,并结合实际工作做好宣传解释工作;加强学习,树立良好的职业道德,精通业务,不断提高素质等。

成本会计人员应有的权利包括:有权要求企业有关单位和职工认真执行成本计划,严格遵守有关法规和制度;有权参与制订企业生产经营计划和各项定额,参加各类与成本有关的会议;有权督促检查企业内部各单位执行成本计划和有关法规、制度的情况等。

企业成本会计机构的负责人是企业成本会计工作的领导者和组织者,应在企业总会计师和会计主管人员领导下工作。其主要职责有:按照有关的法规和制度,结合本企业的实际情况,拟定企业的成本会计制度或办法,并督促成本会计人员和有关职工贯彻执行;经常总结经验,不断改进工作,使企业的成本会计工作更好地适应社会主义市场经济的需要;组织成本会计人员学习有关的业务理论和业务技术,不断更新专业知识,并对成本会计人员进行定期考核;参与研究成本会计人员的任用和调配。

1.3.3 成本会计规范

成本会计规范是指从事成本会计工作必须遵守的有关法规、制度、规程和办法等,是企业会计规范的重要组成部分。制定和执行成本会计规范的目的是使成本会计工作有章可循,保证成本会计资料真实可靠、及时适用。

对于企业来说,成本会计工作应执行的成本会计规范按是否由企业制定,分为外部规范和内部规范。成本会计的外部规范由国家根据宏观管理的需要制定,企业必须无条件执行。成本会计的内部规范由企业内部根据国家的有关规定,结合企业自身的实际情况制定,并在企业内部执行。

1. 成本会计的外部规范

由国家颁布的与会计有关的法规和制度是所有企业开展会计工作应遵循的规范,分以下两个层次。

第一层次是《中华人民共和国会计法》，简称《会计法》，由全国人民代表大会常务委员会颁布。《会计法》是我国会计工作的基本法律，所有会计法规、制度都要根据其要求制定。

第二层次是《企业财务通则》和《企业会计准则》（包括基本准则和具体准则），俗称“两则”，经国务院批准，由国家财政部发布。“两则”是规范企业财务、会计工作，包括成本会计工作的基本准则，是重要的财会法规。

2. 成本会计的内部规范

各企业为了规范本企业的成本会计工作，还应当根据国家颁布的各种法规和制度以及企业内部会计制度的要求，结合本企业生产经营的特点和管理要求，具体制定本企业内部执行的规范。例如，成本计划编制方法，成本核算制度，成本费用定额管理制度，物资收发、计量和盘存制度，成本报表制度，成本预测、决策、控制、分析和考核等管理制度，内部价格和结算制度，责任会计制度等都是企业内部的成本会计规范。

企业成本会计机构的成本会计人员应该在总会计师和会计主管人员的领导下，按照上述法规和制度的规定，分工协作、互相配合，并且组织职工，共同做好成本会计工作。

【复习思考题】

1. 什么是产品成本，其包括的具体内容有哪些？
2. 简述产品成本与生产费用的关系。
3. 成本会计的职能有哪些，其基本职能是什么？
4. 设置成本会计机构时应考虑哪些因素？
5. 成本会计工作的组织形式有几种，各具有哪些特点？

第2章　成本核算概述

【知识要点】

1. 成本核算应遵循的原则；
2. 成本核算的要求；
3. 成本计算的对象、方法；
4. 成本核算的基本程序。

2.1　成本核算的意义及原则

2.1.1　成本核算的意义

成本是会计信息的重要组成部分，同其他会计信息一样，需要对相关原始数据进行收集、整理和加工。成本核算就是把一定时期内企业生产经营过程中所发生的各种费用，按其性质和发生地点，分类归集、汇总和分配，计算出该时期内生产经营费用发生总额，并分别计算出每种产品的实际成本和单位成本的管理活动。其基本任务是准确、及时地核算产品实际总成本和单位成本，提供正确的成本数据，为企业经营决策提供科学依据，并借以考核成本计划执行情况，综合反映企业的生产经营管理水平，对于加强企业经营管理和提高经济效益具有重要意义，主要表现在以下几个方面。

(1)通过成本核算，可以取得企业的实际成本资料，确定产品定价，并据以确定实际成本与计划成本之间的差异，考核成本计划的完成情况，通过分析成本升降的原因，进一步发掘降低成本的有效途径。

(2)通过成本核算可以反映和监督企业各项费用的支出，发现企业经营管理中存在的问题，以便及时采取有效措施奖优惩劣，充分调动职工积极性，进一步改善企业经营管理水平。

(3)通过成本核算可以为企业制定下一期的各项成本指标的预算和规划，提供必要的参考数据，进一步提升成本管理工作水平。

总之，正确进行成本核算，对于不断改进成本管理工作，以较小的资源耗费获取较大的经济效益，为企业、为社会创造更多的财富具有重要的意义。

2.1.2　成本核算的原则

成本核算提供的信息应符合相关、及时、准确等特征，为此企业在进行成本核算时，应遵循成本核算的基本原则。这些原则是从成本核算实践中提炼和归纳出来，把感性认识上升到理性认识而逐渐形成的。它对于成本会计人员合理地、恰当地处理成本核算业务，提供相关、及时和准确的成本信息具有重要指导作用。这些基本原则包括以下几项。

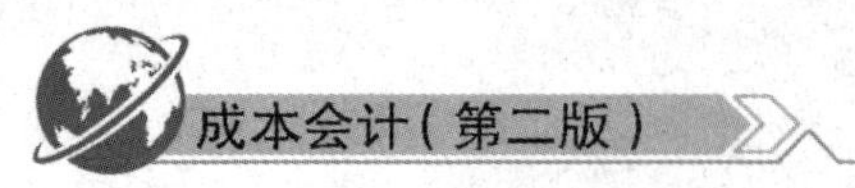

1. 合法性原则

合法性原则是指计入成本的费用都必须符合法律、法规、制度等的规定,不符合规定的费用不能计入成本。如目前制度规定,凡属于增加固定资产而发生的各项资本性支出,不能直接计入成本;对外投资支出、被没收的财物、各项罚款性质的支出等不能列入成本开支;管理费用、财务费用和销售费用等作为期间费用处理,不能计入产品成本。

2. 可靠性原则

可靠性原则包括真实性和可核实性。真实性就是所提供的成本信息与客观的经济事项相一致,不应掺假或人为地提高、降低成本。可核实性指成本核算资料按一定的原则由不同的会计人员加以核算,都能得到相同的结果。真实性和可核实性是为了保证成本核算信息的准确、可靠。

3. 相关性原则

相关性原则包括成本信息的有用性和及时性。有用性是指成本核算要为管理当局提供有用的信息,为成本管理、预测、决策服务。及时性是强调信息取得的时间性。及时的信息反馈可及时地采取措施、改进工作,否则,过时的信息往往成为徒劳无用的资料。

4. 分期核算原则

企业为了取得一定期间所生产产品的成本,必须将持续不断的生产活动按一定阶段(如月、季、年)划分为各个时期,分别计算各期产品的成本。成本核算的分期必须与会计年度的分月、分季、分年相一致,这样可便于利润的计算。但必须指出,成本核算的分期与产品成本的计算期不一定完全一致,无论生产类型如何,成本核算中的费用归集、汇总和分配,都必须按月进行。

5. 权责发生制原则

权责发生制原则是指应由本期成本负担的费用,不论是否已经支付,都要计入本期成本;不应由本期成本负担的费用(即已计入以前各期的成本,或应由以后各期成本负担的费用),虽然在本期支付,也不应计入本期成本,以便正确提供各项成本信息。

6. 按实际成本计价的原则

生产所耗用的原材料、燃料、动力要按实际耗用数量的实际单位成本计算,完工产品成本的计算要按实际发生的成本计算。虽然原材料、燃料、产成品的账户可按计划成本(或定额成本、标准成本)计价,但在计入产品成本时,要将计划成本调整到实际成本。

7. 一致性原则

成本核算所采用的方法一经确定,没有特殊情况,不应经常变动,前后各期必须一致,以使各期的成本资料有统一的口径,前后连贯,互相可比。如有因情况特殊需要改变的,应在有关的会计报告中加以说明。

8. 重要性原则

成本核算时所采用的成本计算步骤、费用分配方法、成本计算方法等,要根据每一企业的具体情况进行选择。对于成本有重大影响的项目应作为重点,力求精确;而对于那些不太重要的琐碎项目,则可以从简处理。这样既减轻了成本核算的工作量,也加快了成本核算的速度。

2.2　成本核算的要求

为完成成本核算工作的各项任务，充分发挥成本核算的作用，成本核算在遵循上述原则的基础上，应符合以下基本要求。

2.2.1　严格执行国家规定的成本开支范围和费用开支标准

成本开支范围是根据企业在生产过程中发生的生产费用的不同性质，依据成本的内容以及加强成本核算的要求，由国家在相关法律规章中统一制定的。具体来讲，成本开支范围是指哪些费用允许列入成本，哪些费用不允许列入成本的相关规定。成本开支范围的基本内容是：一切与营业活动有关的支出，都应计入企业的成本。例如，企业为生产产品所发生的各项费用应列入产品成本。企业进行基本建设、购建固定资产、同企业正常生产经营活动无关的营业外支出等费用的支出，不能列入产品成本。费用开支标准是对某些费用支出的数额、比例做出的具体规定，如固定资产和低值易耗品的划分标准、业务招待费的提取比例等，都应根据国家规定的标准开支，不能突破。企业应严格遵守成本开支范围和费用开支标准，在合法的前提下开展经营活动，既能保证产品成本的真实性，使同类企业以及企业本身不同时期之间的产品成本内容一致，具有分析对比的可能，又能正确计算企业的损益并进行分配。

2.2.2　正确划分各种成本费用的界限

为了正确核算产品成本，保证产品成本的真实可靠，需要在不同时期、不同产品以及产成品和在产品之间正确地分摊费用，分清有关成本费用的几个界限。

1. 分清成本和费用的界限

费用是经营活动中发生的各种经济利益流出的总称，而成本则是指归集到受益计算对象上去的费用。企业经营活动中发生的费用，并非全部计入成本，有一部分被记作期间费用，列为当期损益。因此为确保成本信息资料的真实、可靠，在成本计算过程中要划清成本与费用的界限。

2. 分清本期成本费用和下期成本费用的界限

会计核算分期按月进行，以及时反映当期财务状况和经营成果，成本核算同样要求以月份为标准归集、分配、计算产品成本。凡应由本期产品成本负担的费用，不论是否在本期发生，都应全部计入本期产品成本；不应由本期产品成本负担的费用，即使在本期支付，也不能计入本期产品成本。不能任意摊提，人为地调节产品成本。

3. 分清各种产品成本的界限

企业生产的产品往往是一类几种或几类多种。当一个生产单位同时生产几种产品时，一定注意划分各种产品发生的成本费用界限。属于哪一种产品成本负担的费用，就应计入哪一种产品成本；对于不能直接计入各种产品成本的费用，应采用合理的分配标准，在有关产品之间进行分配。在进行费用的分配时，不能为了简化成本核算方法或其他目的，将费用随意在各种产品中进行分配，即不能将应计入可比产品的费用，计入不可比产品成本中；相反，也不能将应列入亏损产品的费用，计入盈利产品成本。

4. 分清在产品成本和产成品成本的界限

企业产品生产周期与会计核算、成本计算期往往不一致，这导致月末完工产品与在产品共存的情况，这时需要采用适当的方法，将生产费用在产成品和在产品之间进行分配，不得人为地任意压低或提高在产品的成本，保证成本计算的真实性以获取准确的在产品成本和完工产品成本资料。为了保证准确地将费用在完工产品和在产品之间进行分配，使各期的成本指标具有可比性，在产品的成本计算方法一经确定，一般不应经常改变。

2.2.3 建立健全成本责任制度

为了准确地进行成本计算，考核各责任单位的成本水平，必须建立健全成本责任制度，以进一步降低产品成本，提高企业的经济效益。要建立健全成本责任制度，应做好以下几项工作。

1. 建立健全责任成本制度

责任成本是指以各责任单位作为成本计算对象所计算的成本。企业在进行成本计算时，最后要计算出产品成本，但是产品成本由于是以产品作为成本计算对象的，所以它不能反映每个责任单位的工作业绩，不便将每个责任单位成本的高低与其应承担的责任及经济利益联系起来。因此，在进行成本计算时，还应创造条件，计算出每个责任单位的责任成本，便于进行各责任单位绩效的考核和分析。

2. 建立健全内部成本管理体系

内部成本管理体系是一个非常复杂的系统，它涉及企业的所有部门和全体职工。该系统的完善程度和运行的合理与否，直接关系到成本责任制的推行。因此，应建立一个运行自如、合理的内部成本管理体系，并使之逐步完善。

3. 建立健全成本考核制度

成本会计不仅要计算产品成本，对产品成本指标进行分析，而且还必须进行考核。要考核每一种产品成本的升降变动情况以及各责任单位的责任成本高低情况。要对成本进行考核，就应建立一套成本考核的搜集、整理、对比、计算等方法和程序，使成本考核形成制度，促使成本指标不断降低。

4. 建立健全成本责任奖惩制度

计算出产品成本及责任成本之后，需要对各责任单位可控制成本的高低进行分析，实行规范、严格的奖惩制度，以鼓励先进，督促落后，调动各部门及人员不断降低产品成本的积极性，促进企业的经济效益的提升。

2.2.4 做好成本核算的各项基础工作

进行成本核算时，各项基础工作是非常重要的。基础工作开展的好与坏直接影响成本核算的质量，关系到成本计划、控制、分析和考核等各项工作的顺利开展。要做好成本核算的各项基础工作，需要会计部门和其他各部门的密切配合，共同做好这项工作。成本核算的基础工作主要包括以下几方面。

1. 建立健全原始记录制度

原始记录是指按照规定的格式，对企业生产经营活动中具体事实所做的最初记载，它是反映企业活动情况的第一手材料，是提供计算数据的主要方式。因此，企业应制定既符合各方面管理需要，又符合成本核算要求，既科学又易行、讲求实效的记载不同内容的原始记录。如记载材料物资验收入库、发放领用、多余退库等有关存货的原始记录；记载产品生产工时、产量的原始记录等。在建立健全原始记录的基础上,企业应组织有关职工认真做好各种原始记录的登记、传递、审核和保管工作,以便准确、及时地为成本核算和其他有关工作提供所需的原始资料。

2. 建立健全计量验收制度

原始记录中的各项数据主要是从数量上反映企业生产经营活动中各项财产物资的变动情况,而计量工作是确定这些变动数据的重要手段。没有准确的计量,便不能提供准确的数量,进而使成本数据失去真实性,也就无法据以进行管理。因此,企业财产物资的收发领退,在产品、半成品的内部转移和产成品的入库时,必须经过一定的审批手续,认真计量、验收或交接,并填制相应的凭证,以防任意领发或转移。

要做好计量验收工作,首先要提高对这项工作的认识,同时根据不同计量对象,配置必要的计量器具,特别是对消耗量大的水、电、气的计量器具配备要齐全;其次,要设专职的质检机构;再次,应建立计量仪器和器具的管理与定期校验制度,确保计量仪器始终处于良好状态。

3. 建立健全定额管理制度

定额是企业对生产经营活动过程中消耗的人力、物力和财力所规定应遵守和达到的数量标准。它是企业编制成本计划、分析和考核成本水平的依据,是企业开展全面经济核算、加强成本管理的基础,是衡量工作数量和质量的客观尺度。另外,在计算产品成本时,往往要根据产品的原材料和工时的定额消耗量或定额费用作为分配实际费用的标准。因此,企业应根据当前设备条件和技术水平,充分考虑职工群众的积极因素,制定先进而又可行的原材料、燃料、动力和工时等项消耗定额,据以评价各项耗费是否合理,借以控制生产耗费、降低产品成本。

4. 建立健全内部价格制度

对于原材料、辅助材料、燃料、动力、在产品、半成品和劳务等,都要制定合理的内部结算价格,作为内部结算的依据。采用内部结算价格在部门、车间之间相互进行结算,可以明确经济责任,简化和减少核算工作,并便于考核厂内各单位的成本计划完成情况。内部结算价格一般以计划单位成本计算,也有些企业把计划单位成本加上一定的利润作为内部结算价格。企业制定的内部结算价格应相对稳定,并由企业统一颁布,各部门、车间应遵照执行,不得擅自改变。

2.2.5 选择适当的成本计算方法

企业生产的特点按其组织方式,分为大量生产、成批生产和单件生产;按工艺过程的特点,分为单步骤生产和多步骤生产。企业采用何种成本计算方法,在很大程度上取决于产品生产的特点。同一企业可以采用一种成本计算方法,也可以采用多种成本计算方法结合使用。企业在进行成本核算时,应根据本企业的具体情况,选择适合本企业特点的成本计算方法进行成本计算。成本计算方法的选择应考虑企业生产类型的特点和管理的要求两个方面。成本计算方法一经选定,就不应经常变动。

2.3 成本计算的对象与方法

要计算产品成本,首先必须确定成本计算对象。成本计算对象是指成本计算过程中归集、分配费用的对象,也就是生产费用的承担者。确定成本计算对象是设置产品成本明细账,分配生产费用和计算产品成本的前提。

2.3.1 确定成本计算对象的原则

确定成本计算对象,既要考虑企业生产类型的特点,又要考虑成本管理的要求。

1. 符合企业生产类型的特点

所谓生产类型是指企业生产技术过程和生产组织相结合的方式。

(1)按生产技术过程分类。工业企业按生产技术过程可划分为单步骤生产和多步骤生产两种类型。

单步骤生产亦称简单生产,是指生产工艺技术过程不能间断,不可能或不需要划分为几个生产步骤的生产,或不能分散在不同地点进行的生产,如发电、采掘等。它的特点是生产周期一般都比较短,同时由于技术上的不可间断(例如发电),或由于工作地点上的限制(例如采煤),通常只能由一个企业或车间整体进行,而不能由几个企业或车间协作进行。成本计算对象只能是按产品的品种来确定。

多步骤生产亦称复杂生产,是指生产工艺过程由若干个可以间断的、分散在不同地点、分别在不同时间进行的若干生产步骤所组成的生产,如纺织、钢铁、机械、服装等。它的特点是生产周期一般比较长,同时复杂生产的各个生产步骤可分别在不同时间、不同地点进行,因此,可以由一个企业或车间进行,也可由几个企业或车间协作进行。复杂生产按其加工方式不同,又可分为连续式生产和装配式生产。连续式生产是指原材料投入生产后,要依次经过若干个生产步骤的连续加工,才能形成产品的生产,如纺织、钢铁等企业的生产。由于各步骤之间是以半成品的方式进行结转的,上一步骤生产出的半成品是下一步骤的加工对象,因此,成本计算对象必须按每一种产品及其所经过的步骤来确定。装配式生产是指原材料投入生产后,需要经过若干个平行的加工步骤,制造出各种半成品,或称为零、部件,然后再装配为产成品的生产,如自行车、车床、汽车制造等企业的生产。由于各个生产步骤生产出来的都是等待继续装配的半成品,因此,成本计算对象必须按构成每一产品的半成品来确定。

(2)按生产组织相结合的方式分类。工业企业的生产,按生产组织方式不同,可分为大量生产、成批生产和单件生产三种类型。

大量生产是指连续不断地重复生产相同产品的生产。大量生产的主要特点是产品的品种较少,而且比较稳定,如采煤、化肥、面粉、食糖、纺织等生产,其成本计算对象只能按品种确定。

成批生产是指按照事先规定的产品批别和数量进行的生产。成批生产的主要特点是产品的品种较多,而且具有一定的重复性。成批生产按照产品批量的大小,又可分为大批生产和小批生产。大批生产由于产品批量大,往往在几个月内不断地重复生产一种或几种产品,因而性质近于大量生产,按产品品种作为成本计算对象,如塑料制品的生产。小批生产由于生产产品的批量小,一批产品一般可以同时完工,因而按产品的批别作为成本计算对象,如服装生产。

单件生产类似小批生产,是指根据订货单位的要求,生产个别的、特殊的产品的生产。单价生产的主要特点是产品的品种多,而且很少重复,因此以单件作为成本计算对象,如重型机器制造和船舶制造等生产。

2. 满足成本管理的要求

生产类型的特点不同,对成本进行管理的要求也不一样。不同的成本管理要求,需要不同的成本资料。为了加强成本管理,降低成本,增加效益,企业必须从实际出发,根据企业成本管理的不同需要确定成本计算对象。

2.3.2　成本计算方法

产品成本计算就是按照成本计算对象分配和归集生产费用、计算其总成本和单位成本的过程。可见,成本计算对象是产品成本计算的核心,因而也是构成产品成本计算方法的主要标志。

1. 成本计算的基本方法

为了适应不同类型生产特点和成本管理要求,在产品成本计算工作中有着三种不同的成本计算对象,即产品品种、产品批别和产品的生产步骤。因而以成本计算对象为主要标志(或以其命名)的产品成本计算基本方法有三种,即品种法、分批法和分步法。

(1)品种法。品种法是以产品品种为成本计算对象,归集生产费用、计算产品成本的一种方法。一般适用于单步骤的大量生产,如发电、采掘等;也可用于不需要分步骤计算成本的多步骤的大量、大批生产,如小型造纸厂、水泥厂等。按照产品品种计算成本,是产品成本计算的最一般的要求,换言之,品种法是最基本的成本计算方法。

(2)分批法。分批法是以产品生产的批别为成本计算对象,归集生产费用、计算产品成本的一种方法。分批法适用于单件、小批的单步骤生产或管理上不要求分步骤计算成本的多步骤生产,如修理作业、专用工具模具制造、重型机器制造、船舶制造等。

(3)分步法。分步法是以产品生产步骤为成本计算对象,归集生产费用、计算各步骤半成品和最后产成品成本的一种方法,适用于大量、大批的多步骤生产,如纺织、冶金、机械制造等。

这三种方法之所以归属为产品成本计算的基本方法,是因为这三种方法与不同生产类型的特点有着直接联系,而且涉及成本计算对象的确定,因而是计算产品实际成本必不可少的方法。

2. 成本计算的辅助方法

除上述基本方法之外,还有分类法和定额法两种辅助的成本计算方法。

分类法是在产品品种、规格繁多的企业中,为了简化成本核算工作而采用的一种先按照产品类别归集生产费用,计算各类产品成本,然后再按照一定的分配方法在类内各种产品之间分配费用,从而计算出各种产品成本的方法。

定额法是在定额管理工作基础好的企业中,为了配合和加强定额管理,加强成本控制,更有效地发挥成本计算的分析性和监督性作用,而采用一种将符合定额的费用和脱离定额的差异分别核算的产品成本计算方法。

这些方法与生产类型的特点没有直接联系,不涉及成本计算对象;它们的应用或者是为了简化成本计算工作,或者是为了加强成本管理,只要具备条件,在哪种生产类型企业都能用。因此,从计算产品实际成本的角度来说,它们不是必不可少的。基于上述情况,这些方法通称辅助方法,一般应与各种类型生产中采用的基本方法结合起来使用,而不能单独使用。

需要指出的是,产品成本计算的基本方法和辅助方法的划分是从计算产品实际成本角度考虑的,并不是因为辅助方法不重要;相反,有的辅助方法,如定额法,对于控制生产费用、降低产品成本具有重要作用。

2.4 成本核算的账户与程序

成本核算是将企业在产品生产过程中实际发生的生产费用进行归集、汇总的基础上，采用适当的程序和方法进行对象化，以计算出成本计算对象的总成本和单位成本。

成本核算是一个复杂的过程，在这个过程中企业必须遵循一定的计算程序，通过设置相关账户和账簿进行成本核算。

2.4.1 成本核算的相关账户

1.“生产成本”账户

“生产成本”账户属于成本类账户，该账户用来核算企业进行工业性生产发生的各项生产费用，包括生产各种产品（包括产成品、自制半成品等）、自制材料、自制设备、自制工具等发生的各项生产费用。该账户的借方登记生产过程中发生的直接材料、直接工资等直接费用以及分配转入的制造费用。该账户的贷方登记完工入库的产成品、自制半成品的实际成本以及分配转出的辅助生产费用。该账户的期末余额在借方，为尚未完工的各项在产品成本。

“生产成本”可按“基本生产成本”和“辅助生产成本”进行明细核算，应当分别按基本（辅助）生产车间和成本核算对象（产品品种、类别、订单、批别等）设置明细账（或成本计算单），并按照规定的成本项目设置专栏。

（1）“生产成本——基本生产成本”。即核算各种产品、自制半成品、自制工具、自制设备所发生的各项生产费用。直接材料、直接工资等直接计入该账户的借方，间接费用在“制造费用”账户归集，月终按一定标准分配计入该账户的借方。已完工并验收入库的自制半成品、产成品，从该账户贷方转入“自制半成品”“产成品”账户。该账户的月末余额表示尚未加工完成的各项在产品的成本。

（2）“生产成本——辅助生产成本”。即核算为基本生产车间提供产品、劳务所发生的各项生产费用。属于辅助生产的直接材料、直接人工等直接计入该账户的借方，间接费用可直接计入该账户借方，也可先通过“制造费用”账户归集，再转入辅助该账户借方。月终要计算各辅助生产车间所提供产品、劳务的成本，按耗用产品、劳务的车间、部门从该账户贷方结转到“生产成本——基本生产成本”“制造费用”“管理费用”“低值易耗品”等账户。该账户月末一般没有余额。

2.“制造费用”账户

“制造费用”账户属于成本类账户，该账户用来核算企业生产车间（部门）为生产产品和提供劳务而发生的各项间接费用，包括职工薪酬、修理费、办公费、水电费、机物料消耗、劳动保护费、季节性和修理期间的停工损失等。

企业行政管理部门为组织和管理生产经营活动而发生的管理费用，应计入“管理费用”账户，不在本账户中核算。

企业在发生制造费用时，应计入该账户的借方；制造费用应按企业成本核算办法的规定，分配计入有关的成本核算对象，计入该账户的贷方。制造费用应按不同的车间、部门和费用项目设置明细账进行明细核算。除季节性生产或采用累计分配率法分配制造费用的企业外，本账户月末应无余额。

3."销售费用"账户

"销售费用"账户属于损益类账户，该账户用来核算企业销售商品和材料、提供劳务的过程中发生的各种费用，包括保险费、包装费、展览费和广告费、商品维修费以及为销售本企业商品而专设的销售机构（含销售网络、售后服务网点等）的职工薪酬、业务费、折旧费等经营费用。其借方登记发生的各项销售费用，贷方登记期末转入"本年利润"账户的销售费用，该账户期末无余额。"销售费用"账户应按照费用项目设置专栏，进行明细分类核算。

4."管理费用"账户

"管理费用"账户属于损益类账户，该账户用来核算企业为组织和管理生产经营所发生的各项费用，包括开办费、公司经费、工会经费、咨询费、业务招待费等。其借方登记发生的各项管理费用，贷方登记期末转入"本年利润"账户的管理费用，该账户期末无余额。"管理费用"账户按照费用项目设置专栏，进行明细分类核算。

5."财务费用"账户

"财务费用"账户属于损益类账户，该账户用来核算企业为筹集生产经营所需资金而发生的筹资费用，包括利息支出、利息收入、汇兑损益、现金折扣等。其借方登记发生的各项财务费用，贷方登记期末转入"本年利润"账户的财务费用，该账户期末无余额。"财务费用"账户按照费用项目设置专栏，进行明细分类核算。

2.4.2　成本核算的基本程序

通过成本核算，可以反映企业生产过程中发生的各种生产费用，以及这些费用的归集和分配的程序，最终计算出完工产品和在产品的成本。成本总核算的基本程序如下。

1. 根据原始凭证及其他有关资料编制要素费用分配表

生产过程中发生的各种要素费用（材料费、工资费等），要根据其具体的发生地点和用途，编制各种要素费用分配表。

2. 根据原始凭证及要素费用分配表登记有关明细账

根据各车间、部门的要素费用分配表，登记生产成本明细账、产品成本计算单、制造费用明细账、管理费用明细账等相关明细账；编制记账凭证，计入各有关的成本、费用账户。

3. 编制辅助生产费用分配表

由于辅助生产车间是为基本生产车间和行政管理等部门提供产品或劳务的，所以辅助生产车间发生的费用，应根据其提供的劳务数量、发生的费用和各受益部门耗用产品或劳务的数量，通过编制"辅助生产费用分配表"的方式分配。

4. 根据辅助生产费用分配表登记有关明细账

辅助生产费用分配完毕后，应根据辅助生产费用分配表，登记有关的成本、费用账户。

5. 编制制造费用分配表

基本生产车间只生产一种产品，发生的制造费用可直接列入该产品的成本计算单中；若生产多种产品，则应将其归集于基本生产车间"制造费用明细账"中的金额，采用适当的分配方法，在该车间生产的各种产品通过编制"制造费用分配表"的方式进行分配。

6. 根据制造费用分配表登记有关明细账

根据"制造费用分配表"登记"产品成本计算单"和"生产成本——基本生产成本"明

细账。

7. 将完工产品成本转入库存商品明细账

企业所发生的用于产品生产的各种费用,都集中在“生产成本——基本生产成本”科目和“产品成本计算单”中。应根据企业的具体情况,如在产品成本的大小、各种费用所占的比重、定额资料是否完整等,确定在产品的成本计算方法,计算出完工产品和在产品的成本,编制“完工产品成本计算表”。依据该表将完工产品成本转入库存商品明细账中。

【复习思考题】

1. 成本核算原则包括哪些?
2. 企业进行成本核算时需分清哪些成本界限?
3. 确定成本计算对象必须遵循哪些原则?
4. 成本核算的基础工作有哪些?
5. 成本计算的基本方法有哪几种,都适用于什么类型的企业?
6. 简述成本核算的基本程序。

第3章 工业企业生产费用的核算

【知识要点】

1. 材料费用核算;
2. 人工费用核算;
3. 制造费用核算;
4. 辅助生产费用核算;
5. 损失性费用核算;
6. 生产费用在完工产品与在产品之间的分配方法。

3.1 生产费用核算概述

工业企业日常经营活动中,产品生产是中心环节,在从原材料投入生产到产成品制成的过程中,一方面制造出产品,另一方面要发生各种各样的生产耗费即生产费用。在这一过程中,需对发生的各项费用认真审核,正确地划分各种费用的界限。生产费用的核算,即生产费用的归集和分配,它是将工业企业一定期间发生的应计入产品成本的各项费用,按照相同的费用要素和成本项目进行归类汇总,然后按照受益原则在各受益对象之间进行分配,直接或间接计入各产品成本,以最终计算出各产品的总成本和单位成本。这既是成本计算的过程,也是成本核算的一个主要环节。

3.1.1 生产费用归集的基本原则

工业企业发生的生产费用,应通过一定的方式,按照不同情况进行成本数据的归集或汇总,其基本原则如下:

(1)对于直接用于产品生产,专门设有成本项目,并能分清为哪种产品所耗用的费用,可直接计入“生产成本——基本生产成本”“生产成本——辅助生产成本”总账及其所属明细账;

(2)对于虽直接用于产品生产,专门设有成本项目,但为几种产品共同耗用的费用,可根据一定的分配标准,在各产品之间进行适当的分配,然后分别计入“生产成本——基本生产成本”“生产成本——辅助生产成本”总账及其所属明细账;

(3)对于直接用于产品生产,但没有专设成本项目,或是间接用于产品生产的费用,应先计入“制造费用”总账及其所属明细账,然后通过一定的分配程序,转入或分配转入“生产成本”总账及其所属明细账;

(4)对于在生产经营过程中发生的用于产品销售的费用、行政管理部门发生的费用,已经筹集资金活动中发生的费用等各项期间费用,则不计入产品成本,而应分别计入“销售费用”“管理费用”“财务费用”总账及其所属明细账,冲减当期损益。

3.1.2 生产费用分配的基本方法

进行生产费用分配,应该选择适当的分配方法。所谓分配方法适当,是指分配依据的标准与分配对象应有密切的联系,因而分配结果比较合理,同时分配标准的资料比较容易取得,计算也比较简便。为合理选择分配标准,应遵循因果原则、受益原则、公平原则和承受能力原则等。可供选择的分配标准主要有三类:①成果类,如产品的质量、体积、产量、产值等;②消耗类,如生产工时、机器工时、生产工人工资、原材料消耗量或原材料费用等;③定额类,如定额消耗量、定额费用等。在生产费用分配时,企业应根据实际情况选择适当的分配标准,才能保证费用分配的正确、合理。

确定分配标准后,进行费用分配时应先计算费用分配率,然后计算出各种产品应分配的费用数额。分配费用的计算公式为

$$\text{某项生产费用的分配率} = \frac{\text{待分配费用}}{\text{分配标准}}$$

$$\text{某种产品应分配的费用数额} = \text{该种产品的分配标准数} \times \text{费用分配率}$$

3.2 材料费用的核算

在工业企业生产过程中,要大量领用和消耗各种材料,包括原料及主要材料、自制半成品、辅助材料、燃料、修理用备件、包装物、低值易耗品等。一般来讲,工业企业的材料费用在产品成本总数中有比较大的比重,因此加强材料费用的核算,对于产品成本核算的准确性、管理控制和促进生产节约发展都有着重要的影响。

材料费用的核算要求处理好两个问题:一是确定本期的材料费用的总数是多少;二是确定这些费用由哪些对象来负担,以及各个对象负担多少。

本期材料费用的总数,一般可根据本期领用材料的原始凭证汇总得到,也就是从有关材料账户的贷方转入有关成本费用账户借方的数额。为了确定本期材料费用的总数,保证产品成本计算的正确性,还要对材料费用发生的各个环节进行严格控制,以防止浪费和差错。同时,为了加强控制,促进节约,保证材料费用归集的准确性,材料费用从采购到收发结存、从数量到价格,都必须严格要求,认真对待。

此外,关于材料费用的受益对象的确定,也就是材料费用的分配过程,即按照材料用途将其费用计入有关产品成本计算对象中去。企业生产中消耗的材料有的用于产品生产,有的用于维护生产设备和管理、组织生产,此外,还有的用于非工业生产等。其中应计入产品成本的生产用料,还应按照成本项目归集,如用于构成产品实体的原料及主要材料和有助于产品形成的辅助材料,应列入"直接材料"成本项目;用于生产的燃料可列入"燃料及动力"成本项目;用于维护生产设备和管理生产的各种材料列入"制造费用"成本项目。对于不应计入产品成本而属于期间费用的材料费用则应列入"管理费用""销售费用"科目。用于购置和建造固定资产、其他资产方面的材料费用,则不得列入产品成本,也不得列入期间费用。

3.2.1 材料费用的归集

材料费用的归集是进行材料费用分配的基础和前提,主要是为了解决一定时期材料费用总数的问题,因此要认真进行材料发出的核算。有关材料发出的核算方法,在财务会计等相关课程中已经做了详细讲述,本书就不过多阐述,在此只是要强调在材料发出过程中应该注意做好的两方面工作。

1. 材料取得成本的核算

正确计算材料的取得成本是正确计算产品成本中材料费用的前提。企业取得的材料，除了少数是企业自制的外，绝大多数是企业外购的，因此，正确计算材料的取得成本，主要是关于外购材料的实际成本如何正确计算。外购材料的实际成本主要包括购买价款、运输费、装卸费、保险费、相关税费以及其他可归属于材料采购成本的费用（如运输途中的合理损耗、入库前的挑选整理费用等）。

2. 发出材料成本的核算

在日常核算中，发出材料的计价方法可根据企业成本管理的要求，采用实际成本计价或计划成本计价。但为了正确计算产品成本中的材料费用，应当根据实际成本原则，发出材料的成本最终必须按实际成本反映。如果按计划成本计价，则应调整材料成本差异。

（1）按实际成本计价的材料发出核算。在按实际成本计价核算时，企业应根据实际情况选择使用先进先出法、加权平均法或者个别计价法等方法。企业一旦选定了某种计价方法后，一般要求不要随意变更，如有变更应在会计报表附注中说明变更的理由以及影响数额，以保持前后各期一致。

（2）按计划成本计价的材料发出核算。在按计划成本计价核算时，材料日常收发核算都要按材料的计划单位成本计价，应注意及时计算原材料实际成本与计划成本的差异。月末，要根据计算求得的材料成本差异，将发出材料的计划成本调整为实际成本。为保证发出材料成本核算的准确性，应注意合理地制定材料的计划成本这个问题。材料成本差异率一般应按材料类别分别计算确定，不能使用一个综合差异率来分摊发出材料和结存材料应负担的材料成本差异。

企业生产过程使用的材料品种、数量很多，为了进行材料收入、发出和结存的明细核算，以加强材料使用管理、明确各单位经济责任，应该按材料的品种、规格设立材料明细账。在材料明细账中应根据审核无误的材料收发料凭证（包括退料凭证）登记收发材料的金额和数量，同时根据期初结存材料的金额和数量，以及本期收发材料的金额和数量，计算并登记期末结存材料的金额和数量。

3.2.2　材料费用的分配

1. 材料费用的分配原则

为了保证材料费用分配的准确性与合理性，应遵循一定的分配原则：一是重要性原则；二是直接计入原则。具体来说，直接用于产品生产、构成产品实体的材料费用，在产品成本中一般占有较大的比重，按照重要性原则，应作为单独的成本项目列示。凡产品直接耗用的材料，例如，纺织生产用的原棉、冶炼用的矿石、机械生产用的钢材、造酒用的大麦等，通常都是按照产品分别领用的，属于直接计入费用，按照直接计入原则，应根据领退料凭证直接计入各种产品成本明细账的“直接材料”成本项目。但是，对于在生产过程中几种产品共同耗用的材料，如汽油、柴油生产用的石油原油，属于间接计入费用，则应采用既合理又简便的分配标准及方法，在各种产品之间进行分配，再将其分配结果计入各有关产品成本明细账的“直接材料”成本项目。

2. 材料费用的分配方法

材料费用的分配标准很多，一般有定额耗用量比例、系数比例、产品生产量比例、产品体积比例等，企业应根据耗用材料的实际情况，以选用分配标准的资料取得比较容易为原则,选择合理的标准来分配材料费用。在材料消耗定额比较准确的情况下,材料费用可以按照材料定额消耗量比例法或材料定额费用比例法分配。

(1)材料定额消耗量比例法。材料定额消耗量比例法是按各种产品材料消耗定额分配材料费用的一种方法。其中,材料消耗定额是指单位产品可以消耗的材料数量限额,即定额消耗量就是指一定产量下按照消耗定额计算的可以消耗的材料数量。这种方法一般在各项材料消耗定额健全并且比较准确的情况下采用,其计算公式为

$$某产品材料定额消耗量=该种产品实际产量\times单位产品材料消耗定额$$

$$材料消耗量分配率=\frac{各产品共同耗用材料实际消耗量}{各产品材料定额消耗量之和}$$

$$某种产品应分配的材料消耗量=该种产品材料定额消耗量\times材料消耗量分配率$$

$$某种产品应分配的材料费用=该种产品应分配的材料消耗量\times材料单价$$

【例3-1】 大华企业2017年10月生产甲、乙两种产品,共同耗用A材料4 950千克,单价10元,共计49 500元。本月生产甲产品3 000件,乙产品2 000件。甲产品的消耗定额为1千克,乙产品的消耗定额为0.75千克。采用定额消耗量比例法分配A材料费用的结果计算如下:

(Ⅰ)甲产品A材料定额消耗量=3 000×1=3 000千克

乙产品A材料定额消耗量=2 000×0.75=1 500千克

(Ⅱ)A材料消耗量分配率$=\frac{4\ 950}{3\ 000+1\ 500}=1.1$

(Ⅲ)甲产品应分配A材料实际数量=3 000×1.1=3 300千克

乙产品应分配A材料实际数量=1 500×1.1=1 650千克

(Ⅳ)甲产品应分配A材料费用=3 300×10=33 000元

乙产品应分配A材料费用=1 650×10=16 500元

上列计算分配可以考核原材料消耗定额的执行情况,有利于加强原材料消耗的实物管理,便于比较产品原材料成本升降的原因,但分配计算的工作量较大。为了简化分配计算工作,对于不需要考虑材料实际耗用量的企业,也可以采用按原材料定额消耗量比例直接分配原材料费用的方法。其计算公式为

$$材料费用分配率=\frac{材料实际总耗用量\times材料单价}{各种产品材料定额消耗量之和}$$

$$某产品应分配的材料费用=该种产品材料定额耗用量\times材料费用分配率$$

【例3-2】 现仍以例3-1的资料为基础,计算结果如下:

(Ⅰ)各种产品A材料定额消耗量同上例(Ⅰ)

(Ⅱ)A材料费用分配率$=\frac{4\ 950\times10}{3\ 000+1\ 500}=11$

(Ⅲ)甲产品应分配A材料费用=3 000×11=33 000元

乙产品应分配A材料费用=1 500×11=16 500元

上述两种分配方法计算结果相同。但后一种分配方法不能提供各种产品原材料实际消耗量资料,不利于加强原材料消耗的实物管理。

(2)材料定额费用比例法。材料定额费用比例法是按照产品材料定额费用分配材料费用的一种方法。其中,材料费用定额和材料定额费用是材料消耗定额和材料定额消耗量的货币表现。这种方法一般在生产多种产品或多种产品共同耗用原材料的种类较多的情况

下采用。其计算公式为

某产品材料定额费用 = 该种产品实际产量 × 单位产品该种材料费用定额

$$材料费用分配率 = \frac{各种产品实际材料费用总额}{各种产品材料定额费用之和}$$

某种产品应分配的实际材料费用 = 该产品材料定额费用 × 材料费用分配率

【例3-3】 广达工厂某月生产甲、乙两种产品，共同耗用A，B两种主要材料共19 032元。本月甲产品产量120件，材料消耗定额为A材料3千克，B材料4千克；乙产品产量140件，材料消耗定额为A材料5千克，B材料6千克。A，B两种材料的计划单价分别为5元和8元。根据以上资料按材料定额费用比例法分配材料费用如下。

（Ⅰ）甲、乙产品材料定额费用

甲产品：A材料定额费用 = 120 × 3 × 5 = 1 800元

B材料定额费用 = 120 × 4 × 8 = 3 840元

甲产品材料定额费用合计 = 1 800 + 3 840 = 5 640元

乙产品：A材料定额费用 = 140 × 5 × 5 = 3 500元

B材料定额费用 = 140 × 6 × 8 = 6 720元

乙产品材料定额费用合计 = 3 500 + 6 720 = 10 220元

（Ⅱ）材料费用分配率

$$材料费用分配率 = \frac{19\ 032}{5\ 640 + 10\ 220} = 1.2$$

（Ⅲ）甲、乙产品应分配的材料实际费用

甲产品应分配的材料实际费用 = 5 640 × 1.2 = 6 768元

乙产品应分配的材料实际费用 = 10 220 × 1.2 = 12 264元

直接用于产品生产、有助于产品形成的辅助材料，一般属于间接计入费用，应采用适当的分配方法进行分配以后，记入各种产品成本明细账的“直接材料”成本项目。对于消耗定额比较准确的辅助材料，与分配原材料费用方法基本相同，按照产品定额消耗量或定额费用的比例分配；对于与产品产量直接有联系的辅助材料，如包装材料可按产品产量比例分配；对于耗用在原材料上的辅助材料，如油漆、染料等可以按照原材料耗用量的比例分配。

3. 材料费用分配表的编制

在企业实际工作中，材料费用的分配是通过编制“材料费用分配表”的方式进行的。材料费用分配表是按领料车间、部门和材料的用途、类别，根据归类后的领退料凭证和其他有关资料编制的。材料费用分配表的格式及举例详见表3-1。

表3-1　材料费用分配表

车间或部门名称：　　　　2017年5月　　　　金额单位：元

应借科目		直接计入金额	分配计入		材料费用合计
			定额消耗量/千克	分配金额（分配率：1.1）	
生产成本——基本生产成本	甲产品	3 240	3 000	33 000	36 240
	乙产品	1 680	1 500	16 500	18 180
	小　计	4 920	4 500	49 500	54 420

表 3-1（续）

车间或部门名称：　　　　　　　　2017 年 5 月　　　　　　　　金额单位：元

应借科目		直接计入金额	分配计入		材料费用合计
			定额消耗量/千克	分配金额（分配率：1.1）	
生产成本——辅助生产成本	供电车间	1 960			1 960
	供水车间	2 050			2 050
	小　计	4 010			4 010
制造费用		800			800
管理费用		300			300
销售费用		100			100
合　　计		10 130		49 500	59 630

根据上列材料费用分配表编制转账凭证，并据以登记有关总账和明细账，会计分录如下。

借：生产成本——基本生产成本——甲产品　　36 240
　　生产成本——基本生产成本——乙产品　　18 180
　　生产成本——辅助生产成本——供电车间　　1 960
　　　　　　　　　　　　　　——供水车间　　2 050
　　制造费用　　800
　　管理费用　　300
　　销售费用　　100
　　贷：原材料　　59 630

上述材料费用分配表是按实际成本进行核算分配的，如果企业材料日常核算采用计划成本，则计入产品成本和期间费用的材料费用是计划成本，还需分配材料成本差异额。

3.2.3　外购动力费用的分配

外购动力费用是指企业从外部单位购入的电力、蒸气等动力所支付的费用。企业的外购动力有的直接用于产品生产，如生产工艺中的电解用电、烘干用蒸气、炼钢用氧气等；有的间接用于产品生产，如生产车间的照明用电；有的则是用于企业的经营管理，如行政管理部门的照明用电及取暖等。这些外购动力费用的分配应由会计部门根据所支付的外购动力费用金额以及各车间、部门耗用外购动力的数量，通过编制"外购动力费用分配表"进行。如果使用动力的各车间、部门都装有仪器仪表进行计量，则动力费用应根据仪器仪表记录的各车间、部门耗用数量进行分配；若各使用动力的各车间、部门没有仪器仪表的计量，可按实际工时、机器工时等其他标准进行分配。

需指出的是，车间、部门的动力用电和照明用电一般都是分别安装电表，外购动力费用在各车间、部门的动力用电和照明用电之间，便可按用电数量进行分配；而对于车间中的动力用电，一般不按产品分别安装电表，所以车间动力用电费用在各种产品之间一般按照产品的生产工时比例、机器工时比例、定额耗用量比例或其他比例进行分配。

【例 3-4】　大华工厂直接用于甲、乙产品生产外购动力费 15 000 元，没有分别安装电表，规定按照生产工时比例分配，其生产工时分别为甲产品 32 000 小时，乙产品 18 000 小时。甲、乙产品动力费用分配计算如下：

$$动力费用分配率=\frac{15\ 000}{32\ 000+18\ 000}=0.3$$

甲产品应分配的动力费用 = 32 000 × 0.3 = 9 600 元

乙产品应分配的动力费用 = 18 000 × 0.3 = 5 400 元

为了加强对能源的核算管理，企业一般可将生产工艺用动力与生产工艺用燃料合并，在产品成本明细账中增设"燃料及动力"成本项目。生产车间中直接用于产品生产的动力费用，应以"燃料及动力"成本项目计入"生产成本"科目，而生产车间照明取暖耗用和行政管理部门耗用的动力费用，应计入"制造费用""管理费用"等科目及其所属明细账有关项目。

外购动力费用的分配一般是通过编制"外购动力费用分配表"的方式进行的，并根据分配表编制会计分录，并据以登记有关总账和明细账。

【例 3-5】　接例 3-4，假设大华工厂某月耗电合计 62 200 度，总电费 31 100 元，每度电 0.5 元，则根据有关资料，编制外购动力费用分配表，见表 3-2。

表 3-2　外购动力费用分配表

单位：大华工厂　　　　2017 年 5 月　　　　金额单位：元

应借科目		成本或费用项目	生产工时（分配率：0.3）	用电度数	分配金额
生产成本——基本生产成本	甲产品	燃料及动力	32 000		9 600
	乙产品	燃料及动力	18 000		5 400
	小　计		50 000	30 000	15 000
制造费用		水电费		15 000	7 500
管理费用		水电费		17 200	8 600
合　　计			5 000	62 200	31 100

根据表 3-2，编制会计分录如下（该企业外购电费通过"应付账款"科目核算）。

借：生产成本——基本生产成本——甲产品　　　9 600
　　生产成本——基本生产成本——乙产品　　　5 400
　　制造费用　　　7 500
　　管理费用　　　8 600
　　贷：应付账款　　　31 100

3.3 人工费用的核算

人工费用即职工薪酬,它是工业企业生产过程中必不可少的要素之一,是企业作为补偿活劳动的消耗,根据按劳分配的原则,在一定时期内企业为获取职工提供的服务而给予的各种形式的报酬以及其他相关支出。人工费用应按其发生的地点进行计算和汇总,并分别按照具体用途计入产品成本和有关的期间费用。由于人工费用是产品成本的重要组成部分,所以,人工费用的正确归集与分配对于产品成本的计算和分析,对于促进企业改善经营管理具有重要意义。

3.3.1 人工费用的范围

人工费用(职工薪酬)内容覆盖面广,具体包括职工工资,职工福利费,社会保险费(医疗保险费、养老保险费、失业保险费、工伤保险费和生育保险费),住房公积金,工会经费和职工教育经费,非货币性福利,因解除与职工的劳动关系给予的补偿以及其他。但职工薪酬最基本的内容是职工工资和职工福利费。

1. 工资总额的构成

按照国家统计局规定,工资总额包括计时工资、计件工资、奖金、津贴和补贴、加班加点工资以及特殊情况下支付的工资等6项组成部分。

(1)计时工资。计时工资是按计时工资标准和工作时间支付给个人的劳动报酬,包括对已做工作按计时工资标准支付的工资,实行结构工资的单位支付给职工的基本工资和职务工资以及新参加工作职工的见习工资等。

(2)计件工资。计件工资是指按规定的计件单价和职工完成合格品数量计算并支付的工资。计件工资包括实行超额累进计件、直接无限计件、限额计件、超定额计件等工资制,按劳动部门或主管部门批准的定额和计件单价支付给个人的工资和按营业额提成或利润提成办法支付给个人的工资。

(3)奖金。奖金是指对职工的超额劳动,在标准工资以外支付给职工的物质奖励性质的劳动报酬。奖金包括生产奖、节约奖、劳动竞赛奖以及其他奖金。

(4)津贴和补贴。津贴和补贴是指为了补偿职工特殊或额外劳动消耗和其他特殊原因支付给职工的津贴。津贴和补贴包括补偿职工特殊或额外劳动消耗的津贴、保健津贴、技术津贴及其他津贴,以及为了保证职工工资水平不受物价影响而支付给职工的物价补贴,包括副食品补贴、粮价补贴、煤价补贴等。

(5)加班加点工资。加班加点工资是指按规定对职工在法定工作时间以外从事的劳动所支付给职工的加班工资和加点工资。根据《中华人民共和国劳动法》第44条规定:“有下列情形之一的,用人单位应当按照下列标准支付高于劳动者正常工作时间工资的工资报酬:安排劳动者延长工作时间的,支付不低于工资的150%的工资报酬;休息日安排劳动者工作又不能安排补休的,支付不低于工资的200%的工资报酬;法定休假日安排劳动者工作的,支付不低于工资的300%的工资报酬。”

(6)特殊情况下支付的工资。特殊情况下支付的工资是指根据国家法律、法规和政策规定,支付给职工的病假、工伤、产假、计划生育、婚丧假、探亲假、定期休假、停工学习、执行国家和社会义务的工资以及支付给职工的保留工资等。

2. 职工福利费

职工福利费是指企业为职工提供的除职工工资、奖金、津贴、纳入工资总额管理的补贴、职工教育经费、社会保险费和补充养老保险费(年金)、补充医疗保险费及住房公积金以外的福利待遇支出,包括发放给职工或为职工支付的以下各项现金补贴和非货币性集体福利。

(1)为职工卫生保健、生活等发放或支付的各项现金补贴和非货币性福利,包括职工因公外地就医费用、暂未实行医疗统筹企业职工医疗费用、职工供养直系亲属医疗补贴、职工疗养费用、自办职工食堂经费补贴或未办职工食堂统一供应午餐支出、符合国家有关财务规定的供暖费补贴、防暑降温费等。

(2)企业尚未分离的内设集体福利部门所发生的设备、设施和人员费用,包括职工食堂、职工浴室、理发室、医务所、托儿所、疗养院、集体宿舍等集体福利部门设备、设施的折旧、维修保养费用以及集体福利部门工作人员的工资薪金、社会保险费、住房公积金、劳务费等人工费用。

(3)职工困难补助,或者企业统筹建立和管理的专门用于帮助、救济困难职工的基金支出。

(4)离退休人员统筹外费用,包括离休人员的医疗费及离退休人员其他统筹外费用。

(5)按规定发生的其他职工福利费,包括丧葬补助费、抚恤费、职工异地安家费、独生子女费、探亲假路费,以及符合企业职工福利费定义但没有包括在本通知各条款项目中的其他支出。

3.3.2 人工费用核算的原始记录

进行人工费用核算必须以准确的原始记录为依据。人工费用核算的各项原始记录如下。

1. 考勤记录

考勤记录是登记职工出勤和缺勤情况的原始记录。考勤记录是计算职工工资的重要依据,而且对于提高职工的出勤率和工时利用率,加强企业的劳动纪律,提高企业的管理水平等都有着重要作用。

企业对职工的考勤记录一般分班组、车间、科室分别进行,考勤工作既可以配备专职的考勤人员也可由兼职人员担任。考勤记录一般采用考勤簿和考勤卡两种形式。考勤人员应根据职工出勤和缺勤情况进行逐日登记。考勤记录在月末经车间、部门负责人检查、签章以后,连同有关证明文件,应由考勤人员送交企业会计部门审核,经审核后作为计算职工工资的依据。

2. 产量和工时记录

产量和工时记录是反映工人或班组在出勤时间内生产产品数量、质量和生产这些产品所耗用的生产工时数量的原始记录。产量和工时记录不仅是计算计件工资的依据,也是统计产量和生产工时的依据,所以产量和工时记录应提供产量、合格品产量、废品产量、工时等资料。月末,会计部门应该对产量和工时记录进行审核,审核后的产量和工时记录才能作为计算计件工资的依据。

3.3.3 人工费用的结算

1.工资的计算

工资的计算是企业人工费用核算的基础,也是其核算的主要内容。工资的计算包括计时工资的计算和计件工资的计算。其中,计时工资的具体计算参见财务会计相关用书,在此不详述,仅介绍计件工资的计算。

计件工资是指根据规定的计件单价和完成合格品数量计算支付的工资。在计算计件工资时,对于由于材料质量不符合要求等客观原因产生的废品即料废,应照付计件工资;但对于由于工人本人过失等原因而造成的废品即工废,则不应支付计件工资。计件工资按照结算对象不同分为个人计件工资和集体计件工资。

个人计件工资是依据产量和工时记录中登记的每一生产工人完成的合格品工作量乘以事前规定的计件单价计算并结算的工资。计算公式如下:

应付计件工资 =(合格品数量 + 料废数量)× 计件单件

计件单价 = 制造某种产品所需定额工时 × 制造该种产品所需某种等级工人的小时工资率

【例 3-6】 某职工 5 月份加工甲、乙两种产品,甲产品 120 件,乙产品 90 件。验收时发现甲产品料废 10 件,工废 4 件。该职工小时工资率 4.30 元,制造甲产品定额工时为 1.5 小时,乙产品为 2 小时。

甲产品计件单价 = 1.5 × 4.30 = 6.45 元

乙产品计件单价 = 2 × 4.30 = 8.60 元

应付计件工资 =(120 - 4)× 6.45 + 90 × 8.60 = 748.20 + 774 = 1 522.20 元

集体计件工资是依据产量和工时记录中登记的每一生产集体完成的合格品工作量乘以计件单价计算并结算的工资。采用集体计件工资时,除了计算出集体计件工资总额,还需采用一定的方法,将集体计件工资总额在集体成员内部进行分配,以计算出集体内每一成员的计件工资金额。分配的主要方法有按计件工资和计时工资的比例分配、按实际工作天数计算分配。

工资总额组成内容中的奖金、津贴和补贴等可分别根据企业职工奖励制度和国家有关津贴、补贴的标准进行计算。

2.职工福利费的计算

企业除应按规定的标准支付给职工工资外,还必须负担职工个人福利,即职工福利费。职工福利费的来源是根据职工工资总额的 14% 计算提取的,计算提取公式为

提取的职工福利费 = 职工工资总额 × 14%

3.人工费用的汇总

企业采用不同职工薪酬制度计算出应付给职工的职工薪酬总额后,需要按其用途和发生地点进行汇总。工资结算凭证分为工资结算单和工资结算汇总表。企业通常是按车间、部门编制工资结算单,用以反映企业与职工的工资结算情况。结算单中应分别按每一职工分行反映企业应付职工工资、代扣款项和实发工资等项内容。工资结算单一般一式三份:一份经过职工签收后作为工资结算和付款的原始凭证;一份作为劳动工资部门进行工资统计依据;一份按职工姓名裁成“工资条”,连同实发工资发给职工,以便职工核对。工资结算单的一般格式见表 3-3。

表 3－3 工资结算单

车间或部门:第一车间　　　　2017 年 5 月　　　　金额单位:元

姓名	应发工资							其他应发款			代扣款项				实发工资	签名
	基本工资	奖金	津贴和补贴		扣缺勤工资		合计	交通补助	卫生费	合计	住房公积金	社会保险	个人所得税	合计		
			津贴	补贴	病假	事假										
张军	1 800	300	360	170	10		2 620	100		100	122	135		257	2 463	
李敏	1 900	310	370	160		20	2 720	100	20	120	135	140		275	2 565	
⋮																
生产工人工资合计	23 000	3 200	4 100	2 200	20	40	32 440	1 000	100	1 100	1 950	1 890		3 840	29 700	

根据职工结算单汇总编制的工资结算汇总表,反映整个企业全部工资的计算情况,它也是进行人工费用分配的依据。工资结算汇总表的一般格式见表 3－4。

企业对人工费用的结算是通过“应付职工薪酬”总账科目进行归集和分配的。“应付职工薪酬”科目属于负债类科目,用来核算企业根据有关规定应付给职工的各种薪酬,以及企业(外商)按规定从净利润中提取的职工奖励及福利基金。本科目可按“工资”“职工福利”“社会保险费”“住房公积金”“工会经费”“职工教育经费”“非货币性福利”“辞退福利”“股份支付”等应付职工薪酬项目进行明细核算。对发生的职工薪酬,计入“应付职工薪酬”的贷方,并根据职工提供服务的受益对象,分别计入“生产成本”“制造费用”“管理费用”“销售费用”“在建工程”等科目的借方;企业按有关规定支付、缴纳、代扣或补偿各项职工薪酬时,计入该科目的借方,并视具体情况,分别计入“银行存款”“库存现金”“其他应收款”等科目的贷方;期末余额在贷方,反映企业应付职工薪酬的结余。

3.3.4 人工费用的分配

人工费用的分配要按照用途和发生地点进行分配。其中,对于生产车间直接从事产品生产的生产工人所发生的职工薪酬,应计入“生产成本”总账及明细账的“直接人工”成本项目中;生产车间管理人员和技术人员的职工薪酬,应计入“制造费用” 账户;企业行政管理人员的职工薪酬,应列入“管理费用” 账户;专设销售机构人员的职工薪酬,应计入“销售费用” 账户;研究项目开发人员的职工薪酬,应计入“研发支出”账户等。需要指出的是,生活福利部门人员的工资不属于产品成本和期间费用,应计入“应付职工薪酬——职工福利”账户中,而按这部分人员的工资额提取的职工福利费则应作为期间费用中的“管理费用”列支,而不能再由“应付职工薪酬——职工福利”列支。因为如果由“应付职工薪酬——职工福利”列支,则一方面增加形成了职工福利费来源;另一方面又减少了职工福利费,其结果

表 3－4　工资结算汇总表

2017 年 × 月　　　　金额单位:元

车间或部门	职工类别	应发工资							其他应发款			代扣款项				实发工资	签名
		基本工资	奖金	津贴和补贴		扣缺勤工资		合计	交通补助	卫生费	合计	住房公积金	社会保险	个人所得税	合计		
				津贴	补贴	病假	事假										
第一车间	生产工人	23 000	3 200	4 100	2 200	20	40	32 440	1 000	100	1 100	1 950	1 890		3 840	29 700	
	管理人员																
修理车间	生产工人																
供水车间	生产工人																
……																	
合计																	

是这部分职工福利费等于没有提取。

对于计入“生产成本”账户的职工薪酬，还需按成本计算对象（产品等）进行分配，其分配方法与工资制度及生产特点相关。在企业实行计件工资制度下，生产工人工资通常是根据产量凭证计算工资并直接计入产品成本。企业在实行计时工资制度下，如果只生产一种产品时，生产工人工资属于直接费用，可直接根据工资结算凭证计入该产品生产成本；而如果生产多种产品时，就需要采用一定的分配方法在各种产品之间进行分配。工资费用的分配方法主要是按实际工时或定额工时的比例进行分配。其计算公式为

$$工资费用分配率 = \frac{生产工人工资费用总额}{各种产品实际（或定额）工时之和}$$

某产品应分配的工资费用 = 该产品实际（或定额）工时 × 工资费用分配率

【例 3－7】 某工业企业生产甲、乙两种产品，某月份生产工人工资总额为 70 000 元，按工资总额 14% 计提职工福利费。其中计件工资 22 000 元，分别为：甲产品 12 000 元，乙产品 10 000 元；甲、乙产品计时工资共计 48 000 元。本月甲、乙产品实际生产工时分别为 7 200 小时和 4 800 小时。按实际生产工时分配计时工资计算如下：

$$工资费用分配率 = \frac{48\ 000}{7\ 200 + 4\ 800} = 4$$

甲产品应分配的工资费用 = 7 200 × 4 = 28 800 元

乙产品应分配的工资费用 = 4 800 × 4 = 19 200 元

人工费用分配是通过编制工资费用分配表和职工福利费分配表进行的，根据分配表编制会计分录，登记有关总账和所属明细账。分配表格式及举例详见表 3－5 和表 3－6。

表 3－5 工资费用分配表

2017 年 5 月　　　　　　　　　　　　　　　　　　　　金额单位：元

应借科目		成本或费用项目	直接计入	分配计入			工资费用合计
				生产工时/小时	分配率	分配金额	
生产成本——基本生产成本	甲产品	直接人工	12 000	7 200		28 800	40 800
	乙产品	直接人工	10 000	4 800		19 200	29 200
	小　计		22 000	12 000	4	48 000	70 000
生产成本——辅助生产成本	供电车间	直接人工	4 000				4 000
	供水车间	直接人工	2 000				2 000
	小　计		6 000				6 000
制造费用		工资费用	8 000				8 000
管理费用		工资费用	12 000				12 000
销售费用		工资费用	5 000				5 000
应付职工薪酬		职工福利	6 000				6 000
合　　计			59 000			48 000	107 000

表 3-6　职工福利费分配表

2017 年 5 月　　　　　　　　　　　　　　　　　　　　金额单位:元

<table>
<tr><th colspan="2">应借科目</th><th>成本或费用项目</th><th>工资总额</th><th>计提福利费(14%)</th></tr>
<tr><td rowspan="3">生产成本——基本生产成本</td><td>甲产品</td><td>直接人工</td><td>40 800</td><td>5 712</td></tr>
<tr><td>乙产品</td><td>直接人工</td><td>29 200</td><td>4 088</td></tr>
<tr><td>小　计</td><td></td><td>70 000</td><td>9 800</td></tr>
<tr><td rowspan="3">生产成本——辅助生产成本</td><td>供电车间</td><td>直接人工</td><td>4 000</td><td>560</td></tr>
<tr><td>供水车间</td><td>直接人工</td><td>2 000</td><td>280</td></tr>
<tr><td>小　计</td><td></td><td>6 000</td><td>840</td></tr>
<tr><td colspan="2">制造费用</td><td>工资费用</td><td>8 000</td><td>1 120</td></tr>
<tr><td colspan="2">管理费用</td><td>工资费用</td><td>18 000</td><td>2 520</td></tr>
<tr><td colspan="2">销售费用</td><td>工资费用</td><td>5 000</td><td>700</td></tr>
<tr><td colspan="3">合　　计</td><td>107 000</td><td>14 980</td></tr>
</table>

根据表 3-5 和表 3-6,编制会计分录如下。

借:生产成本——基本生产成本——甲产品　　　40 800
　生产成本——基本生产成本——乙产品　　　29 200
　生产成本——辅助生产成本——供电车间　　4 000
　生产成本——辅助生产成本——供水车间　　2 000
　制造费用　　　8 000
　管理费用　　　18 000
　销售费用　　　5 000
　应付职工薪酬——职工福利　　　6 000
　贷:应付职工薪酬——工资　　　　107 000

借:生产成本——基本生产成本——甲产品　　　5 712
　生产成本——基本生产成本——乙产品　　　4 088
　生产成本——辅助生产成本——供电车间　　560
　生产成本——辅助生产成本——供水车间　　280
　制造费用　　　1 120
　管理费用　　　2 520
　销售费用　　　700
　贷:应付职工薪酬——职工福利　　　　14 980

3.4　制造费用的核算

3.4.1　制造费用的归集

1. 制造费用的概念及构成

制造费用是指企业为生产产品(或提供劳务)而发生的、应该计入产品成本,但没有专

设成本项目的各项生产费用。制造费用是产品成本的重要组成部分,因此,正确合理地组织制造费用的核算,对于正确计算产品成本,控制企业各生产车间、部门费用的开支,考核费用预算的执行情况,不断降低产品成本都具有重要意义。

制造费用大部分是间接用于产品生产的费用,如机物料消耗,车间房屋和建筑物的折旧费、修理费、保险费和租赁费,车间生产用的照明费、取暖费、劳动保护费等。制造费用中也有一部分直接用于产品生产,但管理上不要求单独核算或不便于单独核算而没有专设成本项目的费用,如机器设备的折旧费、修理费、租赁费、保险费,生产工具摊销费、设计制图费和试验检验费等。生产工艺用燃料和动力,如果不专设成本项目也不单独核算,则也应包括在制造费用中。同时,制造费用还包括车间用于组织和管理生产的费用,如车间管理人员和技术人员的工资费用,车间管理用房屋和设备的折旧费、修理费,车间管理用的照明费、水费、取暖费、差旅费和办公费等。

制造费用的内容比较复杂,为了加强管理、控制开支,制造费用应该按照管理要求分别设立若干费用项目进行计划和核算,归类反映各项费用的计划执行情况。制造费用的项目有的可以按照费用的经济用途设立,有的可以按照费用的经济内容设置。为了减少费用项目,简化制造费用的核算工作,通常将相同性质的费用合并设立相应的费用项目。制造费用的费用项目一般应包括工资费用、水电费、取暖费、机物料消耗、折旧费、修理费、保险费、运输费、办公费、设计制图费用、季节性和修理期间的停工损失等。企业应根据自身生产经营情况,合理设置制造费用的费用项目,费用项目一经确定,为了使各期成本费用资料可比,就不应随意变更。

2. 制造费用的归集

制造费用的核算是通过设置"制造费用"科目进行的。该账户的借方登记一定时期内发生的制造费用,贷方反映制造费用的分配,在通常情况下除季节性生产的企业外,"制造费用"科目月末一般应无余额。"制造费用"科目应按不同车间、部门设置明细账,账内按照费用项目设专栏或专行,分别反映各车间、部门各项制造费用的发生情况。制造费用明细账的格式见表 3－7。

表 3－7　制造费用明细账

车间(或部门):　　　　2017 年 5 月　　　　金额单位:元

201×年		凭证号数	摘要	费用项目										转出
月	日			工资费用	折旧费	办公费	水电费	修理费	保险费	运输费	机物料消耗	其他	合计	
			合计											

制造费用的归集是在发生制造费用时，根据有关的付款凭证、转账凭证和各种费用分配表，按其发生地点和用途归集于"制造费用"账户借方及其所属明细账的有关费用项目，从其对应账户来看，可贷记"原材料""应付职工薪酬""累计折旧""银行存款"等有关账户。月末，将"制造费用"总账及其所属明细账中登记的费用汇总后，从该账户的贷方转出，按照一定的标准和方法分配转入"生产成本"总账的借方及其所属明细账的"制造费用"成本项目中，以计入各种产品成本。

3.4.2 制造费用的分配

在生产一种产品的车间中，制造费用可以直接计入该种产品成本中，在生产多种产品的车间里，就应采用既合理又简便的方法，分配计入各种产品的成本中。由于各车间制造费用水平不同，为保证成本计算的准确性，制造费用应该按各车间分别进行，而不得将各车间的制造费用汇总采用一个标准进行分配。

1. 制造费用的分配程序

制造费用分配的一般程序如下。

（1）确定制造费用分配标准。制造费用的分配标准很多，较多采用的有生产工人工时、生产工人工资、机器工时以及年度计划分配率等。

（2）计算制造费用分配率。其公式为

$$制造费用分配率 = \frac{制造费用总额}{各种产品分配标准之和}$$

（3）进行制造费用分配。其公式为

$$某产品应负担的制造费用 = 该产品的分配标准 \times 制造费用分配率$$

2. 制造费用的分配方法

根据分配标准的不同，制造费用的分配方法主要有生产工时比例法、生产工人工资比例法、机器工时比例法和按年度计划分配率分配法等。分配方法一经确定，不应随意变更。

（1）生产工时比例法。生产工时比例法是按照各种产品所用生产工人实际工时或定额工时的比例分配制造费用的方法。其计算公式如下：

$$制造费用分配率 = \frac{制造费用总额}{各种产品实际（或定额）生产工时总额}$$

某产品应分配的制造费用 = 该种产品实际（或定额）工时 × 制造费用分配率

【例 3 - 8】 假设大华工厂基本生产车间本月为生产甲、乙两种产品共发生制造费用 114 000 元，甲产品生产工时为 5 750 小时，乙产品生产工时为 9 250 小时。

要求：采用生产工时比例法计算甲、乙两种产品应承担的制造费用，并编制相应的会计分录。

解 计算公式如下：

$$制造费用分配率 = \frac{114\ 000}{5\ 750 + 9\ 250} = 7.6$$

甲产品应负担制造费用 = 5 750 × 7.6 = 43 700 元

乙产品应负担制造费用 = 9 250 × 7.6 = 70 300 元

按生产工时比例法编制制造费用分配表，详见表 3 - 8。

表 3－8　制造费用分配表

车间:基本生产车间　　　　2017 年 5 月　　　　金额单位:元

应借科目	生产工时/小时	分配金额(分配率:7.6)
生产成本——基本生产成本——甲产品	5 750	43 700
生产成本——基本生产成本——乙产品	9 250	70 300
合　计	15 000	114 000

根据制造费用分配表,编制会计分录如下。

借:生产成本——基本生产成本——甲产品　　43 700

　生产成本——基本生产成本——乙产品　　70 300

　贷:制造费用　　114 000

按生产工时比例分配是较为常用的一种分配方法,它能将劳动生产率的高低与产品负担费用的多少联系起来,分配结果比较合理。由于生产工时是分配间接计入费用常用的分配标准之一,因此,必须正确组织好产品生产工时的记录和核算等基础工作,以保证生产工时的正确、可靠。

(2)生产工人工资比例法。生产工人工资比例法又称生产工资比例法,是以生产各种产品的生产工人工资的比例分配制造费用的一种方法。其计算公式为

$$制造费用分配率=\frac{制造费用总额}{生产各种产品的生产工人工资总额}$$

某产品应分配的制造费用=该种产品生产工人工资×制造费用分配率

由于工资费用分配表中有现成的生产工人工资的资料,所以该种分配方法核算工作很简便。这种方法适用于各种产品生产机械化的程度相差不多的情况,否则机械化程度高的产品,由于工资费用少,分配的制造费用也少,这会影响制造费用分配的合理性。这是因为制造费用的费用项目中包括机械修理费、折旧费、租赁费和保险费等许多与机械使用有关的费用,产品生产的机械化程度高,应该多负担这些费用,而不是少负担这些费用。

(3)机器工时比例法。机器工时比例法是按照各种产品所用机器设备运转时间的比例分配制造费用的一种方法。其计算公式为

$$制造费用分配率=\frac{制造费用总额}{各种产品耗用机器工时总额}$$

某产品应分配的制造费用=该种产品耗用机器工时×制造费用分配率

这种方法特别适用于机械化程度较高的车间,因为在这种车间中,折旧费用、修理费用的大小与机器运转的时间有密切的联系。采用这种方法必须正确组织各种产品所耗用机器工时的记录工作,以保证工时的准确性。为了提高分配结果的正确性,可以将机器设备划分为若干类别,按其类别归集和分配制造费用;也可以将制造费用按性质和用途分类,如分为与机器设备使用有关的费用及由于管理组织生产而发生的费用,分别采用适当的方法分配制造费用。

(4)按年度计划分配率分配法。按年度计划分配率分配法也称预算分配率法,是按照年度开始前确定的全年度适用的计划分配率分配制造费用的一种方法。采用这种分配方法,不论各月实际发生的制造费用是多少,每月各种产品成本中的制造费用都按年度计划确定的计划分配率分配,这往往与实际发生的制造费用产生差额,对于这些差额月末不进

行追加调整分配,而是一般到年末调整并计入 12 月份的产品成本。其计算公式为

$$制造费用年度计划分配率=\frac{年度制造费用计划总额}{年度各种产品计划产量的定额工时总额}$$

$$\begin{matrix}某月某产品应分配\\的制造费用\end{matrix}=\begin{matrix}该月该产品实际\\产量的定额工时\end{matrix}\times\begin{matrix}制造费用年度\\计划分配率\end{matrix}$$

$$全年制造费用差异额=全年实际制造费用-全年按计划分配率分配的制造费用总额$$

$$差异额分配率=\frac{全年制造费用差异额}{全年按计划分配率分配的制造费用总额}$$

$$某产品应分配的差异额=该种产品全年按计划分配率分配的制造费用\times差异额分配率$$

如果制造费用实际发生额大于计划分配额,即差额结果为正数,则应用蓝字补加,借记“生产成本”科目,贷记“制造费用”科目;如果制造费用实际发生额小于计划分配额,即差异额为负数,则用红字冲减。年度内如果发现全年制造费用的实际数和产品的实际产量与计划数发生较大的差额时,应及时调整计划分配率。

【例 3-9】 某企业基本生产车间全年制造费用计划为 96 000 元;全年各种产品的计划产量为甲产品 4 000 件,乙产品 2 000 件;单件产品的工时定额为甲产品 8 小时,乙产品 14 小时。1 月份实际产量为甲产品 450 件,乙产品 300 件;本月实际发生制造费用 14 000 元。年末核算时,该车间全年实际发生制造费用 97 335 元,而按计划分配率分配,全年甲产品分配制造费用 51 200 元,乙产品分配制造费用 43 300 元,共分配制造费用 94 500 元。

要求:根据上述资料,计算该车间甲、乙两种产品 1 月份应分配的制造费用;年末甲、乙两种产品应分配的制造费用差异额,并作相关的会计处理。

解 计算过程如下。

(Ⅰ)甲、乙两种产品 1 月份应分配的制造费用

$$制造费用年度计划分配率=\frac{96\ 000}{4\ 000\times8+2\ 000\times14}=1.6$$

1 月份甲产品应分配的制造费用 $=450\times8\times1.6=5\ 760$ 元

1 月份乙产品应分配的制造费用 $=300\times14\times1.6=6\ 720$ 元

该车间 1 月份按计划分配率分配转出的制造费用 $=5\ 760+6\ 720=12\ 480$ 元

根据资料,编制 1 月份“制造费用分配表”,见表 3-9。

表 3-9 制造费用分配表

车间:基本生产车间　　2017 年 1 月　　金额单位:元

应借科目	实际产量	工时定额	实际产量定额工时	计划分配率	制造费用
生产成本——基本生产成本——甲产品	450	8	3 600		5 760
生产成本——基本生产成本——乙产品	300	14	4 200		6 720
合　计			7 800	1.6	12 480

根据“制造费用分配表”编制会计分录,登记有关总账及明细账。

借:生产成本——基本生产成本——甲产品　　5 760
　　生产成本——基本生产成本——乙产品　　6 720
　　贷:制造费用　　12 480

1 月份“制造费用”账户借方实际发生额是 14 000 元,贷方根据年度计划分配率分配转出的制造费用是 12 480 元,借方余额为 1 520 元,即分配转出数少于实际发生数,平时不予调整。

(Ⅱ)年末调整差异额

全年制造费用差异额 $=97\ 335-94\ 500=2\ 835$ 元

年末差异额分配率 $=\dfrac{2\ 835}{51\ 200+43\ 300}=0.03$

甲产品应分配的差异额 $=51\ 200\times0.03=1\ 536$ 元

乙产品应分配的差异额 $=43\ 300\times0.03=1\ 299$ 元

借:生产成本——基本生产成本——甲产品　　1 536
　　生产成本——基本生产成本——乙产品　　1 299
　　贷:制造费用　　2 835

这种分配方法核算工作简便,特别适用于季节性生产的车间,因为这种分配方法不受淡月和旺月产量相差悬殊的影响,从而不会使各月单位产品成本中制造费用忽高忽低,便于进行成本分析。但是,采用这种分配方法要求计划工作水平较高,否则会影响产品成本计算的正确性。

综上所述,无论采用哪一种制造费用分配方法都应根据分配计算的结果,编制制造费用分配表,据以进行制造费用的总分类核算和明细核算。制造费用的分配,除了采用按年度计划分配率分配法的企业外,“制造费用”科目都没有月末余额。

3.5　辅助生产费用的核算

3.5.1　辅助生产和辅助生产费用

工业企业的生产分为基本生产和辅助生产。基本生产是指为企业的主要产品生产而设置的生产过程,是企业的主要生产过程。从事基本生产的车间即为基本生产车间,如纺织厂的纺纱、织布车间,钢铁厂的炼钢、炼铁和轧钢车间等。基本生产车间发生的费用称为基本生产费用。

辅助生产是指为基本生产车间、企业行政管理部门等单位服务而进行的产品生产和劳务供应,如企业的供水、供电、运输、修理等。从事辅助生产的车间为辅助生产车间。企业的辅助生产车间按其提供劳务、作业和生产产品的种类多少,可主要分两种类型:①单品种辅助生产车间,指只提供一种劳务或只进行同一性质作业的辅助生产车间,如供水车间、供电车间、机修车间、锅炉车间等;②多品种辅助生产车间,是指生产多种产品的辅助生产车间,如为基本生产车间提供工具、刀具、刃具、模具、夹具等的生产车间。企业辅助生产车间发生的费用就称为辅助生产费用。

辅助生产提供的产品和劳务,主要是为本企业服务,一般很少对外销售。因此,辅助生产车间的费用应由各受益的车间、部门负担，辅助生产产品和劳务成本的高低，势必会影响到企业产品成本和期间费用的水平，因此，正确、及时组织辅助生产费用的归集和分配，对保证企业成本费用计算的正确性和及时性，节约费用、降低成本有着重要的意义。

3.5.2 辅助生产费用的归集

辅助生产费用的核算，一般是通过“生产成本——辅助生产成本”账户进行的，据此进行辅助生产费用的归集和分配。由于企业的辅助生产车间都是具有独立职能的生产单位，因此还需设置辅助生产费用明细账。该明细账一般应按车间以及产品或劳务的种类设置，如在只生产一种产品或提供一种劳务的辅助生产车间，像供电、供水、运输等车间应按车间类别设置明细账；而在生产多种产品或提供多种劳务的辅助生产车间，如从事工具、模具、修理用备件的制造等车间，则要按车间生产产品或提供劳务的种类分别开设明细账，账内按照成本项目或费用项目设置专栏，进行明细核算。对于直接用于辅助生产产品或提供劳务的费用，应计入“生产成本——辅助生产成本”账户的借方；对于辅助生产车间的制造费用，若辅助生产车间规模较小，并且制造费用发生数额很少，也不对外销售商品或提供劳务服务，则为了简化核算，发生的制造费用可以不单独设置“制造费用”科目进行核算，而直接计入“生产成本——辅助生产成本”账户的借方，反之，则需单设“制造费用”账户，辅助生产车间发生制造费用时，则先计入“制造费用”账户的借方进行汇总，然后从“制造费用”账户的贷方直接转入或分配转入“生产成本——辅助生产成本”账户及其明细账的借方，计算辅助生产的产品或劳务的成本。辅助生产完工的产品或劳务的成本，经过分配以后从“生产成本——辅助生产成本”账户的贷方转出，期末如有借方余额则为辅助生产的在产品成本。

“生产成本——辅助生产成本”明细账的一般格式见表 3－10 和表 3－11。

表 3－10 生产成本——辅助生产成本明细账 1

车间： 2017 年 5 月 金额单位：元

201×年		凭证号数	摘要	成本项目			合计	转出
月	日			直接材料	直接人工	制造费用		
合计								

表3－11 生产成本——辅助生产成本明细账2

车间： 2017年5月 金额单位:元

201×年		凭证号数	摘要	费用项目								合计	转出
月	日			原材料	工资费用	折旧费	办公费	保险费	修理费	水电费	其他		
合计													

表3－10所列的“生产成本——辅助生产成本”明细账1中，可按企业辅助生产的特点和核算要求增设成本项目，但成本项目一经确定，不应随意变更。

表3－11所列的“生产成本——辅助生产成本”明细账2，其费用项目是将产品的成本项目和制造费用的费用项目结合起来的简化设置，在企业的辅助生产不对外销售产品或提供劳务，同时如前所述，辅助车间的制造费用直接通过“生产成本——辅助生产成本”核算时，可采用这种格式的“生产成本——辅助生产成本”明细账进行明细登记。

3.5.3 辅助生产费用的分配

1.辅助生产费用分配的特点

已经归集在“生产成本——辅助生产成本”账户借方及其明细账中的辅助生产费用，应当按受益原则，在各受益车间或部门之间进行分配，多受益多分配，反之亦同。由于辅助生产车间所生产的产品或劳务的种类不同，其费用转出、分配的程序也不一样。

若辅助生产车间生产产品，如工具、模具和修理用备件等产品成本，应在产品完工时，从“生产成本——辅助生产成本”账户的贷方分别转入“原材料”“周转材料”等账户的借方，各车间或部门领用时，再参照存货的核算方法，按照其用途和数量，一次或分次计入企业有关成本费用账户。

若辅助生产车间提供劳务作业，如水、电、修理和运输等所发生的费用，则要在各受益单位之间按照适当的标准进行分配后，从“生产成本——辅助生产成本”账户的贷方转入“生产成本——基本生产成本”“制造费用”“管理费用”“销售费用”“在建工程”等账户的借方。本节主要介绍单品种辅助生产车间生产的、供基本生产车间或其他部门耗用的各种劳务作业成本的分配。

由于辅助生产提供劳务主要是为基本生产车间和行政管理部门等服务的，但在某些辅助生产车间之间，还存在着相互耗用劳务的情况，如供电车间为修理车间提供电力，修理车间为供电车间修理设备等。这样它们之间相互制约、互为条件，使辅助生产费用的分配变得较为复杂。为了保证辅助生产劳务作业成本计算的正确性，在分配辅助生产费用时，应

首先在各辅助生产车间之间进行费用的交互分配,然后才是对外(即辅助生产车间以外的各受益单位)分配费用。

2. 辅助生产费用的分配方法

辅助生产费用的分配通常采用的分配方法有直接分配法、顺序分配法、代数分配法、交互分配法和计划成本分配法。

(1)直接分配法。直接分配法是指将各辅助生产车间发生的费用(待分配费用),直接分配给除辅助生产车间以外的各受益产品、单位,而不考虑各辅助生产车间之间相互提供劳务的情况。其计算公式为

$$某辅助生产车间费用分配率=\frac{该辅助生产车间直接发生的费用}{该辅助生产车间对外提供的劳务总量}$$

各受益对象应承担的该辅助生产费用=该受益对象耗用的劳务量×费用分配率

【例 3-10】 某企业设有锅炉和供电两个辅助生产车间,主要为本企业基本生产车间和行政管理部门提供服务。2017 年 5 月的锅炉和供电辅助生产车间发生的费用见表 3-12 和表 3-13,依两个明细账汇总的资料所列,锅炉车间本月发生费用为 10 064 元,供电车间本月发生费用 13 600 元。各辅助生产车间向各受益单位供应的劳务数量详见表 3-14。

表 3-12 生产成本——辅助生产成本明细账 3

车间:锅炉车间　　　　2017 年 5 月　　　　金额单位:元

201×年		凭证号数	摘要	费用项目								合计	转出
月	日			原材料	工资费用	折旧费	办公费	保险费	修理费	动力费	其他		
5		略	分配材料费	5 860								5 860	
5			分配工资费用		2 868							2 868	
5			分配折旧费			240						240	
5			分配动力费用							580		580	
5			分配其他费用				206		180		130	516	
合　计				5 860	2 868	240	206		180	580	130	10 064	10 064

表 3-13 生产成本——辅助生产成本明细账 4

车间:供电车间　　　　2017 年 5 月　　　　金额单位:元

201×年		凭证号数	摘要	费用项目								合计	转出
月	日			原材料	工资费用	折旧费	办公费	保险费	修理费	动力费	其他		
5		略	分配材料费	7 256								7 256	

表 3－13(续)

201×年		凭证号数	摘要	费用项目								合计	转出
月	日			原材料	工资费用	折旧费	办公费	保险费	修理费	动力费	其他		
5			分配工资费用		3 560							3 560	
5			分配折旧费			288						288	
5			分配动力费用							1 580		1 580	
5			分配其他费用				366		360		190	916	
合　计				7 256	3 560	288	366		360	1 580	190	13 600	13 600

表 3－14　辅助生产车间供应劳务数量汇总表

受益单位			用气数量/吨	用电数量/度
基本生产车间	产品耗用	甲产品	700	21 000
		乙产品	300	15 000
	一般耗用		120	4 000
供电车间			102	
锅炉车间				4 400
行政管理部门			138	10 000
合　计			1 360	54 400

要求:(1)采用直接分配法计算各受益单位应承担的辅助生产费用;

(2)编制相应的会计分录。

解　(Ⅰ)供电车间费用分配率 $=\dfrac{13\ 600}{54\ 400-4\ 400}=0.272$ 元/度

甲产品应承担的电费 $=21\ 000\times0.272=5\ 712$ 元

乙产品应承担的电费 $=15\ 000\times0.272=4\ 080$ 元

基本生产车间应承担的电费 $=4\ 000\times0.272=1\ 088$ 元

行政管理部门应承担的电费 $=10\ 000\times0.272=2\ 720$ 元

锅炉车间费用分配率 $=\dfrac{10\ 064}{1\ 360-102}=8$ 元/吨

甲产品应承担的气费 $=700\times8=5\ 600$ 元

乙产品应承担的气费 $=300\times8=2\ 400$ 元

基本生产车间应承担的气费 $=120\times8=960$ 元

行政管理部门应承担的气费 $=138\times8=1\ 104$ 元

实际工作中,辅助生产费用分配时通过编制“辅助生产费用分配表”进行的,则采用直接分配法编制的“辅助生产费用分配表”,详见表3-15。

表3-15 辅助生产费用分配表

(直接分配法)

2017年5月　　　　金额单位:元

项目	待分配费用	分配数量	分配率	分配金额							
				生产成本——基本生产成本				制造费用		管理费用	
				甲产品		乙产品					
				数量	金额	数量	金额	数量	金额	数量	金额
供电车间	13 600	50 000	0.272	21 000	5 712	15 000	4 080	4 000	1 088	10 000	2 722
锅炉车间	10 064	1 258	8	700	5 600	300	2 400	120	960	138	1 104
合　计	23 664				11 312		6 480		2 048		3 824

(Ⅱ)根据辅助生产费用分配表(表3-15),编制会计分录如下。

借:生产成本——基本生产成本——甲产品　　11 312
　　生产成本——基本生产成本——乙产品　　6 480
　　制造费用　　2 048
　　管理费用　　3 824
　　贷:生产成本——辅助生产成本——供电车间　　13 600
　　　　生产成本——辅助生产成本——锅炉车间　　10 064

采用直接分配法分配辅助生产费用,由于各辅助生产费用只是在辅助生产车间以外的受益单位中进行分配,计算工作简便。但由于不能反映辅助生产车间相互提供产品或劳务关系,其分配结果往往与实际不符。因此,这种分配方法只适宜在辅助生产内部相互提供产品或劳务不多、不进行费用的交互分配对辅助生产成本和产品制造成本影响不大的情况下采用。

(2)顺序分配法。顺序分配法也称阶梯型分配法,是指各辅助生产车间之间的费用分配是按照受益多少的顺序依次排列,耗用其他辅助生产车间费用少的辅助生产车间排列在前,先将费用分配出去;耗用其他辅助生产车间费用多的辅助生产车间排列在后,后将费用分配出去的一种方法。

顺序分配法的特点及基本思路是:按照排列顺序依次分配,排列在前的分配给排列在后的,而排列在后的不再分配给排列在前的,排列在后的进行分配时应在原归集的费用基础上加上排列在前的分配转入数。例如,某企业有供电和锅炉两个辅助生产车间,供电车间用气较少,而锅炉车间用电较多,这就可以按照供电、锅炉的先后顺序排列,先分配供电车间的费用,再分配锅炉车间的费用。

顺序分配法的计算公式如下：

$$\text{排第一位的辅助生产车间费用分配率}=\frac{\text{该辅助生产车间直接发生的费用}}{\text{该辅助生产车间提供的劳务总量}}$$

各受益对象应承担的该辅助生产费用 = 该受益对象耗用的劳务量 × 费用分配率

$$\text{排第二位及以后的辅助生产车间费用分配率}=\frac{\text{该辅助生产车间直接发生的费用}+\text{按顺序由前面其他辅助生产车间分配转入的费用}}{\text{该辅助生产车间提供的劳务总量}-\text{已进行分配的辅助生产车间耗用的劳务}}$$

$$\text{各受益对象（已进行分配的辅助生产车间除外）应承担的该辅助生产费用}=\text{该受益对象耗用的劳务量}\times\text{费用分配率}$$

【例 3－11】　仍沿用例 3－10 的资料。

要求：(1)采用顺序分配法计算各受益单位应承担的辅助生产费用；

(2)编制相应的会计分录。

解　(Ⅰ)锅炉车间费用分配率 $=\frac{10\,064}{1\,360}=7.4$ 元/吨

供电车间应承担的气费 $=102\times7.4=754.8$ 元

供电车间费用分配率 $=\frac{13\,600}{54\,400}=0.25$ 元/度

锅炉车间应承担的电费 $=4\,400\times0.25=1\,100$ 元

通过上述计算可以看出：供电车间受益少，锅炉车间受益多，则应按先供电、后锅炉的顺序排列进行各辅助生产车间的费用分配。

按顺序分配法编制辅助生产费用分配表，详见表 3－16。

(Ⅱ)根据辅助生产费用分配表(表 3－16)，编制会计分录如下。

a. 分配供电车间的费用。

借：生产成本——辅助生产成本——锅炉车间　　1 100
　　生产成本——基本生产成本——甲产品　　5 250
　　生产成本——基本生产成本——乙产品　　3 750
　　制造费用　　1 000
　　管理费用　　2 500
　　贷：生产成本——辅助生产成本——供电车间　　13 600

b. 分配锅炉车间的费用。

借：生产成本——基本生产成本——甲产品　　6 212.08
　　生产成本——基本生产成本——乙产品　　2 662.32
　　制造费用　　1 064.93
　　管理费用　　1 224.67
　　贷：生产成本——辅助生产成本——锅炉车间　　11 164

采用顺序分配法分配辅助生产费用，在一定程度上考虑辅助生产车间的交互服务关系，各种辅助生产费用只计算分配一次，分配方法比较简便，但由于排列在先的辅助生产车间不负担排列在后的辅助生产车间的费用，交互分配不全面，分配结果的准确性受到一定的影响，计算工作量有所增加，此外辅助生产车间分配顺序的确定比较困难。因此，这种分配方法只适宜在各辅助生产车间或部门之间相互受益程度有明显顺序的情况下采用。

表 3－16　辅助生产费用分配表

（顺序分配法）

2017 年 5 月　　　　金额单位:元

项目	分配数量	分配费用			分配率	分配金额											
		直接发生	分配转入	小计		供电车间		锅炉车间		生产成本——基本生产成本				制造费用		管理费用	
										甲产品		乙产品					
						数量	金额	数量	金额	数量	金额	数量	金额	数量	金额	数量	金额
供电车间	54 400	13 600		13 600	0.25			4 400	1 100	21 000	5 250	15 000	3 750	4 000	1 000	10 000	2 500
锅炉车间	1 258	10 064	1 100	11 164	8.874 4					700	6 212.08	300	2 662.32	120	1 064.93	138	1 224.67
合计		23 664	1 100	24 764					1 100		11 462.08		6 412.32		2 064.93		3 724.67*

* 数字四舍五入,小数尾差计入管理费用

(3)交互分配法。交互分配法也称一次交互分配法，是指辅助生产车间之间先进行一次交互分配，然后再将交互分配后重新调整的辅助生产费用在辅助生产车间以外的各受益单位进行分配的一种辅助生产费用分配方法。

交互分配法对各辅助生产车间的费用分配分两个阶段进行：第一阶段为交互分配，根据各辅助生产车间相互提供的产品或劳务的数量和交互分配的费用分配率（单位成本），在各辅助生产车间之间进行一次交互分配；第二阶段为对外分配，将各辅助生产车间交互分配后调整的实际费用（即交互分配前的费用加上交互分配转入的费用，减去交互分配转出的费用），再按提供产品或劳务的数量和交互分配后的费用分配率（单位成本），在辅助生产车间以外的各受益单位进行分配。其计算公式如下：

①第一阶段的交互分配。

$$\text{某辅助生产费用交互分配率}=\frac{\text{该辅助生产车间直接发生的费用}}{\text{该辅助生产车间提供的劳务总量}}$$

$$\begin{matrix}\text{其他辅助生产车间应}\\\text{承担该辅助生产费用}\end{matrix}=\begin{matrix}\text{受益对象耗用}\\\text{劳务的数量}\end{matrix}\times\begin{matrix}\text{该辅助生产费用}\\\text{交互分配率}\end{matrix}$$

②第二阶段的对外分配。

$$\begin{matrix}\text{某辅助生产费用}\\\text{对外分配率}\end{matrix}=\frac{\begin{matrix}\text{该辅助生产车间}\\\text{直接发生的费用}\end{matrix}+\begin{matrix}\text{交互分配}\\\text{转入费用}\end{matrix}-\begin{matrix}\text{交互分配}\\\text{转出费用}\end{matrix}}{\text{该辅助生产车间对外提供的劳务总量}}$$

$$\begin{matrix}\text{某受益对象应承担的}\\\text{该辅助生产费用}\end{matrix}=\begin{matrix}\text{该受益对象}\\\text{耗用的劳务量}\end{matrix}\times\begin{matrix}\text{该辅助生产费用}\\\text{对外分配率}\end{matrix}$$

【例3－12】 仍沿用例3－10的资料。

要求：(1)采用交互分配法计算各受益单位应承担的辅助生产费用；

(2)编制相应的会计分录。

解 (Ⅰ)对内交互分配率计算如下：

$$\text{供电车间交互分配率}=\frac{13\ 600}{54\ 400}=0.25\ \text{元/度}$$

$$\text{锅炉车间交互分配率}=\frac{10\ 064}{1\ 360}=7.4\ \text{元/吨}$$

供电车间应承担的气费 $=102\times7.4=754.8$ 元

锅炉车间应承担的电费 $=4\ 400\times0.25=1\ 100$ 元

对外分配率计算如下：

$$\text{供电车间对外分配率}=\frac{13\ 600+754.8-1\ 100}{54\ 400-4\ 400}=\frac{13\ 254.8}{50\ 000}=0.265\ 1\ \text{元/度}$$

$$\text{锅炉车间对外分配率}=\frac{10\ 064+1\ 100-754.8}{1\ 360-102}=\frac{10\ 409.2}{1\ 258}=8.274\ 4\ \text{元/吨}$$

甲产品应承担的电费 $=21\ 000\times0.265\ 1=5\ 567.1$ 元

乙产品应承担的电费 $=15\ 000\times0.265\ 1=3\ 976.5$ 元

基本生产车间应承担的电费 $=4\ 000\times0.265\ 1=1\ 060.4$ 元

行政管理部门应承担的电费 $=13\ 254.8-5\ 567.1-3\ 976.5-1\ 060.4=2\ 650.8$ 元

甲产品应承担的气费 $=700\times8.274\ 4=5\ 792.08$ 元

乙产品应承担的气费 $=300\times8.274\ 4=2\ 482.32$ 元

基本生产车间应承担的气费 = 120 × 8.274 4 = 992.93 元

行政管理部门应承担的气费 = 10 409.2 - 5 792.08 - 2 482.32 - 992.93 = 1 141.87 元

(Ⅱ)根据辅助生产费用分配表(见表 3 - 17),编制会计分录如下。

a. 对内交互分配分录。

借:生产成本——辅助生产成本——供电车间　　754.80
　生产成本——辅助生产成本——锅炉车间　　1 100
　贷:生产成本——辅助生产成本——锅炉车间　　754.80
　　生产成本——辅助生产成本——供电车间　　1 100

b. 对外分配分录。

借:生产成本——基本生产成本——甲产品　　11 359.18
　生产成本——基本生产成本——乙产品　　6 458.82
　制造费用　　2 053.33
　管理费用　　3 792.67
　贷:生产成本——辅助生产成本——供电车间　　13 254.8
　　生产成本——辅助生产成本——锅炉车间　　10 409.2

采用交互分配法分配辅助生产费用,由于辅助生产内部对相互提供产品或劳务全都进行了交互分配,从而提高了分配结果的正确性,但由于要对辅助生产费用分对内交互分配和对外分配计算两个费用分配率(单位成本)并进行两次分配,这势必增加了计算工作量。为了弥补这一缺点,企业在各月辅助生产费用水平相差不大的情况下,为了简化计算工作,也可以用上月的辅助生产单位成本作为本月交互分配的单位成本。

(4)计划成本分配法。计划成本分配法是指辅助生产车间提供的劳务,按照事先确定的计划单位成本计算、分配辅助生产费用的方法。计划成本分配法与交互分配法一样,也需要分两个阶段进行分配。

第一阶段:按计划成本分配

辅助生产为各受益单位(包括其他辅助生产车间)提供的劳务,一律按各受益单位劳务的实际耗用量和计划单位成本进行分配,其计算公式为

$$\frac{\text{某受益对象应承担的}}{\text{某项劳务的计划成本}} = \frac{\text{该受益对象实际耗用}}{\text{劳务数量}} \times \frac{\text{某项劳务的}}{\text{计划单位成本}}$$

第二阶段:成本差异的计算与分配

对于辅助生产车间实际发生的费用(包括辅助生产车间直接发生的费用和辅助生产交互分配转入的费用)与各车间按计划单位成本计算的分配转出费用的差额,可以按一定的分配标准追加分配给辅助生产以外的各受益单位,进行调整分配。但为了简化核算工作,也可以全部计入"管理费用"账户。如果是超支额,应增加管理费用;如果是节约额,则应冲减管理费用,即

$$\frac{\text{实际费用与计划}}{\text{成本的差异额}} = \frac{\text{直接发}}{\text{生费用}} + \frac{\text{交互分配}}{\text{转入费用}} - \frac{\text{按单位计划成本}}{\text{分出去的费用}}$$

需要注意的是在制定某劳务的计划单位成本时,应考虑该劳务的历史成本资料,对今后成本的变动情况做出正确的预测,并考虑其他的一些因素后,合理地加以确定。当计划与实际成本差异额较大时,应及时对计划单位成本进行调整,以使其更加接近实际。

表3-17 辅助生产费用分配表

（交互分配法）

2017年5月 金额单位:元

项目	分配费用	分配数量	分配率	分配金额											
				供电车间		锅炉车间		生产成本——基本生产成本				制造费用		管理费用	
								甲产品		乙产品					
				数量	金额	数量	金额	数量	金额	数量	金额	数量	金额	数量	金额
交互分配:															
供电车间	13 600	54 400	0.25			4 400	1 100								
锅炉车间	10 064	1 360	7.4	102	754.8										
小　计	23 664				754.8		1 100								
对外分配:															
供电车间	13 254.8	50 000	0.265 1					21 000	5 567.1	15 000	3 976.5	4 000	1 060.4	10 000	2 650.8
锅炉车间	10 409.2	1 258	8.274 4					700	5 792.08	300	2 482.32	120	992.93	138	1 141.87
小　计	23 664								11 359.18		6 458.82		2 053.33		3 792.67
合　计	23 664				754.8		1 100		11 359.18		6 458.82		2 053.33		3 792.67

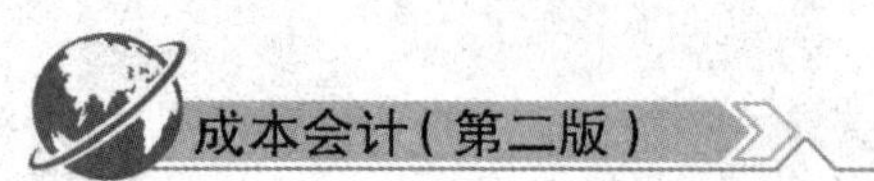

【例 3－13】 仍沿用例 3－10 的资料，并假设每度电的计划单位成本为 0.26 元，每吨气的计划单位成本为 8.2 元。

要求：(1)采用计划成本分配法计算各受益单位应承担的辅助生产费用；

(2)编制相应的会计分录。

解 (Ⅰ)根据资料，采用计划成本分配法分配辅助生产费用的结果，见表 3－18。

表 3－18 辅助生产费用分配表

（计划成本分配法）

2017 年 5 月 金额单位：元

费用分配 \ 辅助生产			供电车间		锅炉车间		费用合计
			数量	金额	数量	金额	
待分配辅助生产费用			54 400	13 600	1 360	10 064	23 664
计划单位成本				0.26		8.2	
生产成本	辅助生产成本	供电车间			102	836.4	836.4
		锅炉车间	4 400	1 144			1 144
	基本生产成本	甲产品	21 000	5 460	700	5 740	11 200
		乙产品	15 000	3 900	300	2 460	6 360
制造费用			4 000	1 040	120	984	2 024
管理费用			10 000	2 600	138	1 131.6	3 731.6
按计划成本分配合计				14 144		11 152	25 296
辅助生产实际成本				14 436.4		11 208	25 644.4
辅助生产成本差异				292.4		56	348.4

在表 3－18 中，各辅助生产车间实际成本和计划成本比较的成本差异计算如下：

供电车间的实际成本＝13 600＋836.4＝14 436.4 元

锅炉车间的实际成本＝10 064＋1 144＝11 208 元

供电车间的成本差异＝14 436.4－14 144＝292.4 元

锅炉车间的成本差异＝11 208－11 152＝56 元

(Ⅱ)根据上表，编制会计分录如下。

a. 按计划单位成本分配费用。

借：生产成本——基本生产成本——甲产品 11 200
　　生产成本——基本生产成本——乙产品 6 360
　　生产成本——辅助生产成本——供电车间 836.4
　　生产成本——辅助生产成本——锅炉车间 1 144
　　制造费用 2 024
　　管理费用 3 731.6
　　贷：生产成本——辅助生产成本——供电车间 14 144
　　　　生产成本——辅助生产成本——锅炉车间 11 152

b. 分配差异额。

借：管理费用　　348.4

　贷：生产成本——辅助生产成本——供电车间　　292.4

　　　生产成本——辅助生产成本——锅炉车间　　56

如果计算的辅助生产费用差异为负，表明是节约差，则应用红字作上述分录。

采用计划成本分配法分配辅助生产费用，计算手续简便，而且由于辅助生产车间的产品或劳务的计划单位成本有现成资料，不必等辅助生产车间实际成本结算后再进行分配，保证了成本核算的及时性，同时通过计划成本和实际成本相对比，有利于考核各辅助生产车间成本计划的执行情况。但计划成本分配法中采用的计划单位成本若制定得不准确，必然会影响辅助生产费用分配的准确性，因此，这种方法适用于计划成本制定得比较准确的企业。

(5)代数分配法。代数分配法是应用代数中解多元一次联立方程的原理来分配辅助生产费用的一种方法。采用这种分配方法的计算程序是：首先，应先将辅助生产车间各种产品或劳务的单位成本设置成几个未知数，然后根据各辅助生产车间相互提供产品或劳务的数量关系，求解联立方程式，计算出辅助生产车间产品或劳务的单位成本；然后，再根据各受益单位(包括辅助生产内部和外部各单位)耗用产品或劳务的数量和单位成本，计算分配辅助生产费用。

【例3-14】　仍沿用例3-10的资料。

要求：(1)采用代数分配法计算各受益单位应承担的辅助生产费用。

(2)编制相应的会计分录。

解　(Ⅰ)设每度电的单位成本为X元，每吨蒸气的单位成本为Y元，则建立的方程式如下：

$$\begin{cases}54\ 400X = 13\ 600 + 102Y \\ 1\ 360Y = 10\ 064 + 4\ 400X\end{cases}$$

解此方程组，可得$\begin{cases}X = 0.265\ 5 \\ Y = 8.258\ 9\end{cases}$。

根据上述结果，用代数分配法编制辅助生产费用分配表，详见表3-19。

(Ⅱ)根据辅助生产费用分配表(表3-19)，编制会计分录如下。

借：生产成本——基本生产成本——甲产品　　11 356.73

　　生产成本——基本生产成本——乙产品　　6 460.17

　　生产成本——辅助生产成本——供电车间　　842.41

　　生产成本——辅助生产成本——锅炉车间　　1 168.2

　　制造费用　　2 053.07

　　管理费用　　3 794.73

　　贷：生产成本——辅助生产成本——供电车间　　14 443.2

　　　　生产成本——辅助生产成本——锅炉车间　　11 232.11

采用代数分配法分配辅助生产费用，与其他方法相比，分配结果最为准确。但在辅助生产车间较多的情况下，需设的未知数较多，则计算工作比较复杂。因此，代数分配法较适宜在辅助生产车间比较少或成本核算工作已经实现电算化的企业采用。

表 3－19　辅助生产费用分配表

（代数分配法）

2017 年 5 月　　　　金额单位：元

项　　目	分配费用	分配数量	单位成本	分配金额											
				供电车间		锅炉车间		生产成本——基本生产成本				制造费用		管理费用	
								甲产品		乙产品					
				数量	金额	数量	金额	数量	金额	数量	金额	数量	金额	数量	金额
供电车间	13 600	54 400	0.265 5			4 400	1 168.2	21 000	5 575.5	15 000	3 982.5	4 000	1 062	10 000	2 655
锅炉车间	10 064	1 360	8.258 9	102	842.41			700	5 781.23	300	2 477.67	120	991.07	138	1 139.73
合　　计	23 664				842.41		1 168.2		11 356.73		6 460.17		2 053.07		3 794.73

3.6　损失性费用的核算

企业在生产过程中由于生产原因发生的各种损失,称为生产损失。生产损失一般包括废品损失和停工损失两部分。生产损失产生的原因有很多,如生产工艺水平、工人的素质、原材料的质量、企业的管理水平等。可见,在企业生产过程中不可避免地会产生一些损失。但不同的企业中的生产损失,其数额的大小和发生频率是不一样的。如果企业生产损失偶尔发生且数额比较小,对产品制造成本影响不大,为了简化起见,可不进行单独核算,将生产损失纳入正常的成本项目中。反之,若企业生产损失经常发生且损失的数额较大时,对产品制造成本影响也较大,为了控制生产损失发生的数额,使损失不断降低,明确损失形成的经济责任,就需要进行生产损失的单独核算,即损失性费用的核算。

3.6.1　废品损失的核算

1. 废品及废品损失的分类

企业在产品生产过程中,有时会出现一些废品。为了正确计算产品成本,便于进行成本分析和成本考核,有必要对废品损失进行分类。

废品是指由于生产原因而造成的质量不符合规定的技术标准,不能按照原定用途使用,或者需要加工修理后才能使用的在产品、半成品和产成品。废品包括生产过程中发现的废品和入库后发现的废品。

废品可以按不同的标准进行分类。废品按废品产生的原因不同可分为工废和料废两种。工废是指在产品生产过程中,由于加工工艺、工人操作方法、技术水平等方面的原因造成的废品;料废是指由于材料质量、规格、性能不符合要求而产生的废品。废品按其报损程度和修复价值的合理性,可分为可修复废品和不可修复废品。可修复废品是指技术上、工艺上可以修复,而且所支付的修复费用在经济上合算的废品(两个条件必须同时具备)。不可修复废品是指技术上、工艺上不可修复,或者虽可修复,但所支付的修复费用在经济上不算的废品(两个条件只需具备其一)。

废品损失是指在生产过程中发现的、入库后发现的不可修复废品的生产成本,以及可修复废品的修复费用,扣除回收的废品残料价值和应收赔款以后的损失。

需要指出的是,经质量检验部门鉴定不需要返修可以降价出售的不合格品,其降价损失不作为废品损失,在计算损益时体现;产品入库后由于保管不善等原因而损坏变质的损失,属于管理问题,作为管理费用处理而不作为废品损失;实行包退、包修、包换(三包)的企业,在产品出售以后发现的废品所发生的一切损失,作为管理费用处理也不作为废品损失。

2. 废品损失核算的凭证和账户

为了便于分清责任,实行有效的控制,组织废品核算应遵循一定的凭证手续,这些凭证主要有废品通知单、废品交库单、返修用料领料单等。同时为了保证产品质量,及时发现废品,避免更大损失的发生,企业各生产部门均应配备专职的质量检验人员。在产品质量检验中,一旦发现废品,无论是在产品的生产过程中发现,还是在半成品、产成品入库后发现,产品质量检验人员都应填制“废品通知单”,其格式见表3－20。

表 3－20　废品通知单

车间：　　　　　　2017 年 5 月　　　　　　　　　编号：　　　　　　　　生产班组：

原工作通知单或编号	零件		工序	计量单位	定额工时/小时	加工单价/元	废品数量			应负担的薪酬/元
	名称	编号					工废	料废	返修	
废品原因：										

责任人姓名	工种	工号	追偿金额	备注

质量检验员：　　　　　　　　　　生产组长：　　　　　　　　　　责任人：

“废品通知单”内列明废品的名称和数量、废损部分、发生废品的原因和造成废品的责任人等内容。如按规定，废品应由责任人负责赔偿时，应在废品通知单中注明索赔的金额。对于在产品生产过程中发现的废品，同时还要在有关的产量和工时记录中加以记录。“废品通知单”通常一式三联：一联由生产车间存查，一联交质量检验部门，一联交单位财会部门核算废品损失。需要注意的是，只有经质量检验部门和财会部门人员会同审核无误的“废品通知单”，才可作为废品损失核算的依据。

对于送交仓库的不可修复废品，应另填“废品交库单”。单上注明废品的残料价值，作为残料入库的依据。对于可修复废品，在返修过程中所领用的各种材料及耗费的工时等，应另填制“领料单”“工作通知单”等，单上注明“返修废品用”，作为核算修复费用的依据。

对于单独核算废品损失的企业，应设置“废品损失”账户，在成本项目中应增设“废品损失”成本项目。

废品损失的归集和分配，应通过“废品损失”账户进行。该账户的借方归集不可修复废品的生产成本和可修复废品的修复费用。不可修复废品的生产成本，应根据不可修复废品损失计算表，借记“废品损失” 账户，贷记“生产成本”账户；可修复废品的修复费用，应根据各种费用分配所列废品损失数额，借记“废品损失” 账户，贷记“原材料”“应付职工薪酬”“生产成本”和“制造费用”等账户。该账户的贷方登记废品残料回收的价值、应收赔款和应由本月生产的同种合格产品成本负担的废品损失，即从“废品损失”账户的贷方转出，分别借记“原材料”“其他应收款”“生产成本”等账户。经过上述归集和分配，“废品损失”账户月末无余额。“废品损失”账户应按车间和产品品种设置明细账，账内按成本项目分设专栏或专行反映，以便登记废品损失的详细资料，其一般格式见表 3－21。

3. 可修复废品损失的核算

可修复废品返修以前发生的生产费用，在“生产成本”账户及有关的成本明细账中，不必转出，这是因为它不是废品损失。返修时发生的各种修复费用，应根据原材料、工资及福利费、制造费用等各种费用分配表，计入“废品损失”账户的借方，以及有关账户的贷方。如果有回收的残值和应收赔款，应根据废料交库凭证及其他有关结算凭证，从“废品损失”账户的贷方转入“原材料”和“其他应收款”等账户的借方。将废品净损失（废品修复费用减去残值和赔款）从“废品损失”账户的贷方转入“生产成本”账户的借方及其有关成本明细账的“废品损失”成本项目。

表 3－21　废品损失明细账

车间:一车间　　　　金额单位:元　　　　产品名称:甲产品

2017 年		摘要	成本项目				合计
月	日		直接材料	燃料和动力	直接人工	制造费用	
5	31	可修复废品修复费用					
5	31	材料费用分配表	1 000				1 000
5	31	动力费用分配表		300			300
5	31	职工薪酬分配表			1 200		1 200
5	31	制造费用分配表				800	800
5	31	小计	1 000	300	1 200	800	3 300
5	31	不可修复废品成本					
5	31	根据不可修复废品损失计算单	320	288	336	192	1 136
5	31	减:残料价值	50				50
5	31	废品净损失	1 270	588	1 536	992	4 386
5	31	结转废品净损失	1 270	588	1 536	992	4 386

【例 3－15】　某企业一车间在产品质检中发现有 10 件甲产品出现不同程度的损毁,经技术部门鉴定均可修复且修复费用较少,为可修复废品。为修复这些甲产品实际耗用:直接材料成本 1 000 元,动力费 300 元(已通过银行存款支付),生产人员薪酬 1 200 元,应负担的制造费用 800 元。则根据各种费用分配表登记“废品损失明细账”,见表 3－21。

可修复废品的修复费用＝1 000＋300＋1 200＋800＝3 300 元

根据上述费用分配表,编制相关记账凭证,相应会计分录如下。

借:废品损失——甲产品　　　　3 300
　贷:原材料　　　　1 000
　　银行存款　　　　300
　　应付职工薪酬　　　　1 200
　　制造费用　　　　800

4. 不可修复废品损失的核算

为了核算不可修复的废品损失,必须首先计算废品的成本。废品成本是指生产过程中截至报废时所耗费的一切费用,减去废品的残值和应向责任人员索赔的金额,算出废品损失。由于不可修复废品的成本与合格产品的成本是归集在一起同时发生的,因此需要采取一定的方法予以确定。一般有两种方法:一是按废品所耗实际费用计算;二是按废品所耗定额费用计算。

(1)按废品所耗实际费用计算。采用按废品所耗实际费用计算废品损失时,就是在废品报废时根据废品和合格品发生的全部实际费用,采用适当的分配方法,在合格品与废品之间进行分配,计算出废品的实际成本,从“生产成本”账户贷方转入“废品损失”账户的借方。具体来讲,如果原材料在生产开始时一次投入的,材料费用可以按合格品与废品的数量的比例进行分配;如果原材料不是在开始生产时一次投入的,则可以采用适当的方法,将废品折算成合格品的数量再进行分配。其余的各成本费用可按合格品和废品的工时比例进行分配。

【例 3-16】 某企业一车间本月生产甲产品 300 件,入库检验时发现不可修复废品 8 件。合格品生产工时为 8 760 小时,废品工时为 240 小时,全部生产工时为 9 000 小时。本月甲产品全部生产费用为:直接材料 12 000 元,燃料和动力 10 800 元,直接人工 12 600 元,制造费用 7 200 元,共计 42 600 元。废品残料回收入库价值 50 元,原材料是生产开始时一次投入的。

要求:计算不可修复废品的生产成本并编制相应的会计分录。

解 由于原材料是生产开始时一次投入的,所以直接材料费用按合格品数量和废品数量的比例分配,其他费用按生产工时比例分配。

直接材料分配率 $=\frac{12\ 000}{300}=40$ 元/件

废品应负担的直接材料费用 $=40\times8=320$ 元

燃料和动力分配率 $=\frac{10\ 800}{9\ 000}=1.2$ 元/小时

废品应负担的燃料和动力费用 $=1.2\times240=288$ 元

直接人工分配率 $=\frac{12\ 600}{9\ 000}=1.4$ 元/小时

废品应负担的直接人工费用 $=1.4\times240=336$ 元

制造费用分配率 $=\frac{7\ 200}{9\ 000}=0.8$ 元/小时

废品应负担的制造费用 $=0.8\times240=192$ 元

根据上列计算结果编制"不可修复废品损失计算表",详见表 3-22。

表 3-22 不可修复废品损失计算表

(按实际成本计算)

车间:一车间　　2017 年 5 月　　废品数量:8 件

产品名称:甲产品　　金额单位:元

项　目	数量/件	直接材料	生产工时/小时	燃料和动力	直接人工	制造费用	合计
费用总额	300	12 000	9 000	10 800	12 600	7 200	42 600
费用分配率		40		1.2	1.4	0.8	
废品生产成本	8	320	240	288	336	192	1 136
减:废品残料		50					50
废品损失		270		288	336	192	1 086

根据上列不可修复废品损失计算表,应编制如下会计分录。

(Ⅰ)结转废品成本(实际成本)。

借:废品损失——甲产品　　1 136

　　贷:生产成本——基本生产成本——甲产品　　1 136

(Ⅱ)回收废品残料入库价值。

借:原材料　　50

　　贷:废品损失——甲产品　　50

(Ⅲ)废品损失转入该种合格产品成本。

借:生产成本——基本生产成本——甲产品　　1 086

　　贷:废品损失——甲产品　　1 086

通过上述会计分录,即可以将废品应负担的费用,按成本项目从"生产成本——基本生产成本"明细账中转出,列入"废品损失明细账"内,见表3-21。

采用按废品所耗实际费用计算废品成本和废品损失的方法,符合实际,但核算工作量比较大,同时还需等"生产成本——基本生产成本"实际生产费用汇总后才能计算、结转废品实际成本。

(2)按废品所耗定额费用计算。按废品所耗定额费用计算不可修复废品损失的成本时,是按不可修复废品的数量和各项费用定额计算废品的定额成本,再将废品的定额成本扣除废品残料回收价值,算出废品损失,而不考虑废品实际发生的费用是多少。

【例3-17】 二车间本月生产乙产品,验收入库时发现不可修复废品10件,按所耗定额费用计算废品的生产成本。直接材料费用定额为50元,单件工时定额为30小时,每小时的费用定额为:燃料和动力1.50元,直接人工1.80元,制造费用1.20元。回收废品残值80元。

要求:计算不可修复废品的生产成本并编制相应的会计分录。

解　根据资料,计算并编制"不可修复废品损失计算表",见表3-23。

表3-23　不可修复废品损失计算表

(按定额成本计算)

车间:二车间　　2017年5月　　废品数量:10件

产品名称:乙产品　　金额单位:元

项　目	数量/件	直接材料	工时定额	燃料和动力	直接人工	制造费用	合计
费用定额	10	50	30	1.5	1.8	1.2	
废品定额成本		500		450	540	360	1 850
减:回收残值		80					80
废品损失		420		450	540	360	1 770

根据上列不可修复废品损失计算表,应编制如下会计分录。

(Ⅰ)结转废品成本(定额成本)。

借:废品损失——乙产品　　1 850

　贷:生产成本——基本生产成本——乙产品　　1 850

(Ⅱ)回收废品残料价值。

借:原材料　　80

　贷:废品损失——乙产品　　800

(Ⅲ)废品损失转入该种合格品成本。

借:生产成本——基本生产成本——乙产品　　1 770

　贷:废品损失——乙产品　　1 770

采用按废品所耗定额费用计算废品成本和废品损失的方法,核算工作比较简便,有利于考核和分析废品损失和产品成本。但必须具备比较准确的定额成本资料,否则会影响成本计算的正确性。

不单独核算废品损失的企业,不设"废品损失"会计科目和"废品损失"成本项目,在回收废品残料时,计入"原材料"账户的借方和"生产成本"账户的贷方,并从所属有关产品成本明细账的"原材料"成本项目中扣除残料价值。同时为了简化核算工作,辅助生产车间一般不单独核算废品损失。

3.6.2　停工损失的核算

停工损失是指企业生产车间在停工期间所发生的各项费用,包括停工期内支付的生产人员的薪酬、所耗燃料和动力费以及应负担的制造费用等。过失单位、过失人员或保险公司负担的赔款,应从停工损失中扣除。停工时间有长有短,范围有大有小,企业不是所有的停工都要计算停工损失。在一般情况下,停工损失的时间和计算范围由主管企业部门规定,或由主管企业部门授权企业自行规定。为了简化核算工作,对于停工不满一个工作日的,可以不计算停工损失。

发生停工的原因很多,应分别按不同情况进行处理。由于自然灾害引起的停工损失,应按规定转作营业外支出;其他停工损失,如原材料供应不足、机器设备发生故障以及计划减产等原因发生的停工损失,应计入产品成本。发生停工损失时,应由停工的车间填列"停工单",同时还应在考勤记录上予以记录。"停工单"内应详细列明停工的时间、范围、原因、起止时间、过失人员等项内容,经有关部门审核后,作为停工损失核算的依据。

单独核算停工损失的企业应增设"停工损失"账户,并在生产成本明细账内增设"停工损失"成本项目。停工损失的核算是通过设置"停工损失"账户进行的,该账户应按车间和成本项目进行明细核算。根据停工单和各种费用分配表、分配汇总表等有关凭证,将停工期内发生、应列作停工损失的费用计入"停工损失"账户的借方进行归集,借记"停工损失"账户,贷记"原材料""应付职工薪酬"和"制造费用"等账户。该账户的贷方登记应由过失单位及过失人员或保险公司的赔款,属于自然灾害应计入营业外支出的损失,以及应计入本月产品成本的损失,贷记"停工损失"账户,分别借记"其他应收款""营业外支出"和"生产成本"账户。"停工损失"账户月末一般无余额。

为了简化核算工作,辅助生产车间一般不单独核算停工损失。季节性生产或固定资产大修理停工而发生的停工期间的各项费用应列入制造费用,可采用预提、待摊的方法,由开

工月份负担,不单独核算其停工损失。

在停工损失发生较少的企业中,为简化核算,可不单独核算停工损失。停工期间发生的属于停工损失的各项费用,分别计入“制造费用”和“直接人工”等成本项目。

3.7 生产费用在完工产品与在产品之间的分配

企业在生产过程中发生的生产费用,经过在各种产品之间进行的一系列分配和归集后,对于应计入本月各种产品成本的生产费用,都已经集中反映在“生产成本——基本生产成本”账户及其所属各种产品成本明细账中。为了计算产品成本,还需要加上期初在产品成本,然后将其在本期完工产品和期末在产品之间进行分配,计算出本期完工产品的成本。如果某种产品在没有月末在产品的情况下,计入该种产品成本的全部生产费用,就是本期完工产品的成本;如果本期没有完工产品,计入该种产品的全部生产费用就是期末在产品成本;如果本期既有完工产品,又有月末在产品,那么该种产品本月发生的生产费用加月初在产品成本的合计额,就需要采用适当的分配方法,在本期完工产品和月末在产品之间进行合理分配,分别计算出完工产品和月末在产品的成本。

月初在产品成本、本月生产费用、本月完工产品成本和月末在产品成本之间的关系,可用下列公式表示,即

月初在产品成本 + 本月生产费用 = 本月完工产品成本 + 月末在产品成本

等式前两项是已知数,等式后两项是未知数。等式前两项费用之和,在完工产品与月末在产品之间采用一定的分配方法进行分配。生产费用在完工产品和月末在产品之间分配一般有两类方法:一类是将月初在产品成本加上本月生产费用,采用一定的标准进行分配,同时计算出完工产品成本和月末在产品成本;另一类是先采用一定方法确定月末在产品成本,然后再倒挤计算完工产品成本,其公式为

月初在产品成本 + 本月生产费用 - 月末在产品成本 = 本月完工产品成本

无论采取哪类分配方法,都要正确组织在产品的数量核算,取得在产品收、发和结存的数量资料,这是正确计算完工产品成本所必需的。

3.7.1 在产品数量的核算

1. 在产品收发结存的日常核算

(1)在产品的含义。企业的在产品也称为在制品,是指没有完成全部生产过程、不能作为商品销售的产品。在产品有广义和狭义之分。广义的在产品是就整个企业来说的,包括正在车间加工中的在产品、需要继续加工的半成品、等待验收入库的产成品、正在返修和等待返修的废品等。对外销售的自制半成品属于商品产品,虽已验收入库但不包括在在产品之内,不可修复废品也不包括在在产品之内。狭义的在产品是只就某一车间或某一生产步骤来说,在产品只包括本车间或本生产步骤正在加工中的那部分在产品,车间或生产步骤已完工的半成品不包括在内。本节所讲述的在产品为狭义的在产品。

(2)在产品日常收发结存的核算工作。在产品数量的核算应同时具备账面核算资料和实际盘点资料,做好在产品收发结存的日常核算工作和在产品的清查工作,既可以从账面上随时掌握在产品的动态,又可以查清在产品的实存数量,因此,应该根据在产品实际盘存数量计算在产品成本。但实际工作中,由于企业在产品品种多、数量大,每月都要组织实地

盘点确有困难,可根据在产品业务核算资料的期末结存量来计算在产品成本。

车间在产品收发结存的日常核算通常是通过“在产品收发结存账”(即在产品台账)进行的,该账应分别按车间并按照产品品种和在产品的名称(零部件名称)设置,提供车间各种在产品收发结存动态的业务核算资料。它是根据领料凭证、在产品内部转移凭证、产成品检验凭证和产成品交库凭证,及时登记在产品收发结存账,最后由车间核算人员审核汇总。在产品收发结存账详见表3-24。

表3-24　在产品收发结存账

车间名称:第一车间　　　　2017年5月

零部件名称:3301　　　　单位:件

日期	摘要	收入		转出			结存		备注
		凭证号	数量	凭证号	合格品	废品	完工	未完工	
5-1	略	5016	70					4	
5-6		5018	90	5021	60	4			
…		…	…	…	…	…	…	…	
5-31	合计		340		300	4	40	40	

2. 在产品清查的核算

在产品的管理与固定资产及其他存货一样,应该定期或不定期地进行清查,达到在产品账实相符,保护在产品的安全完整。清查结果,根据实际盘点数和账面资料编制在产品盘存表,列明在产品的账面数、实有数、盘盈盘亏数以及盘亏的原因和处理意见等,对于报废和毁损的在产品还要登记残值。成本核算人员应对在产品盘存表进行认真审核,并报有关部门审批,同时对在产品盘盈、盘亏进行账务处理。

在产品发生盘盈时,按计划成本或定额成本计入“生产成本——基本生产成本”科目的借方,“待处理财产损益”科目的贷方;按照规定核销时,则计入“待处理财产损益”科目的借方,“管理费用”科目的贷方,冲减管理费用。

在产品发生盘亏和毁损时,计入“待处理财产损益”科目的借方,“生产成本——基本生产成本”科目的贷方,冲减在产品的账面价值。毁损在产品的残值计入“原材料”“银行存款”等科目的借方,“待处理财产损益”科目的贷方,冲减其损失。按规定核销时,应根据不同情况分别将损失从“待处理财产损益”科目的贷方转入有关科目的借方。其中,应由过失单位或过失人员赔偿的计入“其他应收款”科目的借方,要求赔偿;由于自然灾害等造成的非常损失而形成的保险赔款部分,计入“银行存款”科目或“其他应收款”科目的借方,其余非常损失计入“营业外支出”科目的借方;其他无法收回的损失则计入“管理费用”科目的借方。

如果在产品的盘亏是由于没有办理领料或交接手续,或者由于某种产品的零件为另一种产品挪用,则应补办手续,及时转账更正。

【例3-18】 某工业企业基本生产车间在产品清查结果:甲产品的在产品盘盈15件,单位定额成本30元;乙产品的在产品盘亏10件,单位定额成本25元,应由过失人李某赔款40元(尚未收到);丙产品的在产品毁损220件,单位定额成本26元,残料入库作价260元,属于自然灾害损失1 700元,应由保险公司赔偿2 800元(尚未赔付),其余损失计入管理费

用,都已经报主管部门批准予以转销。

(Ⅰ)甲产品的在产品发生盘盈的核算。

a. 盘盈在产品的定额成本。

借:生产成本——基本生产成本——甲产品 450
　贷:待处理财产损益 450

b. 经批准转销时。

借:待处理财产损益 450
　贷:管理费用 450

(Ⅱ)乙产品的在产品发生盘亏的核算。

a. 计算在产品盘亏损失。

借:待处理财产损益 250
　贷:生产成本——基本生产成本——乙产品 250

b. 经批准转销时。

借:其他应收款——李某 40
　管理费用 210
　贷:待处理财产损益 250

(Ⅲ)丙产品的在产品发生毁损的核算。

a. 计算在产品毁损成本。

借:待处理财产损益 5 720
　贷:生产成本——基本生产成本——丙产品 5 720

b. 经批准转销时,应根据不同的原因和责任,分别予以处理。

借:原材料 260
　其他应收款 2 800
　营业外支出 1 700
　管理费用 960
　贷:待处理财产损益 5 720

对于库存半成品和辅助生产的在产品的数量和清查的核算,与基本生产基本相同。只是它们清查的结果分别在“自制半成品”和“生产成本——辅助生产成本”科目中核算。

3.7.2 完工产品和在产品之间分配费用的方法

生产费用在完工产品与在产品之间的分配,在成本计算工作中是一个重要而又比较复杂的问题。企业应当根据在产品数量的多少、各月在产品数量变化的大小、各项费用比重的大小以及定额管理基础的好坏等具体条件,选择既合理又简便的分配方法将生产费用在完工产品和在产品之间进行分配。常用的方法有以下几种。

1. 不计算在产品成本法

不计算在产品法又称在产品不计价法,是指月末虽有在产品但数量很少、价值很低,且各月月末在产品数量相差不大,因而忽略不计月末在产品成本的方法。在这种方法下,某种产品本月归集的全部生产费用就是该种完工产品成本,公式为

本月生产费用=本月完工产品成本

不计算在产品法适用于各月末在产品数量很小,算不算在产品成本对于完工产品成本

的影响很小,管理上不要求计算在产品成本,为了简化核算工作,可以不计算在产品成本。如自来水生产企业、发电企业等因其在产品数量少且稳定,都可以采用这一成本计算方法,

2. 按年初固定数计算在产品成本法

按年初固定数计算在产品成本法是指年内各月(12 月除外)月末在产品成本都按年初在产品成本计算,即按固定不变成本计算的方法。这种方法适用于在产品数量较小,或者在产品数量虽大但各月之间在产品数量变动不大,月初、月末在产品成本的差额不大,算不算各月在产品成本的差额,对完工产品成本的影响不大,为了简化核算工作,同时又反映在产品占用的资金,各月在产品成本可以按年初固定数计算。例如,炼铁厂、化工厂或其他有固定容器装置的在产品,数量都较稳定,可以采用这种方法。采用该种方法,某种产品本月发生的生产费用就是本月完工产品的成本。

采用按年初固定数计算在产品成本法,每年年终时,需根据实际盘点的在产品数量等资料,采用其他方法重新调整计算确定在产品成本,以免在产品以固定不变的成本计价持续时间过长,使得在产品成本与实际出入过大而影响成本计算的正确性和企业存货资产反映失实。但需注意在物价变动较大的情况下,采用这种方法应慎重,以防止成本计算不实。

【例 3－19】 某企业生产甲产品,每月月末在产品的数量较大,但各月末在产品数量变化不大,采用按年初固定数计算在产品成本法。年初固定成本为:直接材料 8 000 元,直接人工 3 000 元,制造费用 2 000 元。2017 年 5 月发生的生产费用为:直接材料 75 000 元,直接人工 21 000 元,制造费用 14 000 元。本月完工产品 350 件,月末在产品 7 件。费用分配计算见表 3　25。

表 3－25　产品成本计算单

产品名称:甲产品　　　　2017 年 5 月　　　　金额单位:元

项目	直接材料	直接人工	制造费用	合计
月初在产品成本	8 000	3 000	2 000	13 000
本月生产费用	75 000	21 000	14 000	110 000
生产费用合计	83 000	24 000	16 000	123 000
本月完工产品成本(350 件)	75 000	21 000	14 000	110 000
月末在产品成本(7 件)	8 000	3 000	2 000	13 000

3. 在产品按所耗原材料费用计价法

在产品按所耗原材料费用计价法是指月末在产品成本只计算其所耗用的原材料费用,不计算所耗用的人工及制造费用等加工费用的方法。这种方法适用于各月末在产品数量较大、各月末在产品变化也较大,同时原材料费用在成本中所占比重较大的产品。例如,造纸、酿酒等行业的产品,原材料费用占产品成本比重较大,采用这种方法时,月末在产品只计算耗用的原材料费用,不计算所耗用的工资及福利费、制造费用等加工费用;产品的加工费用全部计入完工产品成本,即某种产品的全部生产费用,减月末在产品原材料费用,就是完工产品的成本。

【例 3－20】 某企业生产乙产品,该产品原材料费用在产品成本中所占比重较大,在产品只计算原材料费用,采用在产品按所耗原材料费用计价法。乙产品月初在产品直接材料

费用(即月初在产品成本)为 2 800 元。2017 年某月发生直接材料费用 24 200 元,加工费用共计3 600元,其中直接人工 2 600 元,制造费用 1 000 元。完工产品 400 件,月末在产品 200 件。该种产品的直接材料费用是在生产开始时一次投入的,直接材料费用按完工产品和在产品的数量比例分配。分配计算如下:

$$材料费用分配率 = \frac{2\ 800 + 24\ 200}{400 + 200} = 45$$

完工产品直接材料费用 = 400 × 45 = 18 000 元

月末在产品直接材料费用(月末在产品成本) = 200 × 45 = 9 000 元

本月完工乙产品成本 = 18 000 + 3 600 = 21 600 元

根据费用分配结果编制产品成本计算单,见表 3 - 26。

表 3 - 26　产品成本计算单

产品名称:乙产品　　　　2017 年 5 月　　　　金额单位:元

项目	直接材料	直接人工	制造费用	合计
月初在产品成本	2 800			2 800
本月生产费用	24 200	2 600	1 000	27 800
生产费用合计	27 000	2 600	1 000	30 600
本月完工产品成本(400 件)	18 000	2 600	1 000	21 600
月末在产品成本(200 件)	9 000			9 000

4. 约当产量法

约当产量法是将月末在产品数量按照完工程度折算为相当于完工产品的产量,即约当产量,然后按照完工产品产量与在产品的约当产量的比例分配计算完工产品成本和月末在产品成本的方法。采用该种方法,在产品既要计算原材料费用,又要计算人工等其他加工费用。约当产量法适用于月末在产品数量较大,各月末在产品数量变化也较大,产品成本中原材料费用和工资及福利费等加工费用比重相差不多的产品。约当产量法的一般计算公式为

$$在产品约当产量 = 在产品数量 \times 完工百分比(完工程度或投料程度)$$

$$某项费用分配率 = \frac{月初在产品该项费用 + 本月该项生产费用}{完工产品产量 + 在产品约当产量}$$

$$完工产品该项费用 = 完工产品产量 \times 该项费用分配率$$

$$月末在产品该项费用 = 在产品约当产量 \times 该项费用分配率$$

或

$$月末在产品该项费用 = 该项费用总额 - 完工产品该项费用$$

【例 3 - 21】　某企业生产甲产品,本月完工 120 件,月末在产品 40 件,在产品完工程度 37.5%。月初在产品和本月生产费用合计:原材料费用 32 320 元,工资及福利费等加工费为 10 530 元。原材料是在生产开始时一次投入,原材料费用按照完工产品和月末在产品数量比例分配,工资及福利费等加工费用按照完工产品数量和月末在产品约当产量的比例分配。分配计算如下:

（Ⅰ）计算月末在产品约当产量。

月末在产品约当产量 $=40\times37.5\%=15$ 件

（Ⅱ）原材料费用分配。

原材料费用分配率 $=\dfrac{32\ 320}{120+40}=202$

完工产品原材料费用 $=120\times202=24\ 240$ 元

在产品原材料费用 $=40\times202=8\ 080$ 元

（Ⅲ）工资及福利费等加工费用分配。

工资及福利费等分配率 $=\dfrac{10\ 530}{120+15}=78$

完工产品工资及福利费 $=120\times78=9\ 360$ 元

在产品工资及福利费 $=15\times78=1\ 170$ 元

（Ⅳ）计算完工产品和在产品成本。

完工产品成本 $=24\ 240+9\ 360=33\ 600$ 元

月末在产品成本 $=8\ 080+1\ 170=9\ 250$ 元

由于在产品在生产过程中，加工程度和投料情况的不同，需要按成本项目分别计算在产品的约当产量。

（1）在产品完工程度的确定。采用约当产量法，必须正确计算在产品的约当产量，而在产品约当产量正确与否，主要取决于在产品完工程度（即完工率）的测定是否正确，这对于费用分配的正确性影响很大。测定在产品完工程度的方法一般有两种：一种是平均计算，即一律按 50% 作为各工序在产品的完工程度。这是在各工序在产品数量和单位产品在各工序的加工量都相差不多的情况下，后面各工序在产品多加工的程度可以抵补前面各工序少加工的程度。这样，全部在产品完工程度均可按 50% 平均计算。另一种是各工序分别测定完工率。为了提高成本计算的正确性，加速成本的计算工作，可以按照各工序的累计工时定额占完工产品工时定额的比例计算，事前确定各工序在产品的完工率。计算公式为

$$\text{某工序在产品完工率}=\frac{\text{前面各工序工时定额之和}+\text{本工序工时定额}\times50\%}{\text{完工产品工时定额}}\times100\%$$

公式中本工序（即在产品所在工序）工时定额乘以 50%，是因为该工序中各件在产品的完工程度不同，为了简化完工率的测算工作，在本工序一律按平均完工率 50% 计算。在产品从上一道工序转入下一道工序时，因上一道工序已经完工，所以前面各道工序的工时定额应按 100% 计算。

【例 3－22】 某企业丙产品单位工时定额 40 小时，经过三道工序制成。第一道工序工时定额为 8 小时，第二道工序工时定额为 16 小时，第三道工序工时定额为 16 小时。各道工序内各件在产品加工程度均按 50% 计算。各工序完工率计算如下：

第一道工序完工率 $=\dfrac{8\times50\%}{40}\times100\%=10\%$

第二道工序完工率 $=\dfrac{8+16\times50\%}{40}\times100\%=40\%$

第三道工序完工率 $=\dfrac{8+16+16\times50\%}{40}\times100\%=80\%$

根据各工序的月末在产品数量和各工序完工率，计算出月末各工序在产品的约当产量

及其总数，据以分配费用。

假定上例丙产品本月完工 400 件。第一道工序在产品 40 件；第二道工序在产品 80 件；第三道工序在产品 120 件。根据各工序月末在产品的数量和各工序的完工率，分别计算各工序月末在产品的约当产量及其总数。约当产量计算表详见表 3－27。

表 3－27　约当产量计算表 1

产品名称：丙产品　　　　2017 年 5 月　　　　单位：件

在产品所在工序	完工率/%	在产品数量		完工产品产量	产量合计
		结存量	约当产量		
1	10	40	4		
2	40	80	32		
3	80	120	96		
合计		240	132	400	532

“直接人工”和“制造费用”等成本项目是按生产工时定额计算的完工程度（完工率）来计算约当产量，并以此分配费用的。

【例 3－23】　沿用上例资料，并假定丙产品月初加本月发生的加工费用为：直接人工 18 620元，制造费用 15 960 元。则完工产品与月末在产品加工成本分配计算如下。

（Ⅰ）分配直接人工费用。

$$直接人工费用分配率=\frac{18\ 620}{400+132}=35$$

完工产品分配直接人工费用 $=400\times35=14\ 000$ 元

月末在产品分配直接人工费用 $=132\times35=4\ 620$ 元

（Ⅱ）分配制造费用。

$$制造费用分配率=\frac{15\ 960}{400+132}=30$$

完工产品分配制造费用 $=400\times30=12\ 000$ 元

月末在产品分配制造费用 $=132\times30=3\ 960$ 元

（Ⅲ）计算完工产品和在产品成本的加工成本。

完工产品加工成本 $=14\ 000+12\ 000=26\ 000$ 元

月末在产品加工成本 $=4\ 620+3\ 960=8\ 580$ 元

（2）在产品投料程度的确定。分配直接材料费用所采用的约当产量，是依据月末在产品所耗直接材料的投料程度折算的。在实际工作中，投料程度与产品的投料方式是密切相关的，需要分以下四种投料方式来考虑投料程度。

①原材料在生产开始时一次投入，投料百分比为 100%。这时无论在产品完工程度如何，其单位在产品所耗用的原材料与单位完工产品所耗用的原材料是一样的。因此，月末在产品不需要折算约当产量，可以按完工产品数量和在产品实际数量比例分配直接材料费

用。公式如下:

$$直接材料费用分配率=\frac{直接材料费用总额}{完工产品产量+月末在产品实际产量}$$

②原材料随着生产进度陆续投入,并且与产品加工程度完全一致或基本一致,则用于分配直接材料费用的月末在产品约当产量,与用于分配直接人工、制造费用等成本项目的月末在产品约当产量相同。

③原材料随加工进度陆续投入,其投料程度与工时投入进度(加工进度)不一致,应专门计算在产品的投料程度以分配直接材料费用。为了提供成本计算的准确性,并加速成本计算工作,可以根据各工序在产品的累计材料消耗定额占完工产品材料消耗定额的比率,计算各工序在产品的投料程序,计算公式如下:

$$某道工序在产品投料程度=\frac{\begin{matrix}前面各工序材料\\消耗定额之和\end{matrix}+\begin{matrix}本工序材料\\消耗定额\end{matrix}\times 50\%}{完工产品材料消耗定额}\times 100\%$$

公式中本工序(即在产品所在工序)材料消耗定额乘以50%,是因为该工序中各件在产品的投料程度不同,为了简化投料程度的计算工作,在本工序一律按平均投料程度50%计算。在产品从上一道工序转入下一道工序时,因上一道工序已经完工,所以前面各道工序的材料消耗定额应按100%计算。

【例3-24】 企业丁产品需经两道工序制成,原材料随生产加工进度陆续投入,其投料程度与加工进度不一致。原材料消耗定额为500千克,其中,第一道工序原材料消耗定额为280千克,第二道工序原材料消耗定额为220千克。月末在产品数量:第一道工序为3 200件,第二道工序为2 400件。完工产品为8 200件,月初在产品和本月发生的原材料费用共计493 560元。计算过程和结果详见表3-28。

表3-28 约当产量计算表2

产品名称:丁产品　　2017年5月　　单位:件

工序	本工序原材料消耗定额/千克	投料程度(投料率)	在产品约当产量	完工产品产量	产量合计
1	280	$\frac{280\times 50\%}{500}\times 100\%=28\%$	3 200×28%=896		
2	220	$\frac{280+220\times 50\%}{500}\times 100\%=78\%$	2 400×78%=1 872		
合计	500		2 768	8 200	10 968

根据表3-28,则

$$原材料费用分配率=\frac{493\ 560}{8\ 200+2\ 768}=45$$

完工产品分配原材料费用=8 200×45=369 000元

月末在产品分配原材料费用=2 768×45=124 560元

④原材料随加工进度分工序投入,但每一道工序则是在开始时一次投入,其同一道工

序内无论产品完工与否,其所耗用的材料数量是一样的。因此计算在产品投料程度,应按以下公式进行,即

$$某道工序在产品投料程度=\frac{\underset{\text{消耗定额之和}}{\text{前面各工序材料}}+\underset{\text{消耗定额}}{\text{本工序材料}}}{\text{完工产品材料消耗定额}}\times 100\%$$

【例3-25】 假设丁产品原材料在每道工序开始时一次投入,其他资料仍见前例。计算过程和结果详见表3-29。

表3-29　约当产量计算表3

产品名称:丁产品　　　　2017年5月　　　　单位:件

工序	本工序原材料消耗定额/千克	投料程度(投料率)	在产品约当产量	完工产品产量	产量合计
1	280	$\frac{280}{500}\times 100\%=56\%$	3 200×56%=1 792		
2	220	$\frac{280+220}{500}\times 100\%=100\%$	2 400×100%=2 400		
合计	500		4 192	8 200	12 392

表3-29中,原材料是在每道工序一开始就投入,在同一工序中各件在产品原材料的消耗定额就是该工序的消耗定额,不应按50%折算,最后一道工序在产品的消耗定额为该种完工产品的消耗定额,投料率为100%。

$$原材料费用分配率=\frac{493\ 560}{8\ 200+4\ 192}=39.828\ 9$$

完工产品分配原材料费用=8 200×39.828 9=326 597元

月末在产品分配原材料费用=4 192×39.828 9=166 963元

5.在产品按完工产品成本计算法

在产品按完工产品成本计算法是将在产品视同完工产品分配费用。该方法适用于月末在产品已经接近完工,或者产品已经加工完毕,但尚未验收或包装入库的产品。在这种情况下,在产品成本已接近完工产品成本,为了简化核算工作,将月末在产品视同完工产品分配费用,即按照完工产品的产量和月末在产品实际数量作为分配标准进行生产费用的分配。

【例3-26】 某企业2017年×月戊产品月初在产品成本和本月发生费用合计数为:直接材料33 250元,直接人工8 550元,制造费用9 500元。完工产品800件,月末在产品150件,该产品已接近完工,采用月末在产品成本按完工产品成本计算。其计算分配结果见表3-30。

表 3-30 产品成本计算单

产品名称:戊产品　　2017 年 5 月　　金额单位:元

成本项目	生产费用合计	费用分配率	完工产品		月末在产品	
			数量/件	成本	数量/件	成本
①	②	③=②÷(④+⑥)	④	⑤=④×③	⑥	⑦=⑥×③
直接材料	33 250	35	800	28 000	150	5 250
直接人工	8 550	9		7 200		1 350
制造费用	9 500	10		8 000		1 500
合　计	51 300		800	43 200	150	8 100

6. 在产品按定额成本计价法

这种分配方法是按照预先制定的定额成本计算月末在产品成本,即月末在产品成本按其数量和单位定额成本计算。某种产品全部生产费用(月初在产品成本加本月生产费用)减月末在产品的定额成本,就是完工产品成本,也就是说,每月实际生产费用脱离定额的差异,全部计入当月完工产品成本。这种方法适用于定额管理基础比较好,各项消耗定额或费用定额比较准确、稳定,而且各月在产品数量变动不大的产品。

采用这种方法,应根据各种在产品有关定额资料(如单位材料消耗定额、工时定额、加工费用定额等),投料和加工程度以及在产品月末结存数量,计算各种月末在产品的定额成本。其计算公式为

月末在产品直接材料定额成本=月末在产品实际数量×在产品单位材料定额成本

=月末在产品实际数量×在产品单位材料消耗定额×材料计划单价

月末在产品直接人工定额成本=月末在产品实际数量×在产品单位工时定额×计划小时工资率

月末在产品制造费用定额成本=月末在产品实际数量×在产品单位工时定额×计划小时制造费用率

月末在产品定额成本=月末在产品直接材料定额成本+月末在产品直接人工定额成本+月末在产品制造费用定额成本

完工产品成本=月初在产品定额成本+本月生产费用-月末在产品定额成本

【例 3-27】 某企业 2017 年 5 月生产戊产品,月初在产品成本和本月生产费用合计 48 500元,其中,直接材料 25 000 元,直接人工 15 000 元,制造费用 8 500 元。戊产品直接材料在生产开始时一次投入。该月生产完工产品数量为 200 件,月末在产品 48 件,其定额工时为 200 小时。戊产品定额资料为:单位产品直接材料费用定额为 40 元,每小时直接人工费用定额为 5.6 元,每小时制造费用定额为 2.3 元。则月末在产品采用按定额成本计价法计算如下:

月末在产品直接材料定额成本=48×40=1 920 元

月末在产品直接人工额成本=200×5.6=1 120 元

月末在产品制造费用定额成本=200×2.3=460 元

月末在产品定额成本=1 920+1 120+460=3 500 元

完工产品成本 =48 500 - 3 500 =45 000 元

根据以上计算结果编制“产品成本计算单”,详见表3 - 31。

表3 -31 产品成本计算单

产品名称:戊产品　　　　2017 年5 月　　　　金额单位:元

项 目	直接材料	定额工时	直接人工	制造费用	合 计
生产费用合计	25 000		15 000	8 500	48 500
在产品费用定额	40		5.6	2.3	
月末在产品定额成本	1 920	200	1 120	460	3 500
完工产品成本	23 080		13 880	8 040	45 000
完工产品单位成本	115.4		69.4	40.2	225

采用在产品按定额成本计价法,月末在产品定额成本与实际成本之间的差异(脱离定额差异)全部由完工产品负担不尽合理。因此,只有在符合前述适用条件下采用这种方法,才能比较准确又较简便地解决完工产品与月末在产品之间分配费用的问题,否则会影响产品成本计算的正确性。采用这种分配方法,如果产品成本中原材料费用所占比重较大,为了进一步简化成本计算工作,月末在产品成本可以只按定额原材料费用计算,其他各项实际费用计入完工产品成本。

7. 定额比例法

定额比例法是产品的生产费用按照完工产品和月末在产品的定额消耗量或定额费用的比例,分配计算完工产品成本和月末在产品成本的方法。采用这种分配方法,必须按成本项目分别进行费用分配。其中,原材料费用按照原材料定额消耗量或原材料定额费用比例分配;直接人工、制造费用等各项加工费用按定额工时(生产工时的定额消耗量)的比例分配,也可以按定额费用比例分配。

这种分配方法适用于定额管理基础较好,各项消耗定额或费用定额比较准确、稳定,各月末在产品数量变动较大的产品。因为月初和月末在产品费用之间脱离定额的差异,要在完工产品与月末在产品之间按比例分配,这弥补了在产品按定额成本计价法中的不足,即月末在产品定额成本与实际成本之间的差异(脱离定额差异)全部由完工产品负担,从而提高了产品成本计算的正确性。

定额比例法计算公式如下:

(1)按定额消耗量比例分配。

$$消耗量分配率 = \frac{月初在产品实际消耗量 + 本月实际消耗量}{完工产品定额消耗量 + 月末在产品定额消耗量}$$

完工产品实际消耗量 = 完工产品定额消耗量 × 消耗量分配率

完工产品实际成本 = 完工产品实际消耗量 × 原材料单价(或单位工时的工资、费用)

月末在产品实际消耗量 = 月末在产品定额消耗量 × 消耗量分配率

月末在产品实际成本 = 月末在产品实际消耗量 × 原材料单价(或单位工时的工资、费用)

按照上列公式分配,既可以提供完工产品和月末在产品的实际成本资料,还可以提供实际消耗量资料,便于考核和分析各项消耗定额的执行情况。但是,在各产品所耗原材料的品种较多的情况下，采用这种分配方法核算工作量较大。为了简化核算工作，也可以采用下列公式计算分配。

（2）按定额费用比例分配。

$$\text{原材料费用分配率}=\frac{\text{月初在产品实际原材料费用}+\text{本月实际原材料费用}}{\text{完工产品定额原材料费用}+\text{月末在产品定额原材料费用}}$$

完工产品实际原材料费用 = 完工产品定额原材料费用 × 原材料费用分配率

月末在产品实际原材料费用 = 月末在产品定额原材料费用 × 原材料费用分配率

或 $\begin{matrix}\text{月末在产品实际}\\\text{原材料费用}\end{matrix}=\begin{matrix}\text{月初在产品实际}\\\text{原材料费用}\end{matrix}+\begin{matrix}\text{本月实际}\\\text{原材料费用}\end{matrix}-\begin{matrix}\text{完工产品}\\\text{原材料费用}\end{matrix}$

$$\text{工资（费用）分配率}=\frac{\text{月初在产品实际工资（费用）}+\text{本月实际工资（费用）}}{\text{完工产品定额工时}+\text{月末在产品定额工时}}$$

完工产品实际工资（费用）= 完工产品定额工时 × 工资（费用）分配率

月末在产品实际工资（费用）= 月末在产品定额工时 × 工资（费用）分配率

或 $\begin{matrix}\text{月末在产品}\\\text{实际工资（费用）}\end{matrix}=\begin{matrix}\text{月初在产品实际}\\\text{工资（费用）}\end{matrix}+\begin{matrix}\text{本月实际}\\\text{工资费用}\end{matrix}-\begin{matrix}\text{完工产品}\\\text{工资费用}\end{matrix}$

【例 3－28】 某企业生产 A 产品，某月月初在产品费用为：直接材料 2 800 元；直接人工 1 200 元；制造费用 800 元。本月生产费用：直接材料 16 400 元；直接人工 600 元；制造费用 4 000 元。完工产品 4 000 件，直接材料定额费用 14 000 元；定额工时 5 000 小时。月末在产品1 000件，直接材料定额费用 6 000 元；定额工时 1 000 小时。完工产品与月末在产品之间，直接材料费用按原材料定额费用比例分配，其他费用按定额工时比例分配。各项费用分配计算结果见表 3－32。

表 3－32 产品成本计算单

产品名称：A 产品　　　　2017 年 5 月　　　　金额单位：元

成本项目	月初在产品费用	本月费用	生产费用合计	费用分配率	完工产品费用		月末在产品费用	
					定额	实际	定额	实际
①	②	③	④＝②＋③	⑤＝④/⑥＋⑧	⑥	⑦＝⑥×⑤	⑧	⑨＝⑧×⑤

表 3－32（续）

成本项目	月初在产品费用	木月费用	生产费用合计	费用分配率	完工产品费用		月末在产品费用	
					定额	实际	定额	实际
直接材料	2 800	16 400	19 200	0.96	14 000	13 440	6 000	5 760
直接人工	1 200	6 000	7 200	1.20	5 000*	6 000	1 000*	1 200
制造费用	800	4 000	4 800	0.80		4 000		800
合　计	4 800	26 400	31 200			23 440		7 760

注：* 单位为小时。

按照上列公式计算分配费用,必须取得完工产品和月末在产品的定额消耗量或定额费用资料。完工产品和月末在产品的原材料定额消耗量和工时定额消耗量,是根据完工产品和月末在产品的实际数量乘以单位原材料消耗定额和工时消耗定额计算求得。完工产品和月末在产品的定额费用,是根据完工产品和月末在产品的原材料定额消耗量和工时定额消耗量,乘以原材料计划单价或单位小时计划工资、费用计算求得。采用这种方法,在产品的种类和生产工序繁多时,则月末在产品定额消耗量核算工作量繁重。因此,月末在产品定额消耗量可采用简化的方法计算(倒挤的方法)。其计算公式为

$$\begin{matrix}\text{月末在产品}\\\text{定额消耗量}\end{matrix}=\begin{matrix}\text{月初在产品}\\\text{定额消耗量}\end{matrix}+\begin{matrix}\text{本月投入的}\\\text{定额消耗量}\end{matrix}-\begin{matrix}\text{本月完工产品}\\\text{定额消耗量}\end{matrix}$$

上列公式中月初在产品定额消耗量是根据上月成本计算资料取得,本月投入的定额消耗量中的原材料定额消耗量是根据领料凭证所列原材料定额消耗量等数据计算求得;本月投入的工时定额消耗量,根据有关定额工时的原始记录计算求得。按照上列倒挤方法计算月末在产品的定额数据,可以简化计算工作,但是,在发生在产品盘盈、盘亏的情况下,计算求得的成本资料就不能如实反映产品成本的水平。为了提高成本计算的正确性,必须每隔一定时期应对在产品进行一次实地盘点,根据在产品的实存数计算一次定额消耗量。

在具备了月初在产品的定额消耗量(或定额费用)和定额工时、本月投入的定额消耗量(或定额费用)和定额工时,以及本月完工产品定额消耗量(或定额费用)和定额工时资料的情况下,倒挤求出月末在产品的定额资料。可以按下列公式分配费用,即

$$\text{费用分配率}=\frac{\text{月初在产品实际费用}+\text{本月实际费用}}{\text{月初在产品定额费用(定额工时)}+\text{本月投入定额费用(定额工时)}}$$

完工产品和月末在产品费用的计算公式同前。

【例 3-29】 仍以前例资料为例。假设 A 产品的月初在产品定额资料为:直接材料费用 3 000 元,定额工时 1 500 小时。本月生产过程中投入产品的定额资料为:直接材料费用 17 000 元,定额工时 4 500 小时。本月实际发生的费用和完工产品定额资料等同前例。各项费用分配计算结果详见表 3-33。

表 3-33　产品成本计算单

产品名称:A 产品　　　　2017 年 5 月　　　　金额单位:元

<table>
<tr><th rowspan="2">成本项目</th><th colspan="2">月初在产品费用</th><th colspan="2">本月投入费用</th><th colspan="2">生产费用合计</th><th rowspan="2">费用分配率</th><th colspan="2">完工产品费用</th><th colspan="2">月末在产品费用</th></tr>
<tr><th>定额</th><th>实际</th><th>定额</th><th>实际</th><th>定额</th><th>实际</th><th>定额</th><th>实际</th><th>定额</th><th>实际</th></tr>
<tr><td>①</td><td>②</td><td>③</td><td>④</td><td>⑤</td><td>⑥=②+④</td><td>⑦=③+⑤</td><td>⑧=⑦/⑥</td><td>⑨</td><td>⑩=⑨×⑧</td><td>⑪=⑥-⑨</td><td>⑫=⑪×⑧</td></tr>
<tr><td>直接材料</td><td>3 000</td><td>2 800</td><td>17 000</td><td>16 400</td><td>20 000</td><td>19 200</td><td>0.96</td><td>14 000</td><td>13 440</td><td>6 000</td><td>5 760</td></tr>
<tr><td>直接人工</td><td rowspan="2">1 500*</td><td>1 200</td><td rowspan="2">4 500*</td><td>6 000</td><td rowspan="2">6 000*</td><td>7 200</td><td>1.20</td><td rowspan="2">5 000*</td><td>6 000</td><td rowspan="2">1 000*</td><td>1 200</td></tr>
<tr><td>制造费用</td><td>800</td><td>4 000</td><td>4 800</td><td>0.80</td><td>4 000</td><td>800</td></tr>
<tr><td>合计</td><td></td><td>4 800</td><td></td><td>26 400</td><td></td><td>31 200</td><td></td><td></td><td>23 440</td><td></td><td>7 760</td></tr>
</table>

注:* 单位为小时。

根据上述定额比例法后两个公式计算分配的结果是相同的,这是因为分母中:月初在产品定额消耗量(定额费用)+本月投产定额消耗量(定额费用)=完工产品定额消耗量(定额费用)+月末在产品定额消耗量(定额费用)。

采用定额比例法分配完工产品与月末在产品费用,分配结果比较正确,同时还便于将实际费用与定额费用进行比较,考核和分析定额的执行情况。

3.7.3 完工产品成本的结转

工业企业生产产品发生的各项生产费用,在各种产品之间进行了分配,在此基础上又在同种产品的完工产品和月末在产品之间进行了分配,计算出各种完工产品的成本,在有关产品成本明细账中转出,编制"完工产品成本汇总计算表",计算出各种完工产品的总成本和单位成本,据以考核和分析各该种产品成本计划的执行情况。仍以企业生产甲、乙两种产品为例,编制"完工产品成本汇总计算表",其格式见表 3-34。

表 3-34 完工产品成本汇总计算表

2017 年 5 月　　　　金额单位:元

成本项目	产品名称:甲产品(产量:700 件)		产品名称:乙产品(产量:550 件)		合计
	总成本	单位成本	总成本	单位成本	
直接材料	37 800	54	53 900	98	91 700
直接人工	4 900	7	2 805	5.10	7 705
制造费用	14 105	20.15	16 775	30.50	30 880
合　计	56 805	81.15	73 480	133.60	130 285

根据产品成本明细账和完工产品成本汇总计算表的资料,将完工产品成本从"生产成本——基本生产成本"科目及所属明细账贷方转出,计入有关科目的借方。完工入库产成品的成本,借记"库存商品"科目;完工的自制材料、自制工具、模具等的成本,分别借记"原材料""周转材料"等科目,转出合计的成本贷记"生产成本——基本生产成本"科目,"生产成本——基本生产成本"账户月末借方余额就是基本生产在产品的成本,即占用在基本生产过程中的生产资金。

根据表 3-34,完工产品入库时应编制会计分录如下。

借:库存商品——甲产品　　　　56 805
　　库存商品——乙产品　　　　73 480
　　贷:生产成本——基本生产成本——甲产品　　　　56 805
　　　　生产成本——基本生产成本——乙产品　　　　73 480

【复习思考题】

1. 企业可以采用何种方法分配原材料费用?
2. 辅助生产费用的分配方法有哪些,每种方法的特点是什么?
3. 试比较各种不同的制造费用分配方法的特点及其区别。

4. 怎么进行不可修复废品损失的核算？

5. 什么是在产品，如何进行在产品数量的确定及在产品清查的核算？

6. 怎样测定在产品的完工程度（完工率）？

7. 生产费用在完工产品和月末在产品之间分配方法一般有哪几种，它们各有什么特点和适用性？

第4章　产品成本计算的品种法

【知识要点】

1. 品种法的概念；
2. 品种法的特点和适用范围；
3. 品种法的成本计算程序。

4.1　品种法概述

4.1.1　品种法的特点和适用范围

1. 品种法的概念

品种法是指以产品品种作为成本计算对象，归集生产费用并计算产品成本的一种方法。

各种产品成本的计算方法都需要以生产费用的核算为起点，无论产品的组织方式是什么，不论是什么样类型的生产企业，最终都要按产品品种计算出各种产品的实际总成本和单位成本。因此，品种法是最基本的成本计算方法。

2. 品种法的适用范围

品种法主要适用于大量大批单步骤生产，比如发电、采掘、面粉加工等。在这种类型的生产中，其产品工艺过程不能间断或不能划分为几个步骤进行，因此，也就不需要或不可能按照生产步骤计算产品成本。

品种法还适用于大量大批多步骤生产但管理上不要求分步骤计算产品成本的生产。在大量大批多步骤生产中，如果生产规模较小，各步骤生产的半成品只能满足本企业连续加工的需要，直到产品加工完毕，因此管理上不要求分步骤计算产品成本，只要求按照产品品种计算成本，如小型水泥厂、小砖瓦厂等。同时，对于企业内部的辅助生产车间，比如供水、供电、供气等车间，也可按品种法计算所提供的劳务成本。

3. 品种法的特点

(1)以产品品种作为成本计算对象。采用品种法归集生产费用和计算产品成本时，应按产品品种设置生产成本明细账（产品成本计算单），账内按成本项目设置专栏进行核算。如果企业只生产一种产品，该种产品的产成品就是成本计算对象，生产成本明细账（产品成本计算单）按该种产品设置，所有的生产费用都是直接费用，都可以直接计入该产品生产成本明细账（产品成本计算单）的有关成本项目中，而不需要在各个成本计算对象之间进行分配；如果企业同时生产多种产品，就需要以每种产品作为成本计算对象，分别设置生产成本明细账（产品成本计算单），发生的直接计入费用可以直接计入各生产成本明细账（产品成本计算单），间接计入费用应另行归集，需要采用适当的方法在各个成本计算对象之间进行分配，然后计入生产成本明细账（产品成本计算单）的有关成本项目。

(2)成本计算定期按月进行。采用品种法计算成本的企业，其生产组织方式是大量大

批生产，其生产过程是连续不断进行的，不可能在产品全部完工后计算产品成本。为了按月计算损益，产品成本定期按月计算，与会计期间一致，与产品生产周期并不一致。

(3)区分不同情况处理在产品成本。在大量大批单步骤生产的企业中，月末计算产品成本时，如果没有在产品或者在产品数量很少，可以不计算在产品成本。这种情况下，生产成本明细账(产品成本计算单)中所归集的生产费用，就是该产品的生产总成本，将其除以该产品的产量，就是该产品的单位成本。

在大量大批多步骤生产但管理上不要求分步骤计算产品成本的企业中，月末一般都会有在产品，而且数量多，就需要将归集在生产成本明细账(产品成本计算单)中的生产费用(包括月初在产品的生产成本和本月所发生的生产费用)，采用适当的分配方法(如约当产量法，定额比例法等)在完工产品和月末在产品之间进行分配，以便计算出完工产品成本和月末在产品成本。

4.1.2　品种法的成本计算程序

按照产品的品种计算成本，是成本管理对于成本计算的最一般的要求，其成本计算程序如下。

1. 按产品品种设置生产成本明细账(产品成本计算单)并按成本项目设置专栏

企业应在“生产成本”总分类账户下，设置“基本生产成本”和“辅助生产成本”二级账(也可把这两个账户设置为一级总账账户)，同时，按企业确定的成本计算对象(产品品种)设置基本生产成本明细账(产品成本计算单)，按照辅助生产车间或辅助生产所提供的产品(劳务)设置辅助生产成本明细账；在“制造费用”总分类账户下，按生产单位(分厂、车间)设置制造费用明细账。基本生产成本明细账(产品成本计算单)和辅助生产成本明细账应按成本项目设专栏，制造费用明细账应按费用项目设专栏。

2. 归集和分配本月所发生的各项生产费用

对生产过程中发生的材料、人工、其他费用进行审核、归集、分配，编制费用分配表，根据分配结果，编制会计分录，并据以登记基本生产成本明细账(产品成本计算单)、辅助生产成本明细账、制造费用明细账。产品生产中发生的各项费用，属于直接费用的，应当直接计入生产成本明细账(产品成本计算单)；属于间接费用的，应按一定标准进行分配，根据有关费用分配表，编制会计分录，计入生产成本明细账(产品成本计算单)。

3. 分配辅助生产费用

根据辅助生产成本明细账归集的辅助生产费用总额，按照谁受益谁承担的原则分配后，编制辅助生产费用分配表，根据分配结果，编制会计分录，据以登记基本生产成本明细账(产品成本计算单)。

辅助生产单位发生的制造费用，如果单独设置制造费用明细账归集，应在分配辅助生产费用前，将制造费用转入各个辅助生产成本明细账，并入辅助生产费用总额。

4. 分配基本生产单位的制造费用

各生产单位发生的制造费用，先通过制造费用明细账归集，然后按一定的方法分配，编制制造费用分配表，根据分配结果，编制会计分录，据以登记基本生产成本明细账(产品成本计算单)。

5. 计算完工产品的总成本和单位成本

根据归集在基本生产成本明细账(产品成本计算单)中的生产费用(包括月初在产品的生产成本和本月所发生的生产费用)的累计数,采用适当的分配方法,在完工产品和在产品之间进行分配,计算出完工产品总成本和月末在产品成本。完工产品总成本除以该产品的产量,就是该产品的本月单位成本。

6. 结转完工产品成本

根据产品成本计算单的计算结果,编制本月"完工产品成本汇总表",编制完工产品验收入库、结转生产成本的会计分录,分别登记基本生产成本明细账和库存商品明细账。

4.2 品种法举例

【例 4-1】 大华工厂设有一个基本生产车间,大量生产甲、乙两种产品,其生产工艺过程属于单步骤生产。根据该厂的生产特点和成本管理的要求,采用品种法计算甲、乙两种产品的产成品成本,设有"直接材料""燃料及动力""直接人工""制造费用"四个成本项目。该厂设有一个辅助生产车间——机修车间,为基本生产车间和管理部门提供劳务。由于辅助生产车间规模比较小,其制造费用不单独核算,而是直接计入修理成本。

(Ⅰ)该厂 2017 年 6 月初在产品成本资料见表 4-1。

表 4-1 月初在产品成本资料

金额单位:元

产品名称	直接材料	燃料及动力	直接人工	制造费用	合 计
甲产品	7 000	1 080	1 240	1 400	10 720
乙产品	5 280	522	1 956	1 872	9 630

(Ⅱ)2017 年 6 月产量资料。

本月完工入库产品产量如下:甲产品 200 台,乙产品 180 台。月末在产品产量为:甲产品 40 台,乙产品 20 台。甲产品本月实际生产工时为 6 000 小时,乙产品为 4 000 小时。

下面以大华工厂 2017 年 6 月各项费用资料为例,说明品种法成本计算程序和账务处理,以便全面、系统地掌握品种法的特点。

1. 按产品品种设置生产成本明细账(产品成本计算单)并按成本项目设置专栏

大华工厂以甲、乙产品作为成本计算对象,设置"生产成本"总账及其所属"基本生产成本——甲产品""基本生产成本——乙产品"和"辅助生产成本——机修车间"三个明细账,同时按甲、乙两种产品开设产品成本计算单;"制造费用"总账下只按基本生产车间设置明细账,按费用项目设专栏组织明细核算。

2. 归集和分配本月所发生的各项生产费用

(1)分配材料费用。根据大华工厂 2017 年 6 月按原材料用途归类的领、退料凭证(略),编制材料费用分配表,见表 4-2。

表4-2 原材料费用分配表(分配表1)

2017年6月　　　　金额单位:元

应借科目			原料及主要材料	辅助材料	金额
总账及二级科目	明细科目	成本或费用项目			
生产成本——基本生产成本	甲产品	直接材料	62 400	2 600	65 000
	乙产品	直接材料	47 800	3 200	51 000
	小计				
生产成本——辅助生产成本	机修车间	原材料		3 600	3 600
制造费用	基本生产车间	机物料消耗		3 000	3 000
管理费用		物料消耗		2 000	2 000
合　计			110 200	14 400	124 600

根据原材料费用分配表,编制会计分录如下,并据以登记有关产品成本明细账和有关费用明细账。

借:生产成本——基本生产成本——甲产品　　65 000
　生产成本——基本生产成本——乙产品　　51 000
　生产成本——辅助生产成本——机修车间　　3 600
　制造费用——基本生产车间　　3 000
　管理费用　　2 000
　贷:原材料　　124 600

(2)分配外购动力费用(电费)。根据各车间、部门本月的耗电数量、电价,编制外购动力费(电费)分配表,见表4-3。生产产品用电按两种产品的生产工时分配。

表4-3 外购动力费用(电费)分配表(分配表2)

2017年6月　　　　金额单位:元

应借科目			动力费分配		电费分配	
总账及二级科目	明细科目	成本或费用项目	生产工时	分配金额(分配率1.8)	用电度数	分配金额(单价0.6)
生产成本——基本生产成本	甲产品	燃料及动力	6 000	10 800		
	乙产品	燃料及动力	4 000	7 200		
	小　计		10 000	18 000		
生产成本——辅助生产成本	机修车间	水电费			2 000	1 200

表4-3(续)

应借科目			动力费分配		电费分配	
制造费用	基本生产车间	水电费			1 000	600
管理费用		水电费			1 000	600
合　计			10 000	18 000	4 000	2 400

其中,生产甲、乙产品用电18 000元,按生产工时比例在甲、乙产品之间分配:

分配率 $=\frac{18\ 000}{10\ 000}=1.8$

甲产品应分配电费 $=6\ 000\times1.8=10\ 800$ 元

乙产品应分配电费 $=4\ 000\times1.8=7\ 200$ 元

根据外购动力费(电费)分配表,编制会计分录如下,并据以登记有关产品成本明细账和有关费用明细账。

借:生产成本——基本生产成本——甲产品　　10 800
　　生产成本——基本生产成本——乙产品　　7 200
　　生产成本——辅助生产成本——机修车间　　1 200
　　制造费用——基本生产车间　　600
　　管理费用　　600
　　贷:应付账款(或银行存款)　　20 400

(3)分配职工薪酬。根据各车间、部门的工资结算凭证和所计算出的其他各项职工薪酬费用额,编制职工薪酬分配表,见表4-4。假设该企业产品生产工人工资总额为40 000元,按甲、乙两种产品的生产工时计算甲、乙两种产品应负担的工资费用(分配率为4元/工时)。

表4-4　职工薪酬分配表(分配表3)

2017年6月　　　　金额单位:元

应借科目			应付工资				职工福利费(工资总额的14%)	合　计
总账及二级科目	明细科目	成本或费用项目	生产工人		管理人员	小计		
			生产工时	分配率(4元/工时)				
生产成本——基本生产成本	甲产品	直接人工	6 000	24 000		24 000	3 360	27 360
	乙产品	直接人工	4 000	16 000		16 000	2 240	18 240
	小　计		10 000	40 000		40 000	5 600	45 600

表 4－4(续)

应借科目			应付工资				职工福利费（工资总额的 14%）	合　计
			生产工人		管理人员	小计		
总账及二级科目	明细科目	成本或费用项目	生产工时	分配率（4 元/工时）				
生产成本——辅助生产成本	机修车间	工资费用			6 000	6 000	840	6 840
制造费用	基本生产车间	工资费用			6 000	6 000	840	6 840
管理费用		工资费用			6 000	6 000	840	6 840
合　　计				40 000	18 000	58 000	8 120	66 120

根据职工薪酬分配表，编制会计分录如下，并据以登记有关产品成本明细账和有关费用明细账。

借：生产成本——基本生产成本——甲产品　　27 360
　　生产成本——基本生产成本——乙产品　　18 240
　　生产成本——辅助生产成本——机修车间　　6 840
　　制造费用——基本生产车间　　6 840
　　管理费用　　6 840
　　贷：应付职工薪酬——工资　　58 000
　　　　应付职工薪酬——职工福利　　8 120

(4)分配固定资产折旧费用。根据固定资产原值(略)和月折旧率(略)，计算本月应计提的固定资产折旧费，编制固定资产折旧费用分配表，见表 4－5。

表 4－5　固定资产折旧费用分配表(分配表 4)

2017 年 6 月　　　　金额单位：元

应借科目			折旧额
总账及二级科目	明细科目	成本或费用项目	
制造费用	基本生产车间	折旧费	4 000
生产成本——辅助生产成本	机修车间	折旧费	1 000
管理费用		折旧费	1 000
合　　计			6 000

根据固定资产折旧费用分配表,编制会计分录如下,并据以登记有关产品成本明细账和有关费用明细账。

借:制造费用——基本生产车间　　4 000
　　生产成本——辅助生产成本——机修车间　　1 000
　　管理费用　　1 000
　　贷:累计折旧　　6 000

(5)其他费用支出。本月以银行存款支付基本生产车间办公费300元、水费260元,支付机修车间水电费100元,支付厂部管理部门办公费1 000元、水电费240元(有关原始凭证略),编制其他费用汇总表,见表4-6。

表4-6　其他费用汇总表(分配表5)

2017年6月　　　　金额单位:元

应借科目			金　额
总账及二级科目	明细科目	成本或费用项目	
制造费用	基本生产车间	办公费	300
		水电费	260
		小计	560
生产成本——辅助生产成本	机修车间	水电费	100
管理费用		办公费	1 000
		水电费	240
		小计	1 240
合　计			1 900

根据其他费用汇总表,编制会计分录如下,并据以登记有关产品成本明细账和有关费用明细账。

借:制造费用——基本生产车间　　560
　　生产成本——辅助生产成本——机修车间　　100
　　管理费用　　1 240
　　贷:银行存款　　1 900

3.归集和分配辅助生产费用

(1)根据上列各种费用分配表,登记辅助生产成本明细账,见表4-7。

表 4-7　辅助生产成本明细表

车间名称:机修车间　　　　2017 年 6 月　　　　金额单位:元

2017 年		摘　要	原材料	水电费	工资费用	折旧费	合　计
月	日						
6	30	根据分配表 1	3 600				3 600
6	30	根据分配表 2		1 200			1 200
6	30	根据分配表 3			6 840		6 840
6	30	根据分配表 4				1 000	1 000
6	30	根据分配表 5		100			100
6	30	合计	3 600	1 300	6 840	1 000	12 740
6	30	分配转出表 6	3 600	1 300	6 840	1 000	0

(2)该企业采用直接分配法分配辅助生产费用。本月机修车间提供修理服务 3 185 小时,其中为基本生产车间修理 3 000 小时,为厂行政管理部门修理 185 小时。根据辅助生产成本明细账归集的费用和受益部门所耗用的劳务量,编制辅助生产费用分配表,见表 4-8。

表 4-8　辅助生产费用分配表(分配表 6)

车间名称:机修车间　　　　2017 年 6 月　　　　金额单位:元

项　目			机修车间
待分配费用			12 740
供应辅助生产以外单位的劳务数量/小时			3 185
费用分配率/(元/小时)			4
应借“制造费用”	基本生产车间	耗用数量	3 000
		分配金额	12 000
应借“管理费用”	耗用数量		185
	分配金额		740
合　计			12 740

注　表中费用分配率计算如下:

机修车间分配率 $= \frac{12\ 740}{3\ 185} = 4$ 元/小时

根据辅助生产费用分配表,编制会计分录如下。

借:制造费用——基本生产车间　　12 000

　　管理费用　　740

　　贷:生产成本——辅助生产成本——机修车间　　12 740

4. 归集和分配基本生产车间的制造费用

(1)根据上列各种费用分配表,登记基本生产车间“制造费用明细账”,见表 4-9。

表 4－9 制造费用明细账

车间：基本生产车间　　　　2017 年 6 月　　　　金额单位：元

2017 年		摘　要	费用项目						合计
月	日		机物料消耗	水电费	工资费用	折旧费	办公费	修理费	
6	30	根据分配表 1	3 000						3 000
6	30	根据分配表 2		600					600
6	30	根据分配表 3			6 840				6 840
6	30	根据分配表 4				4 000			4 000
6	30	根据分配表 5		260			300		560
6	30	根据分配表 6						12 000	12 000
6	30	合　计	3 000	860	6 840	4 000	300	12 000	27 000
6	30	分配转出表 7	3 000	860	6 840	4 000	300	12 000	0

（2）月末，根据"制造费用明细账"归集的制造费用总额和甲、乙两种产品的生产工时，编制基本生产车间制造费用分配表分配制造费用，见表 4－10。

表 4－10 制造费用分配表（分配表 7）

车间：基本生产车间　　　　2017 年 6 月　　　　金额单位：元

应借科目	生产工时	分配率	分配金额
生产成本——基本生产成本——甲产品	6 000		16 200
生产成本——基本生产成本——乙产品	4 000		10 800
合　计	10 00	2.70	27 00

注　表中分配率计算如下：

制造费用分配率 $=\frac{27\ 000}{10\ 000}=2.70$ 元/小时

根据制造费用分配表，编制会计分录如下。

借：生产成本——基本生产成本——甲产品　　16 200
　　生产成本——基本生产成本——乙产品　　10 800
　贷：制造费用——基本生产车间　　27 000

5. 根据各项费用分配表，登记管理费用明细账，并归集和结转管理费用（明细账和会计分录略）

6. 计算完工产品成本和月末在产品成本

（1）归集本月生产甲、乙产品的生产费用。根据上述各种费用分配表和有关资料，登记基本生产成本明细账，归集甲、乙产品的生产费用，见表 4－11 和表 4－12。

表 4－11　基本生产成本明细账 1

产品名称：甲产品　　2017 年 6 月　　金额单位：元

2017 年		摘　要	直接材料	燃料及动力	直接人工	制造费用	合　计
月	日						
6	1	期初余额	7 000	1 080	1 240	1 400	10 720
6	30	根据分配表 1	65 000				65 000
6	30	根据分配表 2		10 800			10 800
6	30	根据分配表 3			27 360		27 360
6	30	根据分配表 7				16 200	16 200
6	30	结转成本表 4－13	60 000	10 800	26 000	16 000	112 800
6	30	月末在产品成本	12 000	1 080	2 600	1 600	17 280

表 4－12　基本生产成本明细账 2

产品名称：乙产品　　2017 年 6 月　　金额单位：元

2017 年		摘　要	直接材料	燃料及动力	直接人工	制造费用	合　计
月	日						
6	1	期初余额	5 280	522	1 956	1 872	9 630
6	30	根据分配表 1	51 000				51 000
6	30	根据分配表 2		7 200			7 200
6	30	根据分配表 3			18 240		18 240
6	30	根据分配表 7				10 800	10 800
6	30	结转成本表 4－14	50 652	7 020	18 360	11 520	87 552
6	30	月末在产品成本	5 628	702	1 836	1 152	9 318

（2）将生产费用在完工产品和月末在产品之间进行分配。大华工厂本月基本生产车间为生产产品所发生的费用已全部计入“基本生产成本明细账”（表 4－11、表 4－12）。月末，根据“基本生产成本明细账”归集的生产费用累计数，在甲、乙两种产品的完工产品和月末在产品之间进行分配，编制产品成本计算单。

①甲产品生产费用在完工产品和月末在产品之间进行分配。大华工厂采用约当产量法计算甲产品的完工产品成本和月末在产品成本，月末在产品的完工程度可按 50% 计算。原材料系开工时一次投入，人工等其他费用在生产过程中陆续发生。根据计算结果，编制甲产品成本计算单，见表 4－13。

表 4-13 产品成本计算单

产品名称:甲产品　　2017 年 6 月　　金额单位:元

项　目	直接材料	燃料及动力	直接人工	制造费用	合　计
月初在产品成本	7 000	1 080	1 240	1 400	10 720
本月发生生产费用	65 000	10 800	27 360	16 200	119 360
生产费用合计	72 000	11 880	28 600	17 600	130 080
本月完工产品总成本	60 000	10 800	26 000	16 000	112 800
本月完工产品单位成本	300	54	130	80	564
月末在产品成本	12 000	1 080	2 600	1 600	17 280

注　直接材料费用分配率 $=\frac{72\ 000}{200+40}=300$

燃料及动力费用分配率 $=\frac{11\ 880}{200+40\times50\%}=54$

直接人工分配率 $=\frac{28\ 600}{200+40\times50\%}=130$

制造费用分配率 $=\frac{17\ 600}{200+40\times50\%}=80$

②乙产品生产费用在完工产品和月末在产品之间进行分配。大华工厂采用定额比例法计算乙产品的完工产品成本和月末在产品成本。原材料系开工时一次投入,单位完工产品原材料费用定额 280 元、工时定额为 20 工时,月末盘点在产品,在产品定额总工时为 360 工时,根据计算结果,编制乙产品成本计算单,见表 4-14。

表 4-14 产品成本计算单

产品名称:乙产品　　2017 年 6 月　　金额单位:元

项　目		直接材料	燃料及动力	直接人工	制造费用	合　计
月初在产品成本		5 280	522	1 956	1 872	9 630
本月发生生产费用		51 000	7 200	18 240	10 800	87 240
生产费用合计		56 280	7 722	20 196	12 672	96 870
分配率		1.005	1.95	5.1	3.2	
完工产品成本	定额费用	50 400				
	定额工时		3 600	3 600	3 600	
	实际成本	50 652	7 020	18 360	11 520	87 552
月末在产品	定额费用	5 600				
	定额工时		360	360	360	
	实际成本	5 628	702	1 836	1 152	9 318

表 4－14(续)

项　　目	直接材料	燃料及动力	直接人工	制造费用	合　　计
完工产品单位成本	281.4	39	102	64	486.4

注　直接材料分配率 $=\frac{56\ 280}{180\times280+20\times280}=1.005$

燃料及动力费用分配率 $=\frac{7\ 722}{180\times20+360}=1.95$

直接人工分配率 $=\frac{20\ 196}{180\times20+360}=5.1$

制造费用分配率 $=\frac{12\ 672}{180\times20+360}=3.2$

7. 结转完工产品成本

根据甲、乙产品成本计算单编制完工产品成本汇总表，结转完工产品成本并验收入库，登记完工产品生产成本明细账。完工产品成本汇总表见表 4－15。

表 4－15　完工产品成本汇总表

2017 年 6 月　　　　　　　　　　　　　　　　　　　　　　　　金额单位:元

产品名称	产量/台	成本	直接材料	燃料及动力	直接人工	制造费用	合　　计
甲产品	200	总成本	60 000	10 800	26 000	16 000	112 800
		单位成本	300	54	130	80	564
乙产品	180	总成本	50 652	7 020	18 360	11 520	87 552
		单位成本	281.4	39	102	64	486.4
总成本合计			110 652	17 820	44 360	27 520	200 352

根据完工产品成本汇总表(表 4－15)，编制会计分录如下。

借：库存商品——甲产品　　　　　　　　　　　　112 800

　　库存商品——乙产品　　　　　　　　　　　　 87 552

　　贷：生产成本——基本生产成本——甲产品　　　 112 800

　　　　生产成本——基本生产成本——乙产品　　　 87 552

至此，我们已经计算出甲、乙两种产品的总成本和单位成本，完成按品种法进行成本核算的任务。

【复习思考题】

1. 简述品种法的主要特点和适用范围。

2. 简述品种法的成本计算程序。

第 5 章　产品成本计算的分批法

【知识要点】

1. 分批法的概念及特点；
2. 分批法的适用范围；
3. 分批法的成本计算程序；
4. 分批法的应用。

5.1　分批法概述

5.1.1　分批法的概念

分批法是以产品生产的批别为成本计算对象，归集生产费用，计算产品成本的一种方法。在小批单件生产的企业中，产品的品种和每批产品的生产量通常是根据客户的订单确定，按照产品批别计算产品成本，往往也就是按照订单计算产品成本，因此产品成本计算的分批法有时也被称为订单法。

5.1.2　分批法的适用范围

分批法主要适用于小批单件生产的企业，这种小批单件生产的企业是根据客户的要求生产特定的产品，如造船厂的船舶制造、重型机器厂的专用设备、重型机械的制造以及精密仪器、专用设备、专用工具、模具的生产。有些企业的生产必须根据市场的需要不断改变产品品种和数量，一般也不可能大批量生产，如服装的生产。另外，在大量大批生产的企业中，企业所进行的新产品的试制、来料加工、自制设备等也可以采用分批法。具体来说，分批法的适用范围分为以下几种：一是按产品批别组织生产的企业，包括根据客户订单生产，经常需要变换产品品种的小型企业；二是提供机器设备修理等劳务的企业或生产单位；三是从事新产品的试制、自制设备、辅助生产的工具模具制造的企业生产单位。

5.1.3　分批法的特点

1. 以产品批别作为成本计算对象

分批法下，成本计算对象的确定是根据客户的订单或企业事先规定的产品批别。企业一般根据订单开设生产任务通知单，车间根据生产任务通知单组织生产，会计部门根据生产任务通知单开设生产成本明细账，计算产品成本。所以，有时分批法也被称作订单法。但是一张订单和一个批别并非同一概念。如果在一张订单中规定的产品不止一种，为了计算不同产品的生产成本和便于生产管理，就必须按照产品的品种划分批别组织生产，计算成本；如果在一张订单中只规定一种产品，但这种产品数量较大，不便于集中一次投产，或者客户要求分批交货，也可以分几批组织生产，计算产品成本；如果在一张订单中只规定一种大型复杂、价值较高、生产周期较长的产品，也可以按产品组成部分分批组织生产，计算

成本;如果同一会计期间的几张订单中有相同的产品，而且数量不多,为了经济合理地组织生产,也可以将其合并作为一批产品组织生产,计算成本。在这种情况下,分批法下的成本计算对象就不是根据客户的订单而是企业根据生产成本与管理的要求所制定的产品批别。

2. 成本计算期与生产周期一致

分批法下,产品生产费用的归集仍然是按月进行的,但只有该批产品全部完工时才能计算产品成本,所以分批法的成本计算是非定期的，其成本计算期与生产周期相同,而与会计报告期不一致。

3. 一般不需要在完工产品和在产品之间分配生产费用

由于分批法的成本计算期与生产周期一致,因此在月末计算产品成本时,一般不需要在完工产品和在产品之间分配生产费用。生产结束后,该批产品生产成本明细账上归集的生产费用即为完工产品成本;未完工以前,该批产品生产成本明细账所归集的生产费用,即为在产品成本。因此,在月末计算成本时,不存在生产费用在完工产品与在产品之间分配的问题。

但是,如果产品批量较大,出现批内产品跨月陆续完工并分次交货的情况。在这种情况下,需采用一定的方法计算完工产品成本和月末在产品成本。如果批内产品少量完工,可以按该产品的计划单位成本、定额单位成本或近期相同产品的实际单位成本计算完工产品成本,从该批产品生产成本明细账中转出,结余数额即为在产品成本,待该批产品全部完工后,再计算该批产品总成本和单位成本,已经结转的完工产品成本不必调整;如果批内产品完工的数量较多,则应考虑采用适当的方法,在完工产品与在产品之间分配生产费用，以计算完工产品成本和月末在产品成本,待该批产品全部完工后,仍按上述办法处理,计算该批产品总成本和单位成本。

5.1.4　分批法的成本计算程序

1. 按产品批别设置生产成本明细账(产品成本计算单)

会计部门根据生产部门签发的生产任务通知单所规定的产品批别,按产品批别开设生产成本明细账(产品成本计算单)。

2. 按产品批别归集和分配本月所发生的各项费用

分批法下,要按产品批别归集和分配本月所发生的生产费用。发生的各项费用,能按批次划分的,直接计入各批产品的生产成本明细账(产品成本计算单);不能分清批次划分的费用,要按照一定的标准在各批产品之间进行分配,计入有关各批产品的生产成本明细账(产品成本计算单)。

3. 分配辅助生产费用

根据辅助生产成本明细账归集的辅助生产费用,月末按其提供的劳务数量在相关受益对象或部门之间进行分配。对于辅助生产车间生产的产品,应计算其完工产品成本,从辅助生产成本明细账中转出。

4. 分配基本生产单位的制造费用

月末,根据制造费用明细账归集的生产费用,按一定的方法编制制造费用分配表,分配转出。根据分配结果,编制会计分录,据以登记基本生产成本明细账(产品成本计算单)。

5. 计算完工产品总成本和单位成本

分批法一般不需要在完工产品和在产品之间分配生产费用。某批产品完工时,加计该批产品生产成本明细账中所归集的生产费用,就可得出该批产品的实际总成本,除以产量,即为该批产品的单位成本。如果批内产品少量完工,可以按该产品的计划单位成本、定额单位成本或近期相同产品的实际单位成本乘以完工数量,作为完工产品总成本。为了分析、考核产品成本,待该批产品全部完工后,再计算该批产品成本总成本和单位成本。

6. 结转完工产品成本

根据基本生产成本明细账(产品成本计算单)的计算结果,编制本月"完工产品成本汇总表",编制完工产品验收入库、结转生产成本的会计分录,分别登记基本生产成本明细账和库存商品明细账。

不难看出,分批法的成本计算程序,只有生产成本明细账的设置和完工产品成本的计算与品种法有所区别。

5.2 分批法核算举例

5.2.1 企业基本情况

某企业为小批生产的加工企业,设有一个基本生产车间,按生产任务通知单组织生产。采用分批法计算产品成本。该企业 2012 年 3 月份继续对 208 批次的甲产品和 301 批次的乙产品进行生产。月末,208 批次甲产品 60 件本月完工 40 件,尚有 20 件未完工;301 批次乙产品 15 件全部未完工。

5.2.2 成本计算程序

1. 按产品批别设置生产成本明细账户(产品成本计算单)

该企业以产品的批别(208 批次和 301 批次)作为成本计算对象。直接设置"基本生产成本"和"辅助生产成本"总账。按甲、乙两种产品设置"基本生产成本——208 批次"明细账和"基本生产成本——301 批次"明细账,并开设产品成本计算单,成本项目设置为"直接材料""直接人工""制造费用"三项。

2. 归集和分配本月所发生的各项费用并记账

该企业本月为生产 208 批次甲产品和 301 批次乙产品发生的材料费、人工费和其他直接费用均可以按产品批次分清,直接计入产品生产成本明细账(产品成本计算单),不需要进行分配。本月基本生产车间发生的各项间接费用先在"制造费用"明细账户中归集,并已按两批产品本月实际发生的生产工时分配计入产品生产成本明细账(产品成本计算单)。

本月发生的各种直接费用(资料和会计分录略)均已计入各批次产品的生产成本明细账(见表 5-1 和表 5-2),本月发生的制造费用(资料、会计分录、明细账、分配表略)也已计入各批次产品的生产成本明细账(见表 5-1 和表 5-2)。

表5-1　基本生产成本明细账

产品批号:208　　　　　　　　　　　　　　　　　　　投产日期:2月8号

产品名称:甲产品　　　　　　　产品批量:60件　　　　完工日期:

2017年		凭证号数	摘　要	直接材料	直接人工	制造费用	余　额
月	日						
2	28	略	本月发生	84 000	79 800	17 500	181 300
3	30	略	本月发生		79 800	21 000	100 800
3	30	略	结转成本表5-3	56 000	127 680	30 800	214 480
3	30		月末在产品成本	28 000	31 920	7 700	67 620

表5-2　基本生产成本明细账

产品批号:301　　　　　　　　　　　　　　　　　　　投产日期:3月9号

产品名称:乙产品　　　　　　　产品批量:15件　　　　完工日期:

2017年		凭证号数	摘　要	直接材料	直接人工	制造费用	余　额
月	日						
3	30	略	本月发生	35 000	39 900	8 750	83 650

3. 计算完工产品总成本和单位成本

208批次甲产品本月完工40件,尚有20件未完工,因此,本月生产成本明细账中归集的生产费用需在完工产品和在产品之间进行分配。

原材料在生产开始时一次投入,人工费用和制造费用采用约当产量法在完工产品和在产品之间进行分配,在产品的完工程度为50%。根据计算结果编制产品成本计算单见表5-3。

表5-3　产品成本计算单

产品批号:208　　　　产品名称:甲产品　　　　2012年3月　　　　单位:元

项　目		直接材料	直接人工	制造费用	合计
上月发生生产费用		84 000	79 800	17 500	181 300
本月发生生产费用			79 800	21 000	100 800
生产费用合计		84 000	159 600	38 500	282 100
生产量	完工产品数量	40	40	40	
	在产品数量	20	20	20	
	在产品约当量	20	10	10	
	生产量小计	60	50	50	

表 5－3(续)

项　　目	直接材料	直接人工	制造费用	合 计
单位产品应分配的费用	1 400	3 192	770	5 362
本月完工产品总成本	56 000	127 680	30 800	214 480
月末在产品成本	28 000	31 920	7 700	67 620
本月完工产品单位成本	1 400	3 192	770	5 362

根据产品成本计算单(表 5－3),编制会计分录,登记生产成本明细账(表 5－1)。

借:库存商品——甲产品　　　　214 480

　贷:基本生产成本——208 批次　　　　214 480

301 批次乙产品本月尚未完工,不需要计算产品成本,生产成本明细账(表 5－2)中归集的生产费用合计数 83 650 元,即为 309 批次乙产品的月末在产品成本。

5.3 简化的分批法核算举例

5.3.1 简化的分批法含义

在一些单件、小批生产的企业中,同一月份投产的产品批数很多,几十批甚至上百批,且月末未完工产品批数也较多。如果将当月发生的间接计入费用全部分配给各批产品,则计算和登记的工作将非常繁重。在这种情况下,可以采用简化的分批法,以简化成本计算工作。

采用这种方法,仍需要按批别设置生产成本明细账,某批产品未完工之前,只需将该批产品所耗费的直接计入费用和生产工时计入该批产品生产成本明细账,每月所发生的间接计入费用,将其累计起来,登记在生产成本二级账中。只有在某批产品完工时,才分配结转间接计入费用,将其所负担的间接费用计入生产成本明细账,以计算完工产品成本,而未完工产品应负担的间接计入费用仍然反映在生产成本二级账中,不进行分配,也不计算在产品成本。因此,这种方法又称为间接计入费用累计分批法、不分批计算在产品成本的分批法。

5.3.2 简化的分批法特点

1. 必须设立基本生产成本二级账

采用这种方法,需要按批别设置生产成本明细账(产品成本计算单),同时必须开立基本生产成本二级账。

在各批产品完工之前,产品生产成本明细账内只按月登记为各批产品生产所耗用的直接计入费用(如直接材料)和生产工时。每月发生的各项间接计入费用(包括直接人工、制造费用等),不是按月在各批产品之间进行分配,而是先通过基本生产成本二级账进行归集,按成本项目累计起来,仅在有产品完工的月份,才将在二级账里累计起来的费用,按照完工产品累计生产工时的比例,在各批完工产品之间进行分配。对未完工的在产品则不分配间接计入费用,所负担的间接计入费用仍保留在基本生产成本二级账中。

2. 通过累计间接计入费用分配率来分配费用

对各批完工产品分配间接计入费用，一般按照完工产品累计生产工时比例，通过计算全部产品累计间接计入费用分配率来完成。间接计入费用分配率计算公式为

$$\text{全部产品累计间接计入费用分配率}=\frac{\text{全部产品累计间接计入费用总额}}{\text{全部产品累计工时}}$$

$$\begin{array}{c}\text{某批完工产品应负担的}\\\text{间接计入费用}\end{array}=\begin{array}{c}\text{该批完工产品}\\\text{累计工时}\end{array}\times\begin{array}{c}\text{累计间接计入}\\\text{费用分配率}\end{array}$$

5.3.3　简化的分批法核算举例

1. 企业基本情况

某企业为单件、小批生产的加工企业，设有一个基本生产车间，按生产任务通知单组织甲、乙、丙、丁四种产品的生产。由于产品批数较多，为了简化成本计算工作，采用简化的分批法计算产品成本。成本项目设置为“直接材料”“直接人工”“制造费用”三项。

该企业 2017 年 9 月份产品的生产情况见表 5－4。

表 5－4　2017 年 9 月生产情况统计表

批次	产品名称	投产月份	批量/件	本月是否完工	本月实际生产工时
7001	丙产品	7 月	20	已完	500
8003	甲产品	8 月	40	已完	1 000
8008	乙产品	8 月	12	未完	1 500
9003	丁产品	9 月	18	未完	2 000

该厂 2017 年 9 月份生产的 7001，8003，8008 批次产品以前月份所发生的生产费用均已登记入账。

2. 成本计算程序

(1) 设置基本生产成本二级账，按产品批别设置生产成本明细账(产品成本计算单)。该厂 7001，8003 批次产品均为以前月份投产，不需要开设生产成本明细账，因两批产品本月已完工，需设立成本计算单，计算产品成本(两批产品的生产成本明细账见表 5－5 和表 5－6)。8008 批次产品为 8 月份投产，已设置生产成本明细账(见表 5－7)。9003 批次产品为本月新投产产品，应新开设生产成本明细账(见表 5－8)。基本生产成本二级账见表 5－9。

表 5－5　基本生产成本明细账 1

产品批号：7001　　　　投产日期：7 月

产品名称：丙产品　　　　产品批量：20 件　　　　完工日期：9 月

2017 年		凭证号数	摘　　要	直接材料	生产工时	直接人工	制造费用	余　额
月	日							
7	28	略	本月发生	91 000	2 000			91 000
8	31	略	本月发生	14 000	1 500			105 000

表 5 – 5（续）

2017 年		凭证号数	摘　　要	直接材料	生产工时	直接人工	制造费用	余　额
月	日							
9	30	略	本月发生		500			
9	30		间接费用表 5 – 10			154 000	126 000	280 000
9	30		结转成本表 5 – 13	105 000		154 000	126 000	0

表 5 – 6　基本生产成本明细账 2

产品批号：8003　　　　投产日期：8 月

产品名称：甲产品　　　　产品批量：40 件　　　　完工日期：9 月

2017 年		凭证号数	摘　　要	直接材料	生产工时	直接人工	制造费用	余　额
月	日							
8	31	略	本月发生	84 000	2 500			84 000
9	30	略	本月发生	49 000	1 000			133 000
9	30		间接费用表 5 – 10			134 750	100 250	235 000
9	30		结转成本表 5 – 13	133 000		134 750	100 250	0

表 5 – 7　基本生产成本明细账 3

产品批号：8008　　　　投产日期：8 月

产品名称：乙产品　　　　产品批量：12 件　　　　完工日期：

2017 年		凭证号数	摘　　要	直接材料	生产工时	直接人工	制造费用	余　额
月	日							
8	31	略	本月发生	35 000	2 000			35 000
9	30	略	本月发生	17 500	1 500			52 500

表 5 – 8　基本生产成本明细账 4

产品批号：9003　　　　投产日期：9 月

产品名称：丁产品　　　　产品批量：18 件　　　　完工日期：

2017 年		凭证号数	摘　　要	直接材料	生产工时	直接人工	制造费用	余　额
月	日							
9	30	略	本月发生	15 000	2 000			15 000

表 5－9　基本生产成本二级账

<table>
<tr><th colspan="2">2017 年</th><th rowspan="2">凭证号数</th><th rowspan="2">摘　　要</th><th rowspan="2">直接材料</th><th rowspan="2">生产工时</th><th rowspan="2">直接人工</th><th rowspan="2">制造费用</th><th rowspan="2">余　额</th></tr>
<tr><th>月</th><th>日</th></tr>
<tr><td>7</td><td>31</td><td></td><td>月末在产品成本</td><td>91 000</td><td>2 000</td><td>102 900</td><td>87 500</td><td>281 400</td></tr>
<tr><td>8</td><td>31</td><td>略</td><td>本月发生</td><td>168 000</td><td>6 000</td><td>198 800</td><td>161 000</td><td>527 800</td></tr>
<tr><td>8</td><td>31</td><td></td><td>7—8 月合计</td><td>259 000</td><td>8 000</td><td>301 700</td><td>248 500</td><td>809 200</td></tr>
<tr><td>9</td><td>30</td><td>略</td><td>本月合计</td><td>189 000</td><td>5 000</td><td>198 800</td><td>161 000</td><td>548 800</td></tr>
<tr><td>9</td><td>30</td><td></td><td>7—9 月合计</td><td>448 000</td><td>13 000</td><td>500 500</td><td>409 500</td><td>1 358 000</td></tr>
<tr><td>9</td><td>30</td><td></td><td>结转成本表 5－13</td><td>238 000</td><td>7 500</td><td>288 750</td><td>226 250</td><td>753 000</td></tr>
<tr><td>9</td><td>30</td><td></td><td>月末在产品成本</td><td>210 000</td><td>5 500</td><td>211 750</td><td>183 250</td><td>605 000</td></tr>
</table>

(2)归集本月发生的各项费用并记账。该企业本月为生产各批产品所发生的材料费和生产工时均可以按产品批次分清，直接计入各批产品生产成本明细账（见表 5－5、表 5－6、表 5－7、表 5－8），不需要进行分配。本月基本生产车间发生的各项间接费用先在"制造费用"明细账户中归集，月末直接转入基本生产成本二级账，也不需要在各批产品之间进行分配。本月基本生产车间发生的直接人工费用、直接材料费用均已登记在基本生产成本二级账中（见表 5－9）。本月各项费用发生的资料、所编制的会计分录、制造费用明细账均省略。所有的费用均已登记在账簿中。月末，基本生产成本二级账的结存数额即为本月未完工产品总成本。

(3)计算完工产品总成本和单位成本。本月，基本生产成本二级账内归集的直接人工费用为 500 500 元，制造费用为 409 500 元，各批次产品累计工时为 13 000 工时，通过查阅各批次产品的生产成本明细账可知，完工的 7001 批次产品和 8003 批次产品的生产总工时分别为 4 000(2 000＋1 500＋500)工时和 3 500(2 500＋1 000)工时。通过计算间接计入费用分配率分配直接人工费用和制造费用，计算过程见间接计入费用分配表，见表 5－10。

表 5－10　间接计入费用分配表

2017 年 9 月　　　　　　　　　　　　　　　　　　　　单位:元

<table>
<tr><th colspan="3"></th><th>直接人工</th><th>制造费用</th><th>合　　计</th></tr>
<tr><td colspan="3">应分配的间接计入费用</td><td>500 500</td><td>409 500</td><td>910 000</td></tr>
<tr><td colspan="3">全部产品生产总工时</td><td>13 000</td><td>13 000</td><td></td></tr>
<tr><td colspan="3">间接计入费用分配率</td><td>38.5</td><td>31.5</td><td></td></tr>
<tr><td rowspan="4">完工产品应负担的费用</td><td rowspan="2">7001 批次
丙产品</td><td>生产工时</td><td>4 000</td><td>4 000</td><td></td></tr>
<tr><td>应分金额</td><td>154 000</td><td>126 000</td><td>280 000</td></tr>
<tr><td rowspan="2">8003 批次
甲产品</td><td>生产工时</td><td>3 500</td><td>3 500</td><td></td></tr>
<tr><td>应分金额</td><td>134 750</td><td>100 250</td><td>235 000</td></tr>
<tr><td>合　　计</td><td>288 750</td><td>236 250</td><td>525 000</td><td></td><td></td></tr>
</table>

根据计算结果,上述完工产品负担的直接人工费用、制造费用应计入完工产品生产成本明细账,以计算完工产品成本。根据完工产品生产成本明细账中的记录,编制产品成本计算单,见表5-11和表5-12。

表5-11　产品成本计算单1

产品批号:7001　　　　投产日期:8月

产品名称:甲产品　　　　2017年9月　　　　完工日期:9月

项　目	直接材料	直接人工	制造费用	合　计
7~9月生产费用合计	105 000	154 000	126 000	385 000
完工产品总成本	105 000	154 000	126 000	385 000
完工产品产量/件	20	20	20	
完工产品单位成本	5 250	7 700	6 300	19 250

表5-12　产品成本计算单2

产品批号:8003　　　　投产日期:8月

产品名称:甲产品　　　　2017年9月　　　　完工日期:9月

项　目	直接材料	直接人工	制造费用	合　计
8~9月生产费用合计	133 000	134 750	100 250	368 000
完工产品总成本	133 000	134 750	100 250	368 000
完工产品产量/件	40	40	40	
完工产品单位成本	3 325	3 368.75	2 506.25	9 200

(4)结转完工产品成本。根据产品成本计算单编制完工产品成本汇总表,见表5-13,结转完工产品成本并验收入库,登记完工产品生产成本明细账和基本生产成本二级账。

表5-13　完工产品成本汇总表

2017年9月

项　目		直接材料	直接人工	制造费用	合　计
7001 丙产品(20件)	总成本	105 000	154 000	126 000	385 000
	单位成本	5 250	7 700	6 300	19 250
8003 甲产品(40件)	总成本	133 000	134 750	100 250	368 000
	单位成本	3 325	3 368.75	2 506.25	9 200

根据完工产品成本汇总表,编制会计分录如下。

借:库存商品——丙产品　　　　385 000

　　库存商品——甲产品　　　　368 000

贷:基本生产成本——7001 批次　　385 000
　基本生产成本——8003 批次　　368 000

5.3.4　简化分批法的优缺点

简化分批法的优点:减轻了间接计入费用分配的工作量,有利于成本计算的及时性。简化分批法的缺点:由于在各批未完工产品生产成本明细账中未计入加工费用,因此就不能完整地反映出各批产品的在产品成本;同时,由于按间接计入费用分配率来分配费用,在各月费用水平相差悬殊的情况下,必然会影响各月产品成本的正确性,不利于对各月产品成本的考核与分析。所以,这种方法不适用于各月间间接费用差距较大的企业。

【复习思考题】

1. 简述分批法适用范围。
2. 分批法有哪些特点?
3. 分批法下,间接费用的分配有几种方法,它们各适用于什么样的企业?
4. 分批法和简化的分批法有什么异同点,各自又有哪些优缺点?

第 6 章　产品成本计算的分步法

【知识要点】

1. 分步法的概念；
2. 分步法的适用范围；
3. 分步法的特点；
4. 分步法的成本计算程序；
5. 分步法举例。

6.1　分步法概述

产品成本计算的分步法是按照产品的生产步骤归集生产费用，计算产品成本的一种方法。它主要适用于大量、大批的多步骤生产，因为在这些企业中，产品生产可以划分为若干个生产步骤。例如，纺织企业生产可分为纺纱、织布等步骤；冶金企业生产可分为炼铁、炼钢、轧钢等步骤；机器制造企业生产可分为铸造、加工、装配等步骤。为了加强成本管理，不仅要求按照产品品种归集生产费用，计算产品成本，而且要求按照产品的生产步骤归集生产费用，计算各步骤产品成本，提供反映各种产品及其各生产步骤成本计划执行情况的资料。

6.1.1　成本计算对象

分步法的成本计算对象是产成品及其所经过的生产步骤。如果企业只生产一种产品，产品成本计算单（生产成本明细账）应当按照生产步骤开立；如果企业生产多种产品，产品成本计算单应当按照生产步骤分产品品种开立。在进行成本计算时，应按步骤分产品分配和归集生产费用，单设成本项目的直接计入费用，直接计入各成本计算对象；单设成本项目的间接计入费用，单独分配计入各成本计算对象；不单设成本项目的费用，一般是先按车间、部门或者费用用途，归集为综合费用，月末再直接计入或者分配计入各成本计算对象。

需要指出的是，在实际工作中，产品成本计算的分步与产品生产步骤的划分不一定完全一致。例如，在按生产步骤设立车间的企业中，一般来讲，分步计算成本也就是分车间计算成本。如果企业生产规模很大，车间内又分成几个生产步骤，而管理上又要求分步计算成本时，也可以在车间内再分步计算成本。相反，如果企业规模很小，管理上也不要求分车间计算成本，也可将几个车间合并为一个步骤计算成本。总之，应根据管理的要求，本着简化计算工作的原则，确定成本计算对象。

6.1.2　成本计算期

采用分步法，一般定期按月计算产品成本。因此，成本计算期与会计报告期一致，而与产品生产周期不一致。由于成本计算期与产品的生产周期不相一致，月末计算产品成本

时，通常需要将已计入产品成本计算单中的生产费用，在完工产品和期末在产品之间进行分配，即需要正确计算各生产步骤的在产品成本。

6.1.3 费用在完工产品与在产品之间的分配

由于大量、大批多步骤生产的产品往往跨月陆续完工，月末各步骤一般都存在未完工的在产品，因此，在计算成本时，还需要采用适当的分配方法将汇集在各种产品、各生产步骤产品成本明细账中的生产费用，在完工产品与在产品之间进行分配。计算各产品、各生产步骤的完工产品成本和在产品成本。

6.1.4 各步骤之间成本的结转

由于产品生产是分步骤进行的，上一步骤生产的半成品是下一步骤的加工对象。因此，为了计算各种产品的产成品成本，还需要按照产品品种，结转各步骤成本。也就是说，与其他成本计算方法不同，在采用分步法计算产品成本时，在各步骤之间还存在成本结转问题。这是分步法的一个重要特点。

由于各个企业生产工艺过程的特点和成本管理对各步骤成本资料的要求（要不要计算半成品成本）不同，以及对简化成本计算工作的考虑，各生产步骤成本的计算和结转采用两种不同的方法，即逐步结转和平行结转。因而，产品成本计算的分步法也就相应地分为逐步结转分步法和平行结转分步法两种。

6.2 逐步结转分步法

逐步结转分步法就是以各车间（空间范围）、各月份（时间范围）生产的各种半成品及最后车间的产成品作为成本计算对象，逐步汇集费用，逐步计算半成品成本，逐步结转半成品成本，在最后车间求出产成品成本。

在大量大批、多阶段生产的企业，如果其半成品在国民经济中占有重要地位，或者其半成品对外销售，或要求开展车间经济核算，就要采用逐步结转分步法。在这类生产中，从原料投入到产品制成，中间要经过几个生产步骤的逐步加工，前面各步骤生产的都是半成品，只有最后步骤生产的才是产成品。与这类生产工艺过程特点相联系，为了加强对各生产步骤成本的管理，往往要求不仅计算各种产成品成本，而且要求计算各步骤半成品成本。

6.2.1 逐步结转分步法成本计算程序

逐步结转分步法是逐步计算并结转半成品成本，直到最后步骤计算出产成品成本的方法。其成本计算程序是：先计算第一步骤所产半成品成本，并将其转入第二步骤；然后将第一步骤所产半成品成本加上第二步骤发生的各种费用，计算出第二步骤所产半成品成本并将其转入第三步骤，这样按照生产步骤逐步计算并结转半成品成本，直到最后步骤计算出产成品成本。在设有半成品仓库的企业，半成品成本还应在半成品仓库和有关生产步骤之间，随着半成品实物的收入（生产完工验收入库）和发出（生产领用）进行结转。

逐步结转分步法成本计算程序如图6－1所示。

采用逐步结转分步法，按照结转的半成品成本在下一步骤产品成本明细账中的反映方

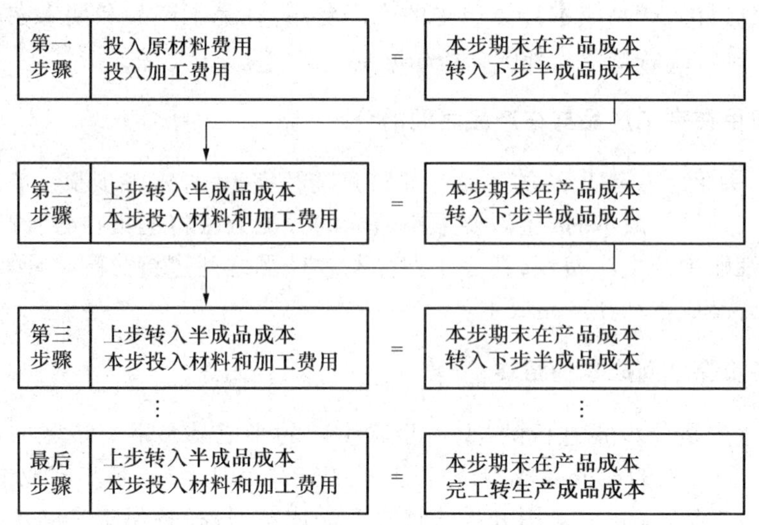

图 6－1　逐步结转分步法成本计算程序图

法，分为综合结转和分项结转两种方法。

6.2.2　综合结转法

综合结转法的特点是将各步骤所耗用的上一步骤半成品成本，以“原材料”或专设的“半成品”项目，综合计入各步骤的产品成本明细账中。

综合结转，可以按照半成品的实际成本结转，也可以按照半成品的计划成本（或定额成本）结转。

1. 半成品按实际成本综合结转

采用这种结转方法，各步骤所耗上一步骤的半成品费用应根据所耗半成品的实际数量乘以半成品的实际单位成本计算。由于各月所产半成品的实际单位成本不同，因而所耗半成品实际单位成本的计算，可根据企业的实际情况，选择使用以下方法确定。

（1）先进先出法。以先入库的先发出这一假定为前提，并根据这种假定的成本流转顺序对发出和结存的半成品进行计价。

（2）全月一次加权平均法。用期初结存半成品数量和本期入库半成品数量作为权数计算半成品平均单位成本的计价方法。其计算公式为

$$加权平均单位成本=\frac{期初结存半成品的实际成本+本期入库半成品的实际成本}{期初结存半成品的数量+本期入库半成品的数量}$$

发出半成品的成本 = 本期发出半成品的数量 × 加权平均单位成本

期末结存半成品成本 = 期末结存半成品数量 × 加权平均单位成本

此外，还有个别计价法和移动加权平均法等。为了提高各步骤成本计算的及时性，在半成品月初余额较大，本月所耗半成品全部或者大部分是以前月份所产的情况下，本月所耗半成品费用也可按上月末半成品的加权平均单位成本计算。

【例 6－1】　假定甲产品生产分两个步骤，分别由两个车间进行。第一车间生产半成品，交半成品库验收；第二车间按所需数量从半成品库领用，所耗半成品费用按全月一次加权平均单位成本计算。两个车间的月末在产品均按定额成本计价。成本计算程序如下：

第一，根据各种生产费用分配表、半成品交库单和第一车间在产品定额成本资料，登记第一车间甲产品成本明细账，详见表 6－1。

表 6－1　产品成本明细账

第一车间　甲半成品　　　　　　　　　　　　　　　　　　　　　　　　金额单位：元

摘　　要	产量/件	直接材料	直接人工	制造费用	成本合计
月初在产品（定额成本）		3 060	2 700	4 280	10 040
本月费用		5 080	3 010	6 600	14 690
合　　计	100	8 140	5 710	10 880	24 730
完工转出半成品		5 040	3 110	6 480	14 630
月末在产品（定额成本）		3 100	2 600	4 400	10 100

根据第一车间的半成品交库单所列交库数量和甲产品成本明细账中完工转出的半成品成本，编制下列会计分录。

借：自制半成品　　　　　　　　　　　　　　　　14 630

　贷：基本生产成本　　　　　　　　　　　　　　　14 630

第二，根据计价后的半成品交库单和第二车间领用半成品的领用单，登记自制半成品明细账，详见表 6－2。

表 6－2　自制半成品明细账

月份	月初余额		本月增加		合　　计			本月减少	
	数量/件	实际成本/元	数量/件	实际成本/元	数量/件	实际成本/元	单位成本/元	数量/件	实际成本/元
12	20 15	3 010 2 205	100	14 630	120	17 640	147	105	15 435

$$\text{加权平均单位成本} = \frac{3\ 010 + 14\ 630}{20 + 100} = 147\text{ 元}$$

$$\text{本月减少} = 105 \times 147 = 15\ 435\text{ 元}$$

根据第二车间半成品领用单（单中按所列领用数量和自制半成品明细账中单位成本计价），编制下列会计分录。

借：基本生产成本　　　　　　　　　　　　　　　　15 435

　贷：自制半成品　　　　　　　　　　　　　　　　　15 435

第三，根据各种生产费用分配表、半成品领用单、产成品交库单以及第二车间在产品定额成本资料，登记第二车间甲产品成本明细账，详见表 6－3。

表 6-3　产品成本明细账

第二车间　甲产成品　　　　　　　　　　　　　　　　　　　　　　　　　　金额单位:元

摘　要	产量/件	半成品	直接人工	制造费用	成本合计
月初在产品(定额成本)		5 980	1 345	2 805	10 130
本月费用		15 435	2 800	5 925	24 160
合　计		21 415	4 145	8 730	34 290
完工转出产成品	100	153.35	2 900	6 015	24 250
单位成本		153.35	29	60.15	242.50
月末在产品(定额成本)		6 080	1 245	2 715	10 040

明细账中增设了“半成品”成本项目,其中本月半成品费用就是第二车间本月耗用第一车间半成品费用,是根据计价后的半成品领用单登记的,明显地反映出半成品费用综合结转的特点。

根据第二车间的产成品交库单所列产成品交库数量和第二车间产品成本明细账中完工转出产成品成本,编制下列会计分录。

借:库存商品　　　　　　　　　　　　　　　　24 250

　贷:基本生产成本　　　　　　　　　　　　　　24 250

2. 半成品按计划成本综合结转

采用这种结转方法,半成品日常收发的明细核算均按计划成本计价;在半成品实际成本计算出来后,再计算半成品成本差异额和差异率,调整领用半成品的计划成本。半成品收发的总分类核算则按实际成本计价。

半成品按计划成本综合结转所用账表的特点:

(1)自制半成品明细账不仅要反映半成品收发和结存的数量和实际成本,而且要反映其计划成本以及成本差异额和成本差异率。

以上例企业资料列示在采用半成品按计划成本综合结转方法中,自制半成品明细账的格式详见表 6-4。

表 6-4　自制半成品明细账

甲半成品　　　　　　　　　　　　　　　　　　　　　　　　　　　　金额单位:元

计划单位成本:148 元

月　份			1	2
月初余额	数量/件	①	20	15
	计划成本	②	2 960	2 220
	实际成本	③	3 010	2 205
本月增加	数量/件	④	100	
	计划成本	⑤	14 800	
	实际成本	⑥	14 630	

表 6-4(续)

甲半成品　　　　金额单位:元

计划单位成本:148元

月　份			1	2
合　计	数量/件	⑦=①+④	120	
	计划成本	⑧=②+⑤	17 760	
	实际成本	⑨=③+⑥	17 640	
	成本差异	⑩=⑨-⑧	-120	
	成本差异率	⑪=⑩/⑧×100%	-0.675 7%	
本月减少	数量/件	⑫	105	
	计划成本	⑬	15 540	
	实际成本	⑭=⑬+⑬×⑪	15 435	

$$半成品成本差异率=\frac{月初结存半成品成本差异+本月入库半成品成本差异}{月初结存半成品计划成本+本月入库半成品计划成本}\times100\%$$

$$=\frac{50+(-170)}{2\ 960+14\ 800}\times100\%=\frac{-120}{17\ 760}\times100\%=-0.675\ 7\%$$

发出半成品成本差异=发出半成品计划成本×半成品成本差异率

=15 540×(-0.675 7%)

=-105元

发出半成品实际成本=发出半成品计划成本+(或-)发出半成品成本差异

=15 540-105

=15 435元

(2)在产品成本明细账中,对于所耗用半成品的成本,可以直接按照调整成本差异后的实际成本登记;也可以按照计划成本和成本差异分别登记,以便于分析上一步骤半成品成本差异对本步骤成本的影响。如采用后一种做法,产品成本明细账中的"半成品"项目应分设"计划成本""成本差异""实际成本"三栏。其格式详见表6-5。

表 6-5　产品成本明细账

第二车间　甲半成品　　　　金额单位:元

摘　要	产量/件	半成品			直接人工	制造费用	成本合计
		计划成本	成本差异	实际成本			
月初在产品(定额成本)		5 980	—	5 980	1 345	2 805	10 130
本月费用		15 540	-105	15 435	2 800	5 925	24 160
合　计	100	21 520	-105	21 415	4 145	8 730	34 290
完工转出产成品		15 440	-105	15 335	2 900	6 015	24 250
单位成本		154.4	-1.05	153.35	29	60.15	242.50
月末在产品(定额成本)		6 080	—	6 080	1 245	2 715	10 040

与按实际成本综合结转半成品成本方法相比较，按计划成本综合结转半成品成本具有以下优点：

第一，可以简化和加速半成品核算和产品成本计算工作。按计划成本结转半成品成本，可以简化和加速半成品收发的凭证计价和记账工作；半成品成本差异率如果不是按半成品品种，而是按类计算，更可以省去大量的计算工作；如果月初半成品存量较大，本月耗用的半成品大部分甚至全部是以前月份生产的，本月所耗半成品成本差异调整也可以根据上月半成品成本差异率计算。这样，不仅简化了计算工作，各步骤的成本计算也可以同时进行，从而加速产品成本的计算工作。

第二，便于各步骤进行成本的考核和分析。按计划成本结转半成品成本，在各步骤的产品成本明细账中，可以分别反映所耗半成品的计划成本、成本差异和实际成本，因而在分析各步骤产品成本时，可以剔除上一步骤半成品成本变动对本步骤产品成本的影响，有利于分清经济责任，考核各步骤的经济效益。如果各步骤所耗半成品的成本差异，不调整计入各步骤的产品成本，而是直接调整计入最后的产成品成本，不仅可以进一步简化和加速各步骤的成本计算工作，而且由于各步骤产品成本中不包括上一步骤半成品成本变动的影响，因而更便于分清各步骤的经济责任，更便于各步骤产品成本的考核和分析。

3. 综合结转的成本还原

从前面举例的第二车间产品成本明细账中可以看出，采用综合结转法的结果，表现在产成品成本中的绝大部分费用是第二车间所耗半成品的费用，而直接人工、制造费用只是第二车间发生的费用，在产品成本中所占比重很小。显然，这不符合产品成本构成的实际情况，因而不能据以从整个企业角度分析和考核产品成本的构成和水平。因此，在管理上要求从整个企业角度考核和分析产品成本的构成和水平时，还应将综合结转算出的产成品成本进行成本还原。所谓成本还原，就是从最后一个步骤起，把本月产成品成本中所耗上一步骤半成品的综合成本还原成直接材料、直接人工、制造费用等原始成本项目，从而求得按原始成本项目反映的产成品成本资料。

成本还原的做法是：从最后的步骤开始，一个步骤一个步骤地将各步骤所耗上步骤的半成品综合成本，按上步骤的成本项目进行分解，然后将还原后的各步骤成本项目数加总起来，从而计算出产成品成本按原始成本项目反映的成本资料。它与成本计算的程序刚好相反，成本还原改变了产成品成本的构成，但不会增加或减少产成品的总成本，成本还原示意图如图 6－2 所示。

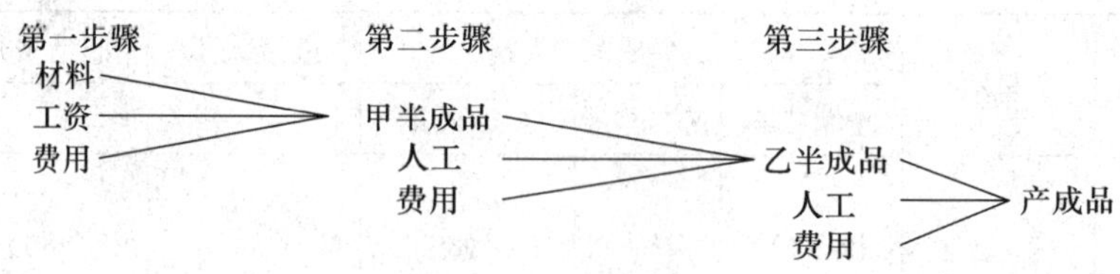

图 6－2　成本还原示意图

【例 6－2】　假定甲产品由两个生产步骤生产，第一生产步骤生产的半成品不通过半成品库收发，而直接为第二生产步骤领用，半成品成本在各步骤的产品成本明细账之间直接结转。其各步骤逐步结转如图 6－3 所示。

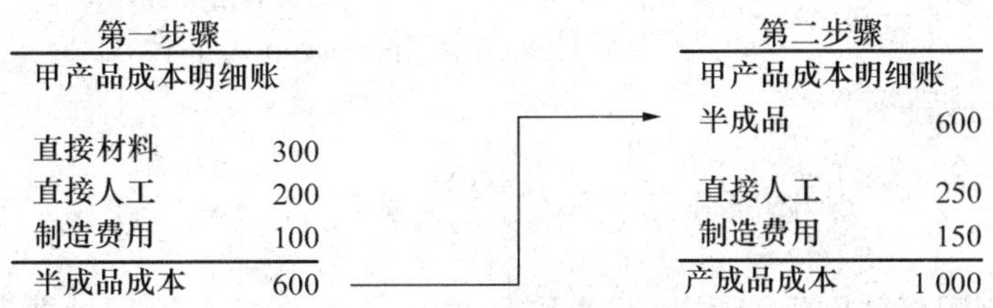

图 6－3　半成品成本直接结转图

图 6－3 的举例中甲产品第二步骤所耗半成品费用，恰好是第一步骤生产的半成品成本，两者可以抵消。如要进行成本还原，方法很简单，只要将所耗半成品成本略而不计，而将两个步骤的直接材料、直接人工和制造费用分别汇总即可。这样还原后的成本构成为：直接材料 300 元，直接人工 450(200＋250)元，制造费用 250(100＋150)元，合计 1 000 元。但在实际工作中，各步骤间半成品的结转往往通过半成品库收发，而且上步骤所产半成品数量与下步骤所耗半成品数量往往不相等，因而上步骤所产半成品成本与下步骤所耗半成品费用不能抵消，这就需要进行专门的成本还原。通常采用的成本还原方法是：将本月产成品所耗上一步骤半成品的综合成本，按照本月所产这种半成品的成本构成进行还原，还原成直接材料、直接人工、制造费用等原始成本项目。

仍以前例资料为例，假定第二车间甲产品成本明细账中算出的本月产成品所耗上一车间半成品费用为 15 335 元，按照第一车间产品成本明细账中算出的本月所产该种半成品成本14 630元的成本构成进行还原，求出按原始成本项目反映的甲产成品成本。根据两个车间产品成本明细账的有关资料，编制产成品成本还原计算表，见表 6－6。

表 6－6　产成品成本还原计算表

金额单位：元

项　目	产量/件	还原分配率	半成品	直接材料	直接人工	制造费用	成本合计
还原前产成品总成本	100		15 335		2 900	6 015	24 250
本月所产半成品总成本				5 040	3 110	6 480	14 630
产成品成本中半成品成本还原		$\frac{15\ 335}{14\ 630}\approx 1.048$	－15 335	5 282.87	3 259.87	6 792.26	0
还原后产成品总成本	100			5 282.87	6 159.87	12 807.26	24 250
还原后产成品单位成本				52.83	61.60	128.07	242.50

表 6－6 中第 1 行还原前产成品总成本，应根据第二车间甲产品成本明细账中的完工转出产成品成本填列，其中“半成品”成本项目 15 335 元是成本还原的对象；第 2 行本月所产半成品总成本，应根据第一车间甲半成品成本明细账中完工转出半成品成本填列，其中各成本项目费用之间的比例是成本还原的依据。进行成本还原如下。

(1)计算还原分配率。还原分配率即每一元本月所产半成品成本相当于产成品所耗半成品费用若干元，计算公式为

$$还原分配率 = \frac{本月产成品所耗上一步骤半成品成本合计}{本月所产该种半成品成本合计}$$

以例6－1资料计算为

$$还原分配率 = \frac{15\ 335}{14\ 630} = 1.048\ 189$$

(2)用还原分配率分别乘以本月所产该种半成品各个成本项目的费用，即可将本月产成品所耗半成品的综合成本，按照本月所产该种半成品的成本构成进行分解、还原，求得按原始成本项目反映的还原对象成本。本例通过计算，还原算出第二车间产成品所耗半成品费用15 335元中的直接材料为5 282.87（5 040×1.048 189）元，直接人工为3 259.87（3 110×1.048 189）元，制造费用为6 792.26(6 480×1.048 189）元。还原后的三个项目费用之和等于还原对象，应与产成品所耗半成品费用15 335元相抵消。

(3)将表6－6中第1行的直接人工、制造费用与第3行产成品所耗半成品费用还原值中的直接材料、直接人工、制造费用按成本项目分别相加，即为第4行按原始成本项目反映的还原后的产成品总成本。显然，以第4行与第1行数字相比较，产成品总成本相同，但各项费用构成不同。

这样还原算出的产成品所耗半成品费用的构成，就是本月所产半成品的成本构成。因为产成品成本中所耗半成品还原后的各项费用，是以本月所产半成品的各项费用分别乘以相同的倍数（还原分配率）计算求得的，因而两者的各项费用之间的比例关系不变，也就是说，是将第二车间产成品中的半成品费用按本月第一车间所产的该种半成品成本构成还原了。

如果甲产品的生产步骤不是两步，而是三步，按照上述方法应先从第三步起，将其所耗第二步骤生产的半成品综合成本，按本月第二步骤生产的该种半成品的成本构成进行分解、还原。但还原后“半成品”项目还会有未还原尽的综合费用和第二步骤生产的半成品成本中消耗的第一步骤半成品的综合成本，因此还应将其按照本月第一步骤生产的该种半成品成本构成再进行一次还原，直至“半成品”项目的综合成本全部分解，还原为原始成本项目时为止。

由于以前月份所产半成品的成本构成与本月所产半成品的成本构成不可能完全一致，因此，在各月所产半成品的成本构成变动较大的情况下，按照上述方法进行成本还原，对还原结果的正确性就会有较大的影响：在这种情况下，如果半成品的定额成本或计划成本比较准确，为了提高还原结果的正确性，产成品所耗半成品费用可以按定额成本或计划成本的成本构成进行还原。如果采用这种做法，表6－6产成品成本还原计算表中第2行按成本项目分列的本月所产半成品的总成本，应改为按成本项目分列的半成品定额的或计划的单位成本，以便更准确地反映各成本项目的构成比例。

综上所述，可以看出采用综合结转法逐步结转半成品成本，从各步骤的产品成本明细账中可以看出各步骤产品所耗上一步骤半成品费用的水平和本步骤加工费用的水平，从而有利于各生产步骤的管理。但如果管理上要求提供按原始成本项目反映的产成品成本资料，就需要进行成本还原。如果生产多种产品，成本还原工作繁重。因此，这种结转方法只在管理上要求计算各步骤完工产品所耗半成品费用，而不要求进行成本还原的情况下采用。

6.2.3　分项结转法

分项结转法的特点是将各步骤所耗用的上一步骤半成品成本,按照成本项目分项转入各该步骤产品成本明细账的各个成本项目中。如果半成品通过半成品库收发,在自制半成品明细账中登记半成品成本时,也要按照成本项目分别登记。

分项结转可以按照半成品的实际成本结转,也可以按照半成品的计划成本结转,然后按成本项目分项调整成本差异。由于后一种做法计算工作量较大,因而一般多采用按实际成本分项结转的方法。

【例 6 –3】　仍用前例甲产品成本资料,说明采用分项结转法的成本计算程序。

(Ⅰ)根据前面列示的第一车间甲产品成本明细账、第一车间半成品交库单和第二车间半成品领用单登记自制半成品明细账,详见表 6 –7。

表 6 –7　自制半成品明细账

甲半成品　　　　　　　　　　　　　　　　　　　　　　　　　　金额单位:元

月　份	摘　要	数量/件	实际成本			
			直接材料	直接人工	制造费用	成本合计
1	月初余额	20	1 062	650	1 298	3 010
	本月增加	100	5 040	3 110	6 480	14 630
	合　计	120	6 102	3 760	7 778	17 640
	单位成本		50.85	31.33	64.82	147
	本月减少	105	5 339.25	3 289.65	6 806.10	15 435
2	月初余额	15	762.75	470.35	791.90	2 025

表 6 –7 中,甲半成品单位成本的各成本项目都是按全月一次加权平均法计算的。

(Ⅱ)根据各种生产费用分配表、第二车间半成品领用单、自制半成品明细账、第二车间产成品交库单和第二车间在产品定额成本等资料,登记第二车间甲产品成本明细账,详见表 6 –8。

表 6 –8 中,第二车间产品成本明细账中计算求得的按成本项目反映的甲产成品的成本资料,与前述产成品成本还原计算表中的还原后产成品总成本和单位成本完全相符;但是两者的成本构成并不相同。这是因为产成品成本还原计算表中产成品所耗半成品的各项费用,是按本月所产半成品的成本构成还原计算出来的,没有考虑以前月份所产半成品,即月初结存半成品成本构成的影响;而上列第二车间产品成本明细账中产成品所耗半成品的各项费用,是按其原始成本项目分项逐步转入的,其中包括了以前月份所产半成品成本。

综上所述,可以看出采用分项结转法逐步结转半成品成本,可以直接、正确地提供按原始成本项目反映的产成品成本资料,便于从整个企业角度考核和分析产品成本计划的执行情况,不需要进行成本还原。但是,这种方法的成本结转工作比较复杂,而且在各步骤完工产品成本中看不出所耗上一步骤半成品的费用和本步骤加工费用的水平,不便于进行完工产品成本分析。因此,这种结转方法一般适用于管理上不要求分别提供各步骤完工产品所耗半成品费用和本步骤加工费用资料,但要求按原始成本项目反映产品成本的企业。

表 6－8　产品成本明细账

第二车间　甲产成品　　　　　　　　　　　　　　　　　　　　　　　　金额单位:元

摘　　要	产量/件	直接材料	直接人工	制造费用	成本合计
月初在产品(定额成本)		2 310	2 500	5 320	10 130
本月本步生产费用			2 800	5 925	8 725
本月耗用半成品费用		5 339.25	3 289.65	6 806.10	15 435
合　　计		7 649.25	8 589.65	18 051.10	34 290
完工转出产成品成本	100	5 369.25	6 129.65	12 751.10	24 250
产成品单位成本		53.69	61.30	127.51	242.50
月末在产品(定额成本)		2 280	2 460	5 300	10 040

综上所述,逐步结转分步法的优缺点可以概括如下:

第一,逐步结转分步法的成本计算对象是企业产成品及其各步骤的半成品,这就为分析和考核企业产品成本计划和各生产步骤半成品成本计划的执行情况,同时为正确计算半成品销售成本提供了资料。

第二,不论是综合结转还是分项结转,半成品成本都是随着半成品实物的转移而结转,各生产步骤产品成本明细账中的生产费用余额反映了留存在各个生产步骤的在产品成本,因而还能为在产品的实物管理和生产资金管理提供资料。

第三,采用综合结转法结转半成品成本时,由于各生产步骤产品成本中包括所耗上一步骤半成品成本,从而能全面反映各步骤完工产品中所耗上一步骤半成品费用水平和本步骤加工费用水平,有利于各步骤的成本管理。采用分项结转法结转半成品成本时,可以直接提供按原始成本项目反映的产品成本,满足企业分析、考核产品构成和水平的需要,而不必进行成本还原。

第四,这一方法的核算工作比较复杂,核算工作的及时性也较差:如果采用综合结转法,需要进行成本还原;如果采用分项结转法,结转的核算工作量大;如果半成品按计划成本结转,还要计算和调整半成品成本差异;如果半成品按实际成本结转,各步骤则不能同时计算成本,成本计算的及时性差。因此,应用这一方法时,必须从实际出发,根据管理要求,权衡利弊,做到既满足管理要求,提供所需的各种资料,又能简化核算工作。

6.3　平行结转分步法

6.3.1　平行结转分步法的特点及基本计算程序

平行结转分步法是在逐步结转分步法的基础上,为了简化成本计算而发展起来的一种分步法。平行结转分步法的特点是:半成品实物逐步转移,但半成品成本不逐步结转,即各步骤计算成本时,不汇集所耗上步骤的半成品成本,只汇集本步骤发生的原材料费用和加工费;月终,从各步骤转出产成品应负担的费用,平行结转到厂部汇总,以计算产成品的成本。

在大量大批多阶段生产的企业,如果半成品在国民经济中不占有重要地位,不对外销售,因而不需计算半成品成本时,为了简化成本核算,可以采用平行结转分步法。以下举例

说明平行结转分步法的基本计算程序。

【例 6－4】 假设某厂生产甲产品，材料在第一车间生产时一次投入，依次经过二车间和三车间加工成为产成品。该厂不需要计算半成品成本，因此，采用平行结转分步法计算产成品成本。在产品完工程度均为 50%。2017 年 8 月，该厂甲产品各车间的半成品实物结存、完工与转移数量（台份、辆份）见表 6－9。

表 6－9　车间半成品实物结存、完工与转移数量表

摘　　要	一车间	二车间	三车间	全厂合计
月初在产	20	50	30	100
本月投入	700	680	670	700
本月完工	680	670	690	690（产成品）
月末在产	40	60	10	110

从例 6－4 中可以看出，第二和第三车间只汇集了本车间的加工费，而转入本车间加工的上步骤半成品成本没有汇集。月末分配给产成品应负担的费用是这样计算的：先按产量比例法计算出半成品的单位成本，然后乘以产成品产量，就是产成品应负担的费用，生产费用合计减去产成品应负担的费用就得出期末在产品成本。用公式表示为

$$\text{某步骤半成品单位费用}=\frac{\text{该步骤月初在产品费用}+\text{该步骤本月生产费用}}{\text{经该步骤加工的产成品数量}+\text{该步骤加工而留存以后步骤的月末在产品数量}+\text{该步骤月末在产品的约当产量}}$$

或

$$\text{某步骤半成品单位费用}=\frac{\text{该步骤月初在产品费用}+\text{该步骤本月生产费用}}{\text{经该步骤本月完工半成品数量}+\text{该步骤加工而留存以后步骤的月初在产品数量}+\text{该步骤月末在产品的约当产量}}$$

$$\text{月末在产品成本}=\text{生产费用合计}-\text{产成品应负担费用}$$

以一车间为例，材料费用按实际产量比例法分配如下：

一车间半成品单位直接材料费用＝11 200÷［690＋（60＋10）＋40］＝14

产成品应负担一车间直接材料费用＝690×14＝9 660

一车间期末在产品直接材料费用＝11 200－9 660＝1 540

直接人工费用按约当产量法分配如下：

一车间半成品单位人工费用＝2 340÷［690＋（60＋10）＋40÷2］＝3

产成品应负担一车间直接人工费用＝690×3＝2 070

一车间期末在产品直接人工费用＝2 340－2 070＝270

制造费用按约当产量分配如下：

一车间半成品单位制造费用＝1 560÷［690＋（60＋10）＋40÷2］＝2

产成品应负担一车间制造费用＝690×2＝1 380

一车间期末在产品制造费用＝1 560－1 380＝180

第二和第三车间工资和制造费用的分配同上。

从各步骤生产费用中挖出产成品应负担的费用除了以上所说的产量比例法外，还可使用定额比例法等方法进行分配。各车间从生产费用中挖出产成品应负担的费用后，平行结转到厂部汇总，计算产成品成本。结转程序及产成品成本计算如图 6－4 所示。

一车间成本计算单

A 半成品　　　金额单位：元　　　2017 年 8 月

摘　　要	直接材料	直接人工	制造费用	合　　计
期初在产品	1 400	260	210	1 870
本期发生	9 800	2 080	1 350	13 230
合　　计	11 200	2 340	1 560	15 100
单位成本	14	3	2	19
产成品应负担份额	9 660	2 070	1 380	13 110
期末在产品	1 540	270	180	1 990

二车间成本计算单

B 半成品　　　金额单位：元　　　2017 年 8 月

摘　　要	直接材料	直接人工	制造费用	合　　计
期初在产品		220	196	416
本期发生		2 700	1 410	4 110
合　　计		2 920	1 606	4 526
单位成本		4	2.20	
产成品应负担份额		2 760	1 518	4 278
期末在产品		160	88	248

三车间成本计算单

甲产品　　　金额单位：元　　　2017 年 8 月

摘　　要	直接材料	直接人工	制造费用	合　　计
期初在产品		40	15	55
本期发生		1 350	680	2 030
合　　计		1 390	695	2 085
单位成本		2	1	3
产成品应负担份额		1 380	690	2 070
期末在产品		10	5	15

图 6－4　各车间成本计算单

从例 6－4 中，我们可看出：

（1）在平行结转分步法下，尽管半成品实物逐步转移，但半成品成本不随同实物结转。

（2）各车间转到厂部汇总的生产费用，只是全厂最后完工（690 台）的产品成本。

（3）各车间在产品成本是广义的，它不仅指本车间正在加工的在产品成本，还包括本车间已完工转出的，但以后车间还在加工，尚未成为产成品的半成品成本。例如，一车间的在产品成本中的人工费用 270，就包括本车间正在加工的 40 台份在产品以及本车间完工的半成品，转入二车间和三车间加工，期末尚在生产过程中的半成品 60 台份和 10 台份，即一车间在产品人工费用 $270=(40\div2+60+10)\times3$。

与逐步结转分步法相比，平行结转分步法简化和加速了各步骤的成本计算，但它也存在着无法克服的缺点：①由于半成品成本不随半成品实物逐步转移，以后生产步骤应负担上步骤半成品的费用仍留在上步骤账上，造成各步骤账上结存金额与该步骤实存在产品数量不一致的现象，甚至发生该步骤没有在产品而账上有余额的奇怪现象；②由于半成品成本不逐步结转，以后步骤不核算耗用半成品的情况，因而不便加强半成品的管理，无从考核半成品耗用的节约与浪费，因此，平行结转分步法不宜提倡。

6.3.2　平行结转分步法的改进

为了进一步简化各生产步骤的成本核算工作，并为各生产步骤提供在产品管理的资料，以克服平行结转分步法的缺点，于是在平行结转分步法基础上简化和改进了平行结转分步法。以下我们简要介绍其中的一种改进方法：按步汇集加工费、全厂算成本、在产品按逐步结转计算的定额成本扣除。

其要点为：

(1)各步骤汇集本月生产费用(不包括上步骤转来半成品成本)。

(2)各步骤在产品成本(严格意义上的)按逐步结转分步法计算的定额成本扣除。

(3)计算各步骤转给产成品的费用，其计算公式为

$$\text{某步骤转产成品成本}=\text{月初该步骤在产品本月生产费用}+\text{该步骤该种产品本月生产费用}-\text{月末该步骤在产品定额成本}$$

(4)各步骤转给产成品的生产费用，平行结转到厂部汇总，计算产成品成本。

仅以人工成本一项，举例如下：

【例 6－5】　某厂生产某种产品要经过三个生产步骤的连续加工，本月各步骤发生的直接人工为：第一步骤 410 元，第二步骤 260 元，第三步骤 220 元，共 890 元。期末在产品的人工费用是按逐步结转分步法计算的工资定额成本扣除的(半成品按成本项目逐步结转)。各步骤费用结转到厂部后，厂部计算成本。其产品人工成本计算见表 6－10。

表 6－10　直接人工成本计算表

<table>
<tr><th colspan="2" rowspan="2">摘　要</th><th colspan="3">第一步</th><th colspan="3">第二步</th><th colspan="3">第三步</th><th rowspan="2">人工总计</th></tr>
<tr><th>数量</th><th>单位人工定额成本</th><th>人工合计</th><th>数量</th><th>单位人工定额成本</th><th>人工合计</th><th>数量</th><th>单位人工定额成本</th><th>人工合计</th></tr>
<tr><td rowspan="3">月初</td><td>各步骤完工半成品</td><td>12</td><td>6</td><td>72</td><td>14</td><td>6＋4＝10</td><td>140</td><td></td><td>10＋2＝12</td><td></td><td>212</td></tr>
<tr><td>各步骤在产品</td><td>10</td><td>6/2＝3</td><td>30</td><td>5</td><td>6＋4/2＝8</td><td>40</td><td>5</td><td>10＋2/2＝11</td><td>55</td><td>125</td></tr>
<tr><td>在产品成本合计</td><td></td><td></td><td>102</td><td></td><td></td><td>180</td><td></td><td></td><td>55</td><td>337</td></tr>
</table>

表 6－10(续)

摘要		第一步 数量	第一步 单位人工定额成本	第一步 人工合计	第二步 数量	第二步 单位人工定额成本	第二步 人工合计	第三步 数量	第三步 单位人工定额成本	第三步 人工合计	人工总计
本月发生		79		410	71		260	68		220	890
月末	各步骤完工半成品	10	6	60	12	6＋4＝10	120		10＋2＝12		180
	各步骤在产品	20	6/2＝3	60	10	6＋4/2＝8	80	5	10＋2/2＝11	55	195
	在产品成本合计			120			200			55	375
产成品份额				392			240			220	852

表 6－10 中,第一步骤期初在产品 22(12＋10)件,本期投产 79 件,转第二步骤加工为 71 件,月末在产品为 30(10＋20)件。期初、期末的在产品成本均按定额成本计算,本期发生的实际费用加上期初在产品定额成本,再减去期末在产品定额成本,就得出转给产成品的成本份额。各步骤转给产成品的成本份额相加就得到产成品总成本。

以上改进方法尽管可以提供各步骤在产品管理的资料,从表面上看,似乎既保持了平行结转分步法的优点,又克服了其缺点,但由于各步骤结存的在产品和半成品是按逐步结转定额成本计算的,在月初与月末结存在产品和半成品数量变动较大的情况下,从各步骤计算得出的产成品负担费用不准确,甚至从某一步骤来看,可能出现负数的奇怪现象。例如,第三步,假设期初无在产品或期初在产品数不多,而期末在产品大于期初数太多,那么,第三步骤本月发生的人工费用由于不包括上步转来半成品的人工费用,从而计算出来的第三步骤"转入产成品的人工费用份额"就可能是负数;假设例 6－5 中,第三步的月末在产品为 28 件,则在产品定额成本为 308 元,大于月初在产品 55 元加本月发生 220 元的合计 275 元,转入产成品份额就成了负数 33 元。显然,该改进方法即使要用,也只能在期初、期末在产品数量较稳定的条件下采用。

【复习思考题】

1. 简述分步法的概念及适用范围。
2. 简述分步法的特点。
3. 简述逐步结转分步法和平行结转分步法的异同。
4. 逐步综合结转法下为什么要进行成本还原?
5. 对比分步法中各种半成品成本(或费用)结转方法的特点和优缺点,说明如何从企业具体情况出发,确定所采用的产品成本计算方法。

第7章　产品成本计算的其他方法

【知识要点】

1. 分类法、定额法的概念与核算程序、适用范围;
2. 产品类别的划分原则与标准;
3. 联产品、副产品、等级品的成本核算;
4. 脱离定额差异、定额变动差异、材料成本差异的计算。

7.1　分　类　法

7.1.1　分类法概念及特点

产品成本计算的分类法是按产品类别归集生产费用,计算产品成本的一种方法。分类法必须和成本核算的基本方法结合使用,所以它是一种成本核算的辅助方法。

在一些工业企业中,生产的产品品种、规格繁多,而某些品种、规格的产品,其结构、使用的原材料、工艺等又很接近,如果仍然按照产品的品种归集生产费用、核算产品成本,成本核算工作就会不胜其烦。在这种情况下,可以先按照一定的分类标准对产品进行分类,然后按照类别归集生产费用、核算产品成本。这种方法就是产品成本核算的分类法。分类法可以简化成本核算的工作量,又可以核算出类别的成本;但每一品种规格产品成本的准确性会受到一定的影响。

分类法的特点是:先要根据产品的结构、所用原材料和工艺过程的不同,将产品划分为若干类,按照产品的类别设立产品成本明细账,归集产品的生产费用,核算各类产品成本;然后选择合理的分配标准,在每类产品的各种产品之间分配费用,核算每类产品内各种产品的成本。

7.1.2　分类法的核算程序

分类法的核算程序可以归纳为以下几点。

1. 合理确定产品类别,并按产品类别设立产品成本明细账

合理确定产品类别,是采用分类法的关键之一。类别的划分有两个原则:一是产品结构、所用原材料、工艺过程相同或相近的产品作为一类;二是类距既不宜定得过小,使核算工作复杂,也不应定得过大,造成成本核算的“大锅烩”。

2. 结合企业生产类型,选择特定成本核算方法,核算每类完工产品成本

分类法必须与成本核算的基本方法结合使用,而选择基本方法的依据则是企业的生产类型和管理要求。

某些食品厂、无线电元件厂、电线厂、砖瓦厂、制革厂等,从生产组织来看,属于大批大量生产;从工艺技术特点来看,或者属于单步骤生产,或者虽属于多步骤生产,但管理上却不要求核算步骤成本;从产品的品种规格来看,品种规格繁多,并且各种产品明显可以按照

一定标准划分类别。因此，这类企业可以在应用品种法的基础上结合应用分类法。

某些炼钢厂、机械厂、造纸厂等，从生产组织来看，属于大批大量生产；从工艺技术特点来看，属于多步骤复杂生产，并且管理上往往要求核算步骤成本；从产品的品种规格来看，品种规格繁多，并且各种产品明显可以按照一定标准划分类别。因此，这类企业可以在应用分步法的基础上结合应用分类法。

凡是按订货合同分批生产，而每一批产品又分为不同规格产品时，如服装厂、制鞋厂等，可以考虑在应用分批法的基础上结合应用分类法。

3. 选择合理的分配标准，分配各类完工产品总成本，核算类内不同品种或规格的产品成本

选择合理的分配标准是采用分类法的又一关键因素，因为分配标准的合理与否直接影响到成本核算的准确性。

可以选用的分配标准比较多，比如，定额消耗量、定额费用，产品售价、质量、体积、长度等。在选择分配标准时，应考虑选用的分配标准是否与产品成本的高低关系密切；各成本项目可以采用同一分配标准，也可以按照成本项目的性质分别采用不同的分配标准，从而使分配结果更趋合理，例如，可以用原材料定额消耗量或原材料定额费用作为标准分配原材料成本项目，而以定额工时为标准分配直接人工、制造费用等成本项目。

在使用分配标准分配类别成本时，可以先将产品的分配标准数量折合成系数进行分配。具体做法是：①将产量较大、生产比较稳定或规格折中的产品作为标准产品，把这种产品的分配标准数的系数定为“1”；②分别用其他产品的分配标准数除以标准产品的分配标准数，计算出其他各产品的系数；③用各种产品的实际产量分别乘以其系数，得到标准产量（或称总系数）；④以标准产量计算分配率，分配得到各种产品的成本。这种方法通常被称为系数法。其实系数法也是分类法。

7.1.3 分类法成本计算举例

【例 7－1】 某企业生产的甲、乙、丙三种产品的结构、所用原材料和工艺过程相近，合为一类（A 类）核算成本。类内各种产品之间分配费用的标准为：原材料项目按照各种产品的原材料费用系数进行分配，原材料费用系数按原材料费用定额确定；其他项目按定额工时的比例分配。其计算程序如下。

（Ⅰ）根据原材料费用定额计算原材料费用系数，见表 7－1。

表 7－1 原材料费用系数计算表

产品名称	单位产品原材料费用				
	原材料名称或编号	消耗定额/千克	计划单价/元	费用定额/元	原材料费用系数
甲（标准产品）	1011	800	0.3	240	1
	2021	600	0.4	240	
	3032	200	0.5	100	
	小　计			580	

表 7－1(续)

产品名称	单位产品原材料费用				
	原材料名称或编号	消耗定额/千克	计划单价/元	费用定额/元	原材料费用系数
乙	1011	1 000	0.3	300	540/580 = 0.931
	2021	500	0.4	200	
	3032	80	0.5	40	
	小　计			540	
丙	1011	900	0.3	270	610/580 = 1.05
	2021	600	0.4	240	
	3032	200	0.5	100	
	小　计			610	

(Ⅱ)按产品类别(A 类)设置产品成本明细账。根据各项生产费用分配表和在产品定额成本资料(在产品按定额成本计价),登记该类产品成本明细账,见表 7－2。

表 7－2　产品成本明细账

产品名称:A 类　　2017 年 × 月　　单位:元

摘　要	直接材料	直接人工	制造费用	成本合计
月初在产品成本	36 000	2 700	4 000	42 700
本月发生费用	790 600	48 500	64 500	903 600
生产费用合计	826 600	51 200	68 500	946 300
产成品成本	762 600	46 200	61 300	870 100
月末在产品成本	64 000	5 000	7 200	76 200

(Ⅲ)分配计算甲、乙、丙三种产品的产成品成本。根据各种产品的产量月报、原材料费用系数和工时消耗定额,分配计算甲、乙、丙三种产品的产成品成本,见表 7－3。

表 7－3　各种产成品成本计算表

2017 年 5 月　　单位:元

项目	产量/件	材料费用系数	标准产量(原材料费用总系数)	工时消耗定额	定额工时	直接材料	直接人工	制造费用	成本合计
①	②	③	④ = ②×③	⑤	⑥ = ②×⑤	⑦ = ④×分配率	⑧ = ⑥×分配率	⑨ = ⑥×分配率	⑩
分配率						647.69	0.897	1.19	

表 7-3(续)

2017 年 5 月　　　　单位:元

项目	产量/件	材料费用系数	标准产量(原材料费用总系数)	工时消耗定额	定额工时	直接材料	直接人工	制造费用	成本合计
甲产品	700	1	700	40	28 000	453 383	25 116	33 320	511 819
乙产品	400	0.931	372.41	45	18 000	241 206	16 146	21 420	278 772
丙产品	100	1.05	105	55	5 500	68 011	4 938	6 560	79 509
合计	1 200		1 177.41		51 500	762 600	46 200	61 300	870 100

注　原材料费用分配率 = 762 600 ÷ 1 177.41 = 647.69

直接人工分配率 = 46 200 ÷ 51 500 = 0.897

制造费用分配率 = 61 300 ÷ 51 500 = 1.19

在表 7-3 中,各成本项目专栏的合计金额是被分配对象,应根据该类产品成本明细账中本月产成品成本填列。表中标准产量(原材料费用总系数)是产量与原材料费用系数的乘积,是在各种产成品之间分配原材料费用的依据;定额工时是产量与工时定额的乘积,是分配直接人工和制造费用的依据。

以原材料费用分配率分别乘以各种产成品的标准产量,即可求得各种产成品的原材料费用;以直接人工分配率和制造费用分配率,分别乘以各种产成品的定额工时,即可求得各种产成品的直接人工和制造费用。

7.1.4　分类法的优缺点及适用条件

1. 分类法的优缺点

采用分类法计算产品成本,领料单、工时记录等原始凭证和原始凭证记录可以只按产品类别填列,在各种费用分配表中可以只按产品类别分配费用,产品成本明细账可以只按产品类别开设,从而不仅能简化成本计算工作,而且能够在产品品种、规格繁多的情况下,分类掌握产品成本的情况。但是,由于在类内各种产品成本的计算中,不论是间接计入费用还是直接计入费用,都是按一定的分配标准按比例分配的,因而计算结果具有一定的假定性。所以,在分类法下,产品的分类和分配标准(或系数)的选定是否适当是一个关键性的问题。在产品的分类上,应以所耗原材料和工艺技术过程是否相近为标准。因为所耗原材料和工艺技术过程相近的各种产品,成本水平也往往相近。在产品结构、所耗原材料或工艺技术发生较大变动时,应及时修订分配系数或另选分配标准,以保证成本计算的正确性。

2. 分类法的适用范围

分类法主要应用到以下几种情况。

(1)产品品种规格繁多,并可以合理分类的企业。分类法可以在各种类型的生产中采用;只要产品品种规格繁多,并可以按照一定的标准进行分类的企业均可采用。例如,照明企业不同类别和瓦数的灯泡的生产,无线电元件企业不同类别和规格的无线电元件的生产,钢铁企业各种牌号和规格的生铁、钢锭、钢材的生产等。

(2)生产联产品的企业。联产品是指使用同种原料,经过同一加工过程而同时生产出的几种主要产品。如炼油厂从原油中可以同时提炼出汽油、煤油、机油、柴油等几种主要产品。这些产品都是炼油厂的联产品;奶制品加工厂可以同时生产出牛奶、奶油等主要产品;炼焦厂在炼焦过程中同时生产出焦炭和煤气等。

(3)生产副产品的企业。副产品是指使用同种原料,经过同一加工过程而同时生产出来的除主要产品以外的非主要产品。如炼油过程中产生的渣油、石油焦;肥皂生产中产生的甘油;炼铁生产中产生的高炉煤气等。

(4)生产等级品的企业。等级品是指使用同种原料,经过同一加工过程而同时生产出的品种相同但质量不同的产品。这些产品的结构、所用原材料、工艺过程相同,所以最适合分类法。

应当指出的是,有些工业企业,特别是轻工企业,有时可能生产出品种相同,但质量不同的产品。如果这些产品所用的原材料和工艺技术过程完全相同,质量上的差别是由于工人操作所造成的,那么,这些质量等级不同的产品的单位成本应该相同,而不需把分类法原理应用到这些产品的成本计算中去,也就是说不能按照它们的不同售价分配费用,为不同等级的产品确定不同的单位成本。否则就会掩盖次级产品由于售价较低造成的损失,不利于企业加强成本管理,提高产品质量。如果不同质量的产品是由于所用原材料的质量或工艺技术上的要求不同而产生的,那么,这些产品应是同一品种不同规格的产品,可归为一类,采用分类法计算成本。

7.2　联产品、副产品和等级品的成本计算

7.2.1　联产品的成本核算

1. 联产品成本核算的特点

投入相同的原材料,经过同一生产过程后,在某一点分离为各种联产品,通常称这个点为"分离点"。分离后的联产品,有的可以直接销售,有的必须经过进一步加工后再出售。我们把联产品在分离前发生的成本称为联合成本或共同成本,而把进一步加工的成本称为可归属成本。

可见,联产品的成本核算主要是分离点前联产品的联合成本在各联产品之间进行分配的问题。联产品分离前联合成本的核算以及分离后产品成本的核算,可以根据不同的生产类型选择采用一定的成本核算方法进行。

2. 联合成本的分配方法

联合成本的分配可以有许多方法,常用的有系数分配法、实物量分配法、相对销售价值分配法、净实现价值分配法等,在我国使用较多的是系数分配法。

(1)系数分配法。系数分配法就是将各种联产品的实际产量按事前规定的系数折算为标准产量,然后按标准产量在联产品之间分配联合成本。

【例 7-2】　某炼油厂用裂化原料油同时生产出汽油、催化轻柴油、重质柴油、液化气四种联产品,本期发生原材料费用 58 000 元,直接人工 9 500 元,制造费用 8 490 元,生产出汽油 3 150 千克,催化轻柴油 1 700 千克,重质柴油 550 千克,液化气 1 000 千克。假定各联产品之间规定的系数是 1:0.6:0.2:0.3,则各联产品应分摊的联合成本见表 7-4。

表7-4　联产品成本计算表（系数分配法）

产品名称	产量/千克	系　数	标准产量/千克	分配率	联合成本分配/元	单位成本/元
	①	②	③=①×②	④=∑⑤/∑③	⑤=③×④	⑥=⑤/①
汽　油	3 150	1	3 150	—	52 264	16.59
催化轻柴油	1 700	0.6	1 020	—	16 934	9.96
重质柴油	550	0.2	110	—	1 825	3.32
液化气	1 000	0.3	300	—	4 967	4.97
合　计	6 400		4 580	16.701 098	75 990	

采用系数分配法，系数的确定是一个关键因素。产品系数的大小影响该产品单位成本的高低。

（2）实物量分配法。实物量分配法就是将各种联产品的联合成本按各联合产品实际质量比例进行分配。

【例7-3】 某厂生产甲乙两种联合产品，本期联合成本为18 000元，甲产品实际产量2 000千克，售价为每千克4元；乙产品实际产量1 600千克，售价为每千克8元，则各联产品应分摊的联合成本见表7-5。

表7-5　联产品成本计算表（实物量分配法）

产品名称	产量/千克	分配率	联合成本分配/元	单位成本/元
	①	②=∑③/∑①	③=①×②	④=③/①
甲产品	2 000	—	10 000	5
乙产品	1 600	—	8 000	5
合　计	3 600	5	18 000	

该法的优点是简便易行，缺点是各种产品的成本大小与其质量呈正比例关系，单位成本相同，忽略了产品的销售价值，容易造成售价低的联产品亏损。

（3）相对销售价值分配法。相对销售价值分配法是按各联产品的销售价值的比例分配联合成本。仍沿用例7-3的资料，以相对销售价值分配法编制联产品成本计算表，见表7-6。

表7-6　联产品成本计算表（相对销售价值分配法）

品　名	产量/千克	单价/元	销售价格/元	分配率	联合成本分配/元	单位成本/元	毛利/元	毛利率
	①	②	③=①×②	④=∑⑤/∑③	⑤=③×④	⑥=⑤/①	⑦=③-⑤	⑧=⑦/③
甲产品	2 000	4	8 000	—	6 923	3.46	1 077	13.46%
乙产品	1 600	8	12 800	—	11 077	6.92	1 723	13.46%
合　计	3 600		20 800	0.865 4	18 000		2 800	

该法的特点是各联产品的毛利率相同,而单位成本不一样。

(4)净实现价值分配法。净实现价值分配法是按各联产品的净实现价值的比例分配联合成本的一种方法。

净实现价值=产品销售价格-该产品分离后加工成本

仍沿用例7-3的资料,假设乙产品分离后尚需进一步加工,加工成本为700元,以净实现价值分配法编制联产品成本计算表,见表7-7。

表7-7 联产品成本计算表(净实现价值分配法)

品名	产量/千克	单价/元	销售价格/元	分离后加工成本/元	净实现价值/元	分配比例	联合成本分配/元	单位成本/元	毛利/元	毛利率
	①	②	③=①×②	④	⑤=③-④	⑥=∑⑦/∑⑤	⑦=⑤×⑥	⑧=⑦/①	⑨=③-⑦-④	⑩=⑨/③
甲	2 000	4	8 000	0	8 000	—	7 164	3.582 0	836	10.45%
乙	1 600	8	12 800	700	12 100	—	10 836	6.772 5	1 264	9.875%
合计	3 600		20 800		20 100	0.895 5	18 000		2 100	

7.2.2 副产品的成本核算

1.副产品成本核算的特点

由于副产品与联产品一样,也是使用同种原料经过同一加工过程而同时生产出来的产品,所以从理论上说,副产品的成本核算与联产品成本核算一样,也是联合成本向副产品分配的问题。但是,副产品与联产品又有所不同;联产品是主要产品,而副产品则是除主要产品以外的非主要产品,它价值较低,在企业中相对不那么重要。因此,对副产品的成本核算往往采用简易的核算方法,即通常只将副产品按照一定标准作价,从分离前的联合成本中扣除。这样,副产品的成本核算就归结为如何对副产品进行计价,以及如何从分离前的联合成本中扣除的问题。

2.副产品成本的计价方法

副产品在分离后,可以作为成品直接出售,也可以进一步加工后再出售。既然进一步加工,就会有新的成本发生。因此,分离后直接出售的副产品与进一步加工的副产品,其成本核算有所不同。

(1)不需要进一步加工的副产品的计价。通常有以下三种情况。

①不计算副产品成本,即副产品不负担分离前的联合成本。这种方法显然极其简单,由于副产品不计价,所以会影响主产品成本和利润的准确性。基于这样的特点,该法适合应用于副产品数量很少、价值较低而且分离后不再加工的情况。

②以副产品的销售价格为基础对副产品计价。比如,按照副产品的销售价格减去销售税金和按照正常利润率计算的销售利润后的余额计价。这种方法适用于副产品价值较高的情况。

③用副产品的计划成本或固定价格对副产品计价。这种方法适用于生产过程中产出的副产品较多或副产品售价经常变动的情况。

(2)需要进一步加工的副产品的计价。有的副产品与主产品分离后,还需要单独进行加工,再行销售,才能满足市场的需求。例如,在制皂过程中产生的含有甘油的盐水,在与主产品分离后,还要加入某些辅助材料,经进一步加工后,才能产出甘油。对于这一类副产品,其成本计价有以下两种方法。

①副产品只负担可归属成本。用这种方法对副产品计价,副产品不负担分离点前发生的任何成本,只负担分离后进一步加工的成本。显然这种方法简便,但它低估了副产品的成本,从而高估了主产品的成本。

②副产品既负担可归属成本,又负担分离点前的联合成本。这种方法显然比较符合实际,以此核算的副产品的成本也比较准确。

3. 副产品成本从联合成本中的扣除方法

扣除方法主要有以下两种:

(1)将副产品成本(计价额)从联合成本的“原材料”(或“直接材料”)项目中扣除。这种方法适用于主、副产品成本中直接材料所占比重较大,或副产品成本占联合成本的比重较小的情况。

(2)将副产品成本(计价额)从联合成本的各成本项目中扣除。这种方法适用于主、副产品成本项目的比重相差不很悬殊,副产品成本占联合成本的比重较大的情况。

4. 副产品成本核算举例

【例 7-4】 大华公司在生产主要产品甲产品的同时,附带生产乙、丙、丁三种副产品。乙副产品按照售价扣除有关项目的余额计价,并从联合成本的各成本项目中扣除;丙副产品按照计划成本计价,并从联合成本的原材料项目中扣除;丁副产品由于数量很少,价值很低,所以不予计价。2017 年 8 月有关的产量、成本资料见表 7-8 和表 7-9。

表 7-8 产量、单价、计划成本等资料

产品名称	产量/吨	单位售价/元	单位税金/元	单位利润/元	计划单位成本/元
甲	500				
乙	100	500	70	30	
丙	50				300
丁	1				

表 7-9 有关成本资料

项　目	直接材料/元	直接人工/元	制造费用/元	合计/元
本月发生联合成本	90 000	35 000	25 000	150 000
分离后乙产品加工费用	—	4 000	2 000	6 000

根据上述资料,编制产品成本计算表,见表 7-10。

表 7－10　产品成本计算表

项目	联合成本		丙产品(50 吨)		乙产品(100 吨)				甲产品(500 吨)	
	金额	比重	总成本	单位成本	总成本			单位成本	总成本	单位成本
					分离前	分离后	合计			
	①	②＝①/∑①	③＝④×产量	④	⑤＝∑⑤×②	⑥	⑦＝⑤＋⑥	⑧＝⑦/产量	⑨＝①－③－⑤	⑩＝⑨/产量
直接材料	90 000	60%	15 000	300	20 400	—	20 400	20 400	54 600	109.20
直接人工	35 000	23%	—	—	7 820	4 000	11 820	118.20	27 180	54.36
制造费用	25 000	17%	—	—	5 780	2 000	7 780	77.80	19 220	38.44
合计	150 000	100%	15 000	300	34 000	6 000	40 000	400	101 000	202.00

注　乙产品分离前总成本＝(单位售价－单位税金－单位利润)×产量－分离后加工费用＝(500－70－30)×100－6 000＝34 000 元。

副产品成本核算比联产品成本核算相对简单。副产品和主产品不是固定不变的,随着生产技术的发展、产品的开发和综合利用,副产品可能会转化为主产品,这时就需要采用联产品成本核算方法核算成本。

7.2.3　等级品的成本核算

1. 等级品成本核算的特点

等级品是指使用同种原料,经过同一加工过程而同时生产出的品种相同但品级和质量不同的产品,如电子元件、针纺织品等的生产,经常会出现一等品、二等品、三等品、等外品。等级品与联产品、副产品相比,它们都是使用同种原料,经过同一加工过程而同时生产出的产品;不同之处是等级品是相同品种但质量不同的产品,而联产品、副产品则是不同品种的产品。因此,等级品的成本核算也是将联合成本在不同等级品之间进行分配的问题。

2. 等级品成本核算的方法

等级根据形成的原因不同,可以分成两大类:一是由于操作不慎、技术不熟练、管理不善等主观原因造成的等级品;二是由于原材料质量、生产技术条件的限制等客观原因造成的等级品。

一般情况下,对于上述第一类等级品,不同等级的产品成本应当相同,等级品售价不同导致的利润差别正表明企业有必要改善经营管理,工人有必要精心操作;对于第二类等级品,不同等级产品的成本应有所差别。因此,等级品的成本有如下两种分配方法。

(1)实物量分配法。即按照各等级品实物量的比例分配联合成本到各等级品,结果是不同等级品的成本相同。

(2)系数分配法。采用这种方法,一般是先按照各等级品的单位售价确定系数,然后以系数将实际产量折算为标准产量,然后按照标准产量的比例分配联合成本至各等级品。结果是系数不同的各等级品,其单位成本也不同。

【例 7－5】　某电子元件厂制造晶体管,本期共生产 50 000 只,由于原材料质量原因造成一级品 40 000 只、二级品 3 000 只、三级品 7 000 只;其售价分别为 12 元,8 元,6 元;本期联合成本为 228 000 元。该企业以售价确定系数,按照系数分配法编制的等级品成本计算表,见表 7 – 11。

表 7 – 11　等级品成本计算表

等级品	产量/只	单价/元	系数	标准产量(总系数)	分配率	总成本/元	单位成本/元
一级品	40 000	12.00	1	40 000	—	200 000	5.00
二级品	3 000	8.00	0.7	2 100	—	10 500	3.50
三级品	7 000	6.00	0.5	3 500	—	17 500	2.50
合　计	50 000	—	—	45 600	5.00	228 000	—

注:5 = 228 000/45 600。

7.3　定　额　法

品种法、分批法、分步法和分类法的共同特点是通过归集实际发生的生产费用,直接核算出产品的实际成本。在这种情况下,要了解产品的实际成本偏离定额成木的情况,只有等到产品的实际成本核算出来以后才能进行,账面上不能提供产品实际成本偏离定额成本的信息。这显然不利于企业对生产费用和产品成本进行日常的分析和控制。定额法包括定额成本的计算、脱离定额差异的核算、定额变动差异的核算,以及产品实际成本的计算四部分内容。该方法下,企业必须事先制定好产品定额成本,平时账面上就能够提供产品实际成本偏离定额成本的信息,有利于企业对生产费用和产品成本进行日常的分析和控制。因此,定额法不仅能核算出产品的实际成本,而且可以及时揭示实际生产费用脱离定额的数额,有利于查找原因,从而达到加强成本控制,实现降低产品成本的目的。

定额法的特点如下:

第一,事先制定产品的定额成本。采用定额法,企业必须事先制定产品的各项材料消耗定额、加工费用定额、工时定额等,以现行的定额为依据制定产品的定额成本,作为降低成本的目标,对成本进行事前控制。

第二,在发生生产耗费的当时,将符合定额的费用和发生的差异分别核算,及时揭示实际费用脱离定额差异,以加强对生产费用的日常控制。

第三,月末计算完工产品成本时,根据完工产品的定额成本加减各种成本差异,调整计算出完工产品的实际成本,可为成本的定期分析和考核提供依据。

7.3.1　定额法成本核算程序

定额法成本核算程序如下:

(1)先按照企业生产工艺特点和成本管理要求,确定成本核算对象及成本核算的基本方法。

(2)按照企业定额成本标准,进行逐步分解。即先制定产品原材料、工时等消耗定额,然后根据各项消耗定额和原材料计划单价、计划的每小时直接人工费用及计划的每小时制

造费用等资料计算各成本项目的定额费用,最后编制各种产品定额成本表。

(3)在企业实际生产费用发生时,按照各成本项目分别将其划分为定额成本和脱离定额差异两部分,分别编制定额凭证和差异凭证,并在有关费用分配表和各种原材料、有关费用明细账中分别登记。

(4)按照企业的成本计算方法,汇总、结转各种产品定额成本和各成本项目脱离定额差异,并采用一定方法将脱离定额差异在完工产品和月末在产品之间进行分配。

(5)将完工产品定额成本加减所分配的脱离定额差异、定额变动差异及材料成本差异,即可求得完工产品的实际成本。

1. 定额成本的制定

定额成本不是实际成本,而是企业在现有生产条件下应达到的一种目标成本;它是核算产品实际成本的基础,又是分析、控制、考核成本超支或节约情况的尺度。定额成本与计划成本既有相同点又有区别。相同之处是二者都是以产品生产耗费的消耗定额和计划价格确定目标成本,计算公式均为:

原材料费用定额 = 原材料消耗定额 × 材料计划单价

直接燃料和动力费用定额 = 生产工时定额 × 计划每小时直接燃料和动力费

直接人工费用定额 = 生产工时定额 × 计划小时工资率

制作费用定额 = 产品生产工时定额 × 计划制造费用分配率

二者的区别在于:计算计划成本的消耗定额是计划期内平均消耗定额,在计划期内通常不变;定额成本的消耗定额则是现行消耗定额,它应随着企业技术进步和劳动生产率提高不断修订。另外,如果国家或上级机构直接下达指令性计划成本,则企业可不制定计划成本;定额成本是企业结合自身实际情况自行制定的,可以更好地对产品成本进行控制和考核。

定额成本分别成本项目制定,并与实际成本的成本项目保持一致,这样有利于将实际成本与定额成本进行比较,揭示实际成本脱离定额的差异。应注意的是,定额成本中一般不包括废品损失、停工损失项目,实际成本中的废品损失、停工损失项目被视为超过定额成本的超支差异。另外,为了让定额起到鼓励和促进的作用,定额成本的每个项目都是现行消耗定额与现行计划单价两个因素的乘积。这样,确保所制定的定额都是先进的,是经过努力多数人可以达到的。

产品的定额成本包括零、部件定额成本和产成品定额成本,通常由计划、会计等部门共同制定。定额成本的计算是通过编制定额成本计算表进行的。在零、部件不多的情况下,一般先制定零件定额成本,然后在零件定额成本的基础上再汇总计算部件定额成本,最后在前面两部分定额成本的基础上制定产成品定额成本。零、部件定额成本还可以作为在产品和报废零、部件计价的依据。如果产品的零、部件较多,为了简化成本计算工作,也可以不计算零件定额成本,而根据列有零件原材料消耗定额、工序计划和工时消耗定额的零件定额卡,以及原材料计划单价、计划的工资率、制造费用分配率,计算部件定额成本,然后汇总计算产成品定额成本;或者根据零、部件的定额卡直接计算产成品定额成本。在不计算零部件定额成本的情况下,在产品和报废零、部件的计价,就要根据零、部件定额卡和原材料计划单价、计划的工资率、制造费用分配率临时计算。

零件定额成本卡、部件定额成本卡和产成品定额成本卡格式如表 7 - 12 至表 7 - 14 所示。

表 7－12　零件定额卡

零件编号、名称:101　　　　　　　　2017 年 12 月

材料名称、编号	计量单位	材料消耗定额
1108	千克	9
工序	工时定额	累计工时定额
1	4	4
2	6	10
3	3	13
4	5	8

表 7－13　部件定额成本计算卡

部件编号、名称:201　　　　　　　　2017 年 12 月

所用零件编号或名称	零件数量/个	直接材料消耗定额							工时定额
		1108			1109			金额合计/元	
		数量/个	计划单价/元	金额/元	数量/个	计划单价/元	金额/元		
101	3	27	5	135				135	54
102	2				12	4	48	48	24
装配									6
合计				135			48	183	84

定额成本项目					定额成本合计/元
直接材料成本	直接人工		制造费用		
	计划工资率	金额/元	计划费用率	金额/元	
183	2	168	1.50	126	477

表 7－14　产成品定额成本卡

产品名称:甲　　　　　　　　2017 年 12 月

部件名称	部件数量/个	直接材料消耗定额		工时定额/小时	
		单位部件定额	产成品定额	单位部件定额	产成品定额
201	2	183	366	84	50
202	3	200	600	100	30
组件					10
合计			966		90

定额成本项目					定额成本合计
直接材料成本	直接人工		制造费用		
	计划小时工资率	成本	计划费用分配率	成本	
966	10	900	8	720	2 586

2. 各成本项目脱离定额差异的核算

脱离定额差异是指实际生产费用与现行定额费用之间的差异。脱离定额差异的核算是在实际发生生产费用时，应为符合定额的费用和脱离定额的差异分别编制定额凭证和差异凭证，并在有关费用分配表和明细账中分别进行登记。并且必须经过相关人员审批才可以实施脱离定额差异凭证的填制，以便及时分析差异产生的原因，明确经济责任，并及时采取相应的处理措施。因此，脱离定额差异直接关系到产品实际成本核算的准确性和及时性；揭示了生产费用的节约或超支情况，是成本分析、控制、考核的依据。因此，必须及时正确地组织脱离定额差异的核算，并尽可能同班组经济核算相结合，使人人自觉重视脱离定额差异核算，关心生产消耗，重视成本控制。

应分别按成本项目进行脱离定额差异的核算。

（1）直接材料脱离定额数量差异的核算

直接材料脱离定额数量差异是产品实际产量的原材料实际消耗量与原材料定额消耗量之间的差异。其计算公式如下：

直接材料脱离定额数量差异（以实物量表示）= 实际消耗量 -（产品实际投产量 × 单位产品原材料消耗定额）

直接材料脱离定额数量差异（以货币金额表示）=（实际消耗量 - 产品实际投产量 × 单位产品原材料消耗定额）× 原材料计划单价

直接材料脱离定额差异的核算方法包括限额法、切割材料法和盘存法等。

①限额法

采用限额法，必须实行限额领料制度，符合限额的原材料应根据限额领料单等定额凭证领发；超过限额的消耗，或领用代用材料，均需另行填制专用的领料单（差异凭证）。

超额领用的材料，全部是脱离定额的超支差异，但代用材料并非都是超支差异。对于代用材料，先要计算出代用材料相当于原规定材料的数量，并从定额中扣除，以确定差异。

退料单也应视为差异凭证。限额领料单中的原材料余额与退料单中所列原材料数量都是原材料脱离定额的节约差异。

必须注意，按照上述凭证确定的差异，仅仅是原材料的领料差异，而不是用料差异。但是，我们为了核算产品成本而计算确定的原材料脱离定额的差异，却是用料差异。

只有耗用材料的产品数量，即投产产品数量等于限额领料单中规定的产品数量，而且车间无余料，或虽有余料但期初期末余料相等的情况下，用料差异才等于领料差异。

【例 7 - 6】　限额领料单中规定的产品数量为 100 件，每件产品的原材料消耗定额为 4 千克，则领料限额为 400 千克。假定实际领料为 395 千克，那么领料差异为节约 5 千克。如果实际耗用材料的产品数量，即投产产品数量等于限额领料单中规定的产品数量，也是 100 件，而且车间无余料，那么 5 千克的领料差异就是用料差异。假定投产的产品数量小于规定的产品数量，为 90 件，车间期初余料为 16 千克，期末余料为 8 千克。则用料差异计算为

原材料定额消耗量 = 投产产品数量 × 原材料消耗定额
= 90 × 4 = 360 千克

原材料实际消耗量 = 本期领料量 + 期初余料量 - 期末余料量
= 395 + 16 - 8 = 403 千克

$$原材料脱离定额数量差异=原材料实际消耗量-原材料定额消耗量$$
$$=403-360=+43\text{ 千克(超支)}$$

②切割材料法。对于那些贵重的材料以及经常大量使用的原材料,通常要在准备车间经过切割以后投入生产。这时,可以采用切割材料法组织日常的原材料脱离定额数量差异的核算。总的做法是:将分割后材料的数量乘以单位消耗定额,求得切割后材料的定额消耗量,与材料的实际消耗量相比较,其差异就是材料差异。具体应通过材料切割核算单进行核算。材料切割核算单的格式见表7-15。

表7-15 材料切割核算单

材料编号或名称:2281　　材料计量单位:千克　　材料计划单价:8.00元
产品名称:A　　零件编号或名称:2209　　图纸号:808
切割工人姓名:李玲　　机床编号:286
发交切割日期:2017年5月26日　　完工日期:2017年6月1日

<table>
<tr><td colspan="2">发料数量</td><td colspan="3">退回余料数量</td><td colspan="2">材料实际消耗量</td><td>废料实际回收量</td></tr>
<tr><td colspan="2">200</td><td colspan="3">10</td><td colspan="2">190</td><td>5</td></tr>
<tr><td colspan="2">单件消耗定额</td><td>单件回收废料定额</td><td colspan="2">应切割成的毛坯数量</td><td>实际切割成的毛坯数量</td><td>材料定额消耗量</td><td>废料定额回收量</td></tr>
<tr><td colspan="2">5</td><td>0.1</td><td colspan="2">38</td><td>37</td><td>185</td><td>3.70</td></tr>
<tr><td colspan="2">材料脱离定额数量差异</td><td colspan="3">废料脱离定额数量差异</td><td colspan="2" rowspan="2">脱离定额数量差异原因</td><td rowspan="2">责任者</td></tr>
<tr><td>数量</td><td>金额/元</td><td>数量</td><td>单价/元</td><td>金额/元</td></tr>
<tr><td>+5</td><td>40.00</td><td>-1.3</td><td>2.00</td><td>-2.60</td><td colspan="2">未按设计图纸切割,因而增加了边料,减少了毛坯</td><td>切割工人</td></tr>
</table>

在表7-15所列材料核算单中,退回余料是指切割后退回材料仓库且可以按照原来用途使用的材料,其数量应在计算材料实际消耗量时从发料数量中减去。回收的废料是指切割过程中产生的不能按照原来用途使用的边角料,是实际消耗材料的一部分,但退回仓库的废料价值应从材料费用中扣减。材料实际消耗量190千克除以单位定额消耗量5千克,即为应切割成的毛坯数量38件。材料定额消耗量和废料定额回收量应按实际切割成的毛坯数量分别乘以材料消耗定额和废料回收定额计算。材料实际消耗量减去材料定额消耗量,即为材料脱离定额的数量差异(用料差异);再乘以材料计划单价,即为差异金额。废料实际回收量减去定额回收量,为废料脱离定额的差异数量;再乘以废料单价(上例假定为每千克2.00元),则为差异金额。由于废料价值可以冲减材料费用,因而废料回收超过定额的差异应填为负数;相反,少于定额的差异应填为正数。上例废料超额回收1.3千克,虽然可以冲减材料费用2.60元,但由于该项超额回收的废料是在实际切割成的毛坯数量比应切割成的毛坯数量少1(38-37)件情况下发生的,致使单价为7.30元的毛坯所用好料变成了单价为2.00元的废料,切割成的每件毛坯的材料费用会因此而增加。因此,这种超额回收废料的差异是不利差异。只有在实际切割成毛坯数量等于甚至大于应该切割成的毛坯数量的情况下,超额回收废料的差异才会降低单位毛坯的材料费用,才是有利差异。

③盘存法。在按照限额法和切割材料法核算材料脱离定额差异有困难时,还应按期

(按工作班、工作日或按周、旬等)通过盘存的方法核算用料差异。即根据完工产品数量和在产品盘存(实地盘存或账面结存)数量算出投产数量,乘以原材料消耗定额,计算出原材料定额消耗量;根据限额领料单和超额领料单等领、退凭证和车间余料的盘存数量,计算出原材料实际消耗量;然后将原材料的实际消耗量与定额消耗量相比较,计算出原材料脱离定额的数量差异。其具体步骤如下:

a. 通过盘点确定本期投产产品数量,即

本期投产产品数量 = 本期完工产品数量 + 期末在产品约当数量 - 期初在产品约当数量

上列公式表明,投产产品数量与完工产品数量不同。本期完工产品所用的原材料包括了期初在产品中的上期用料,但未包括期末在产品中的本期用料,因而不能根据本期完工产品数量计算本期原材料的定额消耗量。只有本期投产产品数量才是本期实际用料的产品数量,才能据以计算本期原材料的定额消耗量和本期用料的脱离定额差异。

b. 计算原材料定额消耗量,即

原材料定额消耗量 = 投产产品数量 × 单位原材料消耗量

c. 根据领退料凭证和车间期初期末余料,计算原材料实际消耗量,即

原材料实际消耗量 = 原材料本期领用数量 + 车间期初余料 - 车间期末余料

d. 计算原材料脱离定额的差异,即

原材料脱离定额数量差异 = 原材料实际消耗量 - 原材料定额消耗量

限额领料单规定的产品数量一般是一个月的产量。为了及时核算用料脱离定额的差异,有效地控制用料,用料差异的核算期越短越好,应尽量按工作班或工作日进行核算。这样,在差异核算期内的投产产品数量一般小于按月规定的产品数量。因此,除了经过切割才能使用的材料外,大部分原材料应采用盘存法核算和控制用料差异。

【例7-7】 生产乙产品耗用A材料。乙产品期初在产品100件,本期完工产品2 000件,期末在产品300件。生产产品所用原材料在生产开始时一次投入,乙产品的原材料消耗定额为每件2千克,原材料的计划单价为每千克10元。限额领料单中本期实际领料数量为4 200千克。车间期初余料为100千克,期末余料为40千克。有关数据计算如下:

投产的产品数量 = 2 000 + 300 - 100 = 2 200件

原材料定额消耗量 = 2 200 × 2 = 4 400千克

原材料实际消耗量 = 4 200 + 100 - 40 = 4 260千克

原材料脱离定额数量差异(以实物量反映) = 4 260 - 4 400 = -140千克(节约)

原材料脱离定额差异(以货币金额反映) = -140 × 10 = -1 400元(节约)

不论采用哪一种方法核算原材料消耗量和脱离定额差异,都应分批或定期地将这些核算资料按照成本核算对象汇总,编制原材料定额费用和脱离定额数量差异汇总表。表中填明该批或该种产品所耗各种原材料的定额消耗量、定额费用和脱离定额的差异,并分析说明发生差异的主要原因。这种汇总表,既可用来汇总反映和分析原材料脱离定额数量差异,又可用来代替原材料费用分配表,登记产品成本明细账,还可以投送有关领导或向职工公布,以便根据差异发生的原因采取措施,进一步挖掘降低原材料费用的潜力。

现以某工业企业甲种产品为例,列示其10月份原材料定额费用和脱离定额数量差异汇总表,见表7-16。

表 7－16　原材料定额费用和脱离定额数量差异汇总表

产品名称：甲　　　　　　　　　　　　　　　　　　　　　　　　2017 年 10 月 1～30 日

原材料类别	材料编号	计量单位	计划单价	定额消耗量		实际消耗量		脱离定额数量差异	
				数量	金额	数量	金额	实物量	货币金额
原料及主要材料	1101	千克	2	5 150	10 300	6 500	13 000	＋1 350	＋2 700
原料及主要材料	1203	千克	1	4 500	4 500	4 000	4 000	－500	－500
合计					14 800		17 000		＋2 200

领用自制半成品相当于领用原材料，因而自制半成品的定额消耗量、定额费用和脱离定额差异的计算方法与原材料相同。

（2）原材料脱离定额价格差异。采用定额法核算成本，为了便于产品成本的考核和分析，材料的日常核算必须按计划成本进行。因此，原材料的定额费用和脱离定额数量差异都按原材料的计划成本计算。前者是原材料的定额消耗量乘以原材料计划单位成本；后者是原材料脱离定额数量差异乘以原材料计划单位成本，即按原材料计划单位成本反映的量差。两者之和就是原材料的实际消耗数量乘以其单位计划成本，即财务会计中所谓产品所耗用的原材料计划成本。因此，在月末计算产品的实际原材料费用时，还必须用产品所耗用的原材料计划成本乘以原材料成本差异率，计算该原材料计划成本应分配负担的原材料成本差异，即所耗原材料的价差。其计算公式为

某产品应分配的原材料成本差异（原材料脱离定额价格差异）＝

（该产品原材料定额费用 ± 原材料脱离定额差异）× 原材料成本差异率

【例 7－8】　某企业 B 产品 9 月份所耗原材料定额费用为 68 000 元，脱离定额差异为超支 800 元，原材料的成本差异率为超支 1%。该产品应分配的原材料成本差异为

（68 000＋800）×（＋1%）＝＋688 元

在实际工作中，原材料成本差异的分配计算通过材料成本差异分配表或发料凭证汇总表进行。

在多步骤生产中采用定额法时，如果逐步结转半成品成本，半成品的日常核算也应按照定额成本进行。在月末计算产品实际成本时，也应比照原材料成本差异的分配方法，分配计算产品所耗半成品的成本差异。

（3）直接人工脱离定额差异的核算。

①直接人工脱离定额差异的定义和计算公式。直接人工脱离定额差异与原材料脱离定额的数量差异有所不同：后者只反映量差，其价差则通过单独计算原材料成本差异来反映；前者既反映量差（即产品实际生产工时与定额生产工时不同形成的工资差异），又反映价差（即实际工资率与定额工资率不同形成的工资差异）。用等式来表示直接人工脱离定额差异的定义如下：

$$\frac{\text{某产品直接人工}}{\text{直接人工脱离定额差异}}=\frac{\text{该产品实际}}{\text{直接人工费}}-\frac{\text{该产品定额}}{\text{直接人工费}}$$

直接人工脱离定额差异的计算有以下两种情况。

a. 在计时工资制度下，直接人工费一般属于间接计入费用，其脱离定额的差异不能在平时按照产品直接计算，只有在月末实际直接人工费总额确定以后才能按照下列公式计算：

$$\text{计划每小时直接人工费}=\frac{\text{某车间计划产量的定额直接人工费}}{\text{该车间计划产量的定额生产工时}}$$

$$\text{实际每小时直接人工费}=\frac{\text{车间实际直接人工费总额}}{\text{该车间实际生产工时总额}}$$

$$\text{某产品的定额直接人工费}=\text{该产品实际完成的定额生产工时}\times\text{计划每小时工资率}$$

$$\text{该产品的实际直接人工费}=\text{该产品实际生产工时}\times\text{实际每小时工资率}$$

$$\text{某产品直接人工费脱离定额差异}=\text{该产品实际直接人工费}-\text{该产品定额直接人工费}$$

b. 在计件工资制度下，直接人工费属于直接计入费用，其脱离定额差异应按照下列公式计算：

$$\text{某产品直接人工费脱离定额差异}=\text{该产品实际直接人工费}-\text{该产品实际产量}\times\text{单位产品生产工资费用定额}$$

②直接人工费脱离定额差异的分析和控制。在计件工资制度下，生产工人工资属于直接计入费用，其脱离定额差异的核算与原材料脱离定额差异的核算相类似，符合定额的生产工人工资，应该反映在产量记录中，脱离定额的差异通常反映在专设的补付单等差异凭证中。工资差异凭证也应填明原因，并经过一定的审批手续。

在计时工资制度下，可以把工资差异分为工时差异和工资率差异。在日常核算中，主要核算工时差异；月末实际生产工人工资总额确定以后，再核算工资率差异。

工时差异是以实际工时与实际产量的定额工时之差乘以计划小时工资率求得的，用公式可以表示为

$$\text{工时差异}=(\text{产品实际生产工时}-\text{产品定额生产工时})\times\text{计划工资率}$$

工时差异反映劳动效率的提高或下降造成的工资费用的节约或浪费。为了及时核算工时差异，应及时汇集实际产量的定额工时与实际工时的差异，并分析其原因。车间可以按照成本核算对象定期汇编劳动效率差异表，其格式见表 7－17。

工资率差异反映实际小时工资率脱离计划小时工资率而形成的工资差异，它在月终实际工资总额计算出来以后，按下列公式计算：

$$\text{工资率差异}=\text{产品实际生产工时}\times(\text{实际小时工资率}-\text{计划小时工资率})$$

表 7－17　劳动效率差异表

产品名称：　　　　　　　　　　　　　　　　　　　　2017 年 × 月 × 日

实际产量	计划工资率	单位定额工时	定额工时	实际工时	劳动效率差异		差异原因				
					工时差异	工资差异	工艺	材质	机器性能	工人技术	其他
①	②	③	④ = ①×③	⑤	⑥ = ⑤－④	⑦ = ⑥×②	⑧	⑨	⑩	⑪	⑫

(4)制造费用脱离定额差异的核算。制造费用脱离定额差异也是既反映量差(即产品实际生产工时与定额生产工时之间的差异),又反映价差(即实际制造费用率与计划制造费用率之间的差异)。用等式来表示制造费用脱离定额差异的定义如下:

$$\text{某产品制造费用脱离定额差异} = \text{该产品实际制造费用} - \text{该产品定额制造费用}$$

制造费用一般属于间接计入费用,其脱离定额的差异不能在平时按照产品直接计算,只有在月末实际制造费用分配给各种产品以后,才能以产品实际制造费用与定额费用加以比较确定。有关公式如下:

$$\text{计划制造费用分配率} = \frac{\text{某车间计划制造费用总额}}{\text{该车间计划产量的定额生产工时总数}}$$

$$\text{实际制造费用分配率} = \frac{\text{某车间实际制造费用总额}}{\text{该车间各种产品实际生产工时总数}}$$

$$\begin{matrix}\text{某产品的定额}\\\text{制造费用}\end{matrix} = \begin{matrix}\text{该产品实际产量}\\\text{的定额生产工时}\end{matrix} \times \begin{matrix}\text{计划制造费用}\\\text{分配率}\end{matrix}$$

$$\begin{matrix}\text{该产品的实际}\\\text{制造费用}\end{matrix} = \begin{matrix}\text{该产品实际}\\\text{生产工时}\end{matrix} \times \begin{matrix}\text{实际制造费用}\\\text{分配率}\end{matrix}$$

$$\text{某产品制造费用脱离定额差异} = \text{该产品实际制造费用} - \text{该产品定额制造费用}$$

3. 定额变动差异的核算

定额变动差异是指由于修订消耗定额或生产耗费的计划价格而产生的新旧定额之间的差额。随着经济的发展、生产技术条件的变化、劳动生产率的提高,企业的各项消耗定额和计划价格应随之修订。在消耗定额或计划价格修订之后,定额成本也应随之及时修订。定额成本的修订一般在年初定期进行,但若定额和实际差距很大时,在月初、季初也可以修订。这样,在定额变动的月份,月初在产品的定额成本由于是从上月结转而来,它仍然是按照旧的定额计算的;而在计算本月生产费用中的本期投入产品的定额成本时,就是按照新定额成本计算的。这样就在同一月份的产品成本明细账中出现了新旧两个定额成本。为了将按旧定额计算的月初在产品定额成本和按新定额计算的本期投入产品的定额成本在同一基础上相加,需要按新定额计算月初在产品的定额变动差异,以调整月初在产品的旧定额成本变成新定额成本。

定额变动差异与脱离定额差异不同,前者是定额本身的变动,与实际发生的生产费用的节约或超支无关,后者是实际发生的生产费用脱离定额的变动,反映生产费用节约或超支的程度。对于脱离定额差异要尽可能及时揭示,而定额变动差异则不一定要立即计算。

(1)定额变动差异的计算方法。定额变动差异的计算方法可以分为如下两种情况。

①月初在产品定额变动的差异,可以根据定额发生变动的在产品盘存数量或在产品账面结存数量和修订前后的定额消耗量,确定定额消耗量的差异和差异金额。这种计算方法要求按照零、部件和工序进行,工作量较大。月初在产品定额变动差异的计算公式为

$$\begin{matrix}\text{月初在产品}\\\text{定额变动差异}\end{matrix} = \sum\left[\left(\begin{matrix}\text{变动前}\\\text{消耗定额}\end{matrix} - \begin{matrix}\text{变动后}\\\text{消耗定额}\end{matrix}\right) \times \begin{matrix}\text{定额发生变动}\\\text{的在产品数量}\end{matrix} \times \text{计划单价}\right]$$

②为了简化计算工作,也可以按照单位产品采用下述系数折算法来计算,即

$$\begin{matrix}\text{定额变}\\\text{动系数}\end{matrix} = \frac{\text{按新定额计算的单位产品费用}}{\text{按旧定额计算的单位产品费用}}$$

月初在产品定额变动差异 = 按旧定额计算的月初在产品费用 ×（1 - 定额变动系数）

【例 7-9】　乙产品的一些零件从 11 月 1 日起实行新的原材料消耗定额，单位产品旧的原材料费用定额为 12 元，新的原材料费用定额为 11.4 元。该产品月初在产品 1 000 件，按旧定额计算的月初在产品原材料定额费用为 12 000 元。月初在产品定额变动差异计算如下：

$$系数 = \frac{11.4}{12} = 0.95$$

$$月初在产品定额变动差异 = 12\,000 \times (1 - 0.95) = 600 元$$

上述定额变动系数是按照单位产品某成本项目的新旧定额成本计算的，而不是按照该产品的零、部件分别计算，因而计算工作量较小。但是，如果该产品只是一部分零、部件的消耗定额做了修改，那么，采用系数折算法就会使月初在产品的定额成本所作调整不准确，即月初在产品定额变动差异的计算不准确。因此，系数折算法比较适合在产品所包含的零、部件成套性较强的情况下采用。

在实际工作中，月初在产品定额变动差异通过专设的计算表计算、反映。上例乙产品的月初在产品定额变动差异计算表见表 7-18。

表 7-18　月初在产品定额变动差异计算表

产品名称：乙　　　　2017 年 11 月

成本项目	单位产品		额变动系数	月初在产品定额费用	月初在产品定额变动差异
	旧费用定额	新费用定额			
原材料	12	11.4	0.95	12 000	600
合计	12	11.4	—	12 000	600

（2）定额变动差异在产品成本明细账上的表现方式。如果新定额成本比旧定额成本降低，比如，月初在产品使用的旧的定额成本是 1 000 元，而修订以后的新定额成本是 950 元，为了将旧定额变成新定额，必须在 1 000 元基础上减去50 元（通常被称为“定额变动调整”），但是，在产品的定额成本是该在产品实际成本的组成部分，而定额的修订与实际成本无关，所以，在减去 50 元的同时，还必须加上 50 元（被称为“定额变动差异”），这样由于同时加减相同数字，所以对实际生产费用无影响，但是旧定额成本被调整成了新定额成本。如果新定额成本比旧定额成本提高，调整方式相反。

定额变动差异一般按照定额成本的比例，在完工产品和在产品之间进行分配。但如果变动数额不大或者产品的生产周期小于一个月，也可以由完工产品成本负担。

7.3.2　定额法核算程序和应用举例

【例 7-10】　某大批大量生产的企业，产品比较定型，定额管理制度比较健全、稳定，该企业采用定额法核算产品成本。假设甲种产品由一个封闭式车间进行生产，不分步核算成本。该企业规定：该种产品的定额变动差异和材料成本差异归由完工产品成本负担；脱离定额差异按定额成本比例，在完工产品与月末在产品之间进行分配。

（Ⅰ）产品定额成本计算表见表 7-19。

表 7-19　产品定额成本计算表

产品名称:甲　　　　　　　　　　　　　　2017 年 1 月

材料编号及名称	计量单位	材料消耗定额		计划单价	材料费用定额
×××	千克	60		10	600
工时定额	直接人工		制造费用		产品定额成本合计
	工资率	金　额	费用率	金　额	
40	3	120	3.5	140	860

(Ⅱ)月初在产品定额成本和脱离定额差异见表 7-20。

表 7-20　月初在产品定额成本和脱离定额差异

成本项目	定额成本/元	脱离定额差异/元
直接材料	6 000	-300
直接人工	600	+50
制造费用	700	+80
合　计	7 300	-170

(Ⅲ)月初定额变动差异的计算。该企业材料在生产开始时一次投入,由于工艺技术的改进,于 2017 年 6 月对材料消耗定额进行修订,原材料消耗定额 60 千克,材料费定额为 576 元。

$$\frac{\text{该产品生产工资}}{\text{脱离定额的差异}} = \frac{576}{600} = 0.96$$

$$\text{月初定额变动差异} = 6\,000 \times (1 - 0.96) = 240\text{ 元}$$

(Ⅳ)本月生产量和生产费用。甲产品月初在产品 10 件,本月投产 50 件,本月完工 48 件,月末在产品 12 件;月初、月末在产品完工程度均为 50%。本月投入定额工时 1 960 小时。

根据限额领料单,实际领用 2 800 千克,金额 28 000 元,材料成本差异率为 +4%,实际生产工人工资 6 235 元,实际制造费用 6 380 元。

(Ⅴ)本月定额成本和脱离定额差异汇总表见表 7-21。

表 7-21　定额成本和脱离定额差异汇总表

产品名称:甲　　　　　　　　　　　　　　2017 年 7 月

成本项目	定额成本/元	实际费用/元	脱离定额差异/元
直接材料	28 800	28 000	-800
直接人工	5 880	6 235	+355
制造费用	6 860	6 380	-480
合　计	41 540	40 615	-925

直接材料定额成本 = 50 × 576 = 28 800 元

直接人工定额成本 = 1 960 × 3 = 5 880 元

制造费用定额成本 = 1 960 × 3.5 = 6 860 元

直接材料(计划价格)实际费用 = 2 800 × 10 = 28 000 元

(Ⅵ)直接材料成本差异(直接材料脱离定额价格差异)的计算。

甲产品材料成本差异 = (28 800 − 800) × 4% = +1 120 元

(Ⅶ)编制产品成本明细账,见表 7 − 22。

表 7 − 22　产品成本明细账

产品名称:甲　　　　2017 年 7 月　　　　产量:48 件

成本项目		直接材料	直接人工	制造费用	合　计
月初在产品成本	定额成本	6 000	600	700	7 300
	脱离定额差异	−300	+50	+80	−170
月初在产品定额变动	定额成本调整	−240			240
	定额变动差异	+240			+240
本月生产费用	定额成本	28 800	5 880	6 860	41 540
	脱离定额差异	−800	+355	−480	−925
	材料成本差异	+1 120			+1 120
生产费用合计	定额成本	34 560	6 480	7 560	48 600
	脱离定额差异	−1 100	+405	−400	−1 095
	材料成本差异	+1 120			+1 120
	定额变动差异	+240			+240
脱离定额差异分配率		−0.031 828 7	+0.062 5	−0.052 91	
产成品成本	定额成本	27 648	5 760	6 720	40 128
	脱离定额差异	−880	+360	−355.56	−875.56
	材料成本差异	+1 120			+1 120
	定额变动差异	+240			+240
	实际成本	28 128	6 120	6 364.44	40 612.44
月末在产品成本	定额成本	6 912	720	840	8 472
	脱离定额差异	−220	+45	−44.44	−219.44

表7-22编表说明:

a. 生产费用合计中的直接材料定额成本,根据月初在产品直接材料定额成本,减去定额成本调整,加上本月定额成本计算;直接人工和制造费用,根据月初在产品直接人工、制造费用定额成本,分别加上其本月定额成本计算。

b. 脱离定额差异分配率的计算和产成品、月末在产品应分配脱离定额差异的计算公式如下:

$$\text{脱离定额差异分配率} = \frac{\text{脱离定额差异数额}}{\text{产成品定额成本} + \text{月末在产品定额成本}}$$

$$\text{直接材料脱离定额差异分配率} = \frac{-1\ 100}{27\ 648 + 6\ 912} = -0.031\ 828\ 7$$

$$\text{直接人工脱离定额差异分配率} = \frac{+405}{5\ 760 + 720} = +0.062\ 5$$

$$\text{制造费用脱离定额差异分配率} = \frac{-400}{6\ 720 + 840} = -0.052\ 9$$

$$\text{产成品分配脱离定额差异} = \text{产成品定额成本} \times \text{脱离定额差异分配}$$

$$\text{产成品分配脱离定额差异} = \text{产成品定额成本} \times \text{脱离定额差异分配率}$$

$$\text{月末在产品分配脱离定额差异} = \text{月末在产品定额成本} \times \text{脱离定额差异分配率}$$

$$\text{产成品分配直接材料脱离定额差异} = 27\ 648 \times (-0.031\ 828\ 7) = -880$$

$$\text{月末在产品分配直接材料脱离定额差异} = 6\ 912 \times (-0.031\ 828\ 7) = -220$$

$$\text{产成品分配直接人工脱离定额差异} = 5\ 760 \times (+0.062\ 5) = +360$$

$$\text{月末在产品分配直接人工脱离定额差异} = 720 \times (+0.062\ 5) = +45\text{元}$$

$$\text{产成品分配制造费用脱离定额差异} = 6\ 720 \times (-0.052\ 9) = -355.56\text{元}$$

$$\text{月末在产品分配制造费用脱离定额差异} = 840 \times (-0.052\ 9) = -44.44\text{元}$$

$$\text{月末在产品直接人工定额成本} = 6\ 480 - 5\ 760 = 720\text{元}$$

$$\text{月末在产品制造费用定额成本} = 7\ 560 - 6\ 720 = 840\text{元}$$

(Ⅷ)完工产品成本的分析。上例甲产品本月产成品定额成本为40 128元,实际成本为40 612.44元,成本超支484.47元。从各种差异看,并非全部是不利因素。其中,脱离定额差异为节约875.56元,这是生产耗费节约,是车间工作的成绩;材料成本差异为超支1 120元,主要由于材料价格上涨,这是客观原因所致,不是车间工作的缺点;定额变动差异为超支240元,是月初在产品修订定额、降低消耗定额的结果,是车间前一段时期改进生产技术、节约原材料消耗的成绩。这三种成本差异的代数和就是本月产成品成本净超出484.47元。上述分析还可按照各个成本项目分别进行。由此可见,采用定额法,在完工产品成本中按成本项目分别反映定额成本和各种成本差异，便于进行成本的考核和分析。

7.3.3　定额法的优缺点及适用条件

1. 定额法的优缺点

通过上述对定额法的基本特点和基本内容的介绍，可以看出定额法并非仅仅是一种成本核算方法，它同时是以产品的定额成本来控制实际生产费用，并进一步分析实际生产费用脱离定额的差异及其原因，以实现降低成本目的的一种成本控制方法。这种方法将成本核算与成本控制初步结合起来。其主要优点表现在以下方面。

(1)定额法有利于加强成本的日常控制。因为采用定额法，在生产费用发生时，同时计算、确定生产费用符合定额数和生产费用脱离定额的差异，这样能够及时发现各项生产费用的超支或节约情况，从而为采取相应措施控制成本创造了有利条件。

(2)定额法有利于进行产品成本的日常分析和考核。按照定额法计算的产品实际成本能够分别反映出产品定额成本、脱离定额差异、定额变动差异，所以非常有利于分析和考核产品实际成本脱离计划的情况。

(3)定额法有利于提高成本的定额管理水平。采用定额法离不开定额成本的制定、脱离定额差异和定额变动差异的确定，所以，通过应用定额法能够及时发现定额管理中的问题，提高定额管理水平。

(4)定额法有利于各项差异在完工产品和在产品之间的分配。因为采用定额法，在分配脱离定额差异、定额变动差异时，可以很方便地以现成的定额成本作为分配标准。

定额法也有其不足的一面。首先，采用定额法必须分别计算各种产品的定额成本、脱离定额差异、定额变动差异，而且差异要在完工产品和在产品之间进行分配，实行起来工作量较大；其次，按照定额法计算出的产品实际成本的准确性可能会差一些；再次，定额法的应用必须具备比较健全的定额管理制度，比较定型的产品和比较准确、稳定的消耗定额。

2. 定额法的应用条件

定额法不能单独应用，而必须与成本核算的基本方法，即品种法、分批法或分步法结合起来应用。为了充分发挥定额法的作用，并且简化成本核算工作，采用定额法应具备一定的条件：①定额管理的制度比较健全，定额管理工作的基础比较好；②产品的生产已经定型，消耗定额比较准确、稳定。由于大批大量生产比较容易具备这些条件，因而定额法最早应用在大批大量生产的机械制造企业中。

【复习思考题】

1. 什么是分类法，其主要特点是什么，为什么分类法需要与成本核算的基本方法结合起来应用？
2. 为什么合理确定产品类别和选择合理的分配标准是采用分类法的关键因素？
3. 什么是系数法，为什么说系数法其实就是分类法？
4. 举例说明分类法如何与产品成本核算的基本方法相结合。
5. 什么是联产品，为什么联产品适合应用分类法？
6. 什么是副产品，副产品成本核算与联产品成本核算有什么异同？
7. 什么是等级品，如何核算等级品的成本？
8. 什么是定额法，与其他实际成本核算方法相比，这种方法的特点是什么？

9. 什么是定额成本,它与实际成本有什么区别和联系?

10. 怎样制定定额成本?

11. 什么是脱离定额差异,它由哪几部分组成,它们分别是怎么定义和核算的?

12. 什么是原材料脱离定额差异核算的限额法,它与盘存法有什么联系?

13. 原材料脱离定额差异的核算如何在成本控制和分析中发挥作用?

14. 什么是定额变动差异,核算定额变动差异的意义是什么?

15. 某工业企业大量生产甲、乙、丙三种产品。这三种产品的结构、所用原材料和工艺过程相近,因而归为一类(A类),采用分类法计算成本。类内各种产品之间分配费用的标准为:原材料费用按各种产品的原材料费用系数分配,原材料费用系数按原材料费用定额确定(以乙产品为标准产品);其他费用按定额工时比例分配。

甲、乙、丙三种产品的原材料费用定额和工时消耗定额如下:

原材料费用定额:甲产品270元,乙产品300元,丙产品450元;

工时消耗定额:甲产品10小时,乙产品12小时,丙产品15小时;

本月各种产品的产量:甲产品1 000件,乙产品1 200件,丙产品500件;

本月A类产品成本明细账见表7-23(其中月初、月末在产品成本按年初固定数计算)。

表7-23 产品成本明细账

产品名称:A类　　2017年×月　　单位:元

摘要	直接材料	直接人工	制造费用	成本合计
月初在产品成本	40 000	3 000	5 000	48 000
本月发生费用	900 600	111 650	175 450	1 187 700
生产费用合计	940 600	114 650	180 450	1 235 700
产成品成本	900 600	111 650	175 450	1 187 700
月末在产品成本	40 000	3 000	5 000	48 000

要求:(1)编制原材料费用系数计算表;

(2)采用分类法分配计算甲、乙、丙三种产品的成本,编制产品成本计算单。

第 8 章　标准成本制度

【知识要点】

1. 标准成本制度的形成、作用及其分类。
2. 产品标准成本的制定。
3. 成本差异的计算与分析。
4. 成本差异的账务处理。

8.1　标准成本制度概述

8.1.1　标准成本制度的形成

标准成本制度产生于 20 世纪 20 年代的美国。该制度是在泰罗的生产过程标准化思想影响下,为了配合泰罗制的实施,将标准成本制度纳入会计核算体系中来的,并成为成本会计的一个重要组成部分,用于进行成本控制,现在已普遍地为西方企业所采用,成为日常成本管理中应用最为普遍和最有效的一种成本控制制度。

标准成本制度(Standard Cost System)就是基于事前制定的标准成本,事中将标准成本与实际成本进行对比,事后找出成本差异形成的原因和责任,并据以采取相应的措施,以实现对成本的有效控制的一种会计信息系统和成本控制系统。标准成本制度是集成本计划、成本控制、成本计算与分析为一体的成本控制制度,由标准成本的制定、成本差异的计算与分析和成本差异的账务处理三部分构成。标准成本制度既可以同完全成本法结合使用,也可以同变动成本法结合使用。

8.1.2　标准成本制度的作用

标准成本制度将事前成本计划、日常成本控制和最终产品成本确定有机地结合起来,形成一个完整的成本控制制度,对企业加强成本管理,全面提高生产经营成果具有重要作用,主要表现在以下几个方面:

(1)标准成本是衡量正常成本水平的尺度,可作为评价和考核工作成果的标准。在事前制定标准成本,可以使成本水平得到事前的控制。通过揭示成本差异,分析成本差异产生的原因,能及时发现问题,制定相应的措施加以控制和纠正,从而可以提高成本管理水平和经济效益。

(2)标准成本作为计量业绩的尺度,能够调动职工积极性。标准成本是在事前经过科学分析所确定的、在正常的生产经营条件下应该发生的成本。在实际生产过程中,通过实际成本与标准成本的比较,分析差异原因,查明责任归属,可以正确评价员工的工作成绩,从而调动他们的工作积极性,使其关心和参与生产成本的控制和管理,以挖掘降低成本的潜力。

(3)标准成本制度可以简化产品成本计算。采用标准成本制度,材料、在产品、产成品和产品的销售成本等都按标准成本入账,成本差异单独列示,这样可以大大地简化成本计算中账务处理过程,加速成本计算。

(4)标准成本制度可以为企业的预算编制和经营决策提供依据。编制生产经营的全面预算是一个企业实现短期利润计划、进行综合平衡、实行全面控制的重要措施。在标准成本制度下,由于标准成本的制定过程是相当严格规范的,一般要高于预算编制,因此,可以将标准成本资料直接作为编制预算的基础,为预算编制提供极大方便,也提高了预算的现实可能性。

8.1.3 标准成本的分类

所谓标准成本(Standard Cost),实际上就是根据已经达到的生产技术水平,在正常经营条件下,按成本项目反映的单位产品的目标成本。它是事先制定的一种预定的目标成本,由于通过成本预测确定的目标总成本,不便于进行日常的成本控制和考核,因此,有必要结合企业的具体生产经营情况,分别按成本项目逐一制定出各种产品的成本标准,即标准成本。

标准成本按其制定所依据的生产技术和经营管理水平不同可分为理想标准成本、正常标准成本和现实标准成本三类。

1. 理想标准成本

理想标准成本是以企业的生产技术和经营管理、设备的运行和工人的技术水平都处于最佳状态为基础所确定的成本水平。这种标准成本,假设效率最高,可能投入的价格最低,取得的材料的质量最好以及不会由于机器停工或停电等原因导致生产中断。由于这种标准成本的要求过高,只是理论上能达到的标准,故在实际工作中很少被采用。

2. 正常标准成本

正常标准成本是在正常生产经营条件下应该达到的成本水平,它是根据企业正常的耗用水平、正常的价格和正常的生产经营能力利用程度制定的标准成本。这种标准成本通常为过去一段时间实际水平的平均值,反映该行业价格的平均水平、平均的生产能力和技术能力,在生产技术和经营管理条件变动不大的情况下,可以在较长时间内采用。

3. 现实标准成本

现实标准成本是在现有的生产条件下应该达到的成本水平,它是根据现在所采用的价格水平、生产耗用量以及生产经营能力利用程度而制定的标准成本。这种标准成本最接近实际情况,对于管理人员和工人来说,既非轻而易举,又非高不可攀,只要经过努力是有望实现的,并能够在成本管理中充分发挥其应有的积极作用。在经济形势变化无常的情况下,可根据现实情况的变化不断修正成本标准,故在实际工作中被广泛采用。

8.2 标准成本的制定

一般地,产品的生产成本是由生产过程中耗用的直接材料、直接人工和制造费用三大项目构成的。与此相适应,标准成本也是针对这三大项目分别进行制定的。虽然这三大成本项目的性质各不相同,但是,无论是哪一个成本项目,其基本构成因素都是“用量”标准和“价格”标准两个因素,即每一个成本项目的标准成本的基本形式为

$$标准成本 = 用量标准 \times 价格标准$$

其中,用量标准,包括单位产品材料消耗量、单位产品直接人工工时等,主要由生产技术部门主持制定;价格标准,包括原材料单价、小时工资率、小时制造费用分配率等,主要由会计部门和其他相关部门共同制定。采购部门是材料价格的责任部门,劳资部门和生产部门对小时工资率负有责任,生产车间对小时制造费用分配率承担责任,在制定相关价格标准时要与其协商。

制定标准成本,一般先确定直接材料和直接人工的标准成本,再确定制造费用的标准成本,最后确定产品的标准成本。

8.2.1　直接材料标准成本

1. 材料用量标准

材料用量标准是指在现有生产技术条件下生产单位产品需用的材料数量,包括构成产品实体的材料、生产中必要的损耗等。制定材料用量标准时,应按产品所需耗用的各种直接材料分别计算。

【例 8-1】　生产一个中型花式生日蛋糕的原材料用量标准为 2 千克,正常浪费限额为 0.1 千克,则每个中型花式蛋糕的标准用量为 2.1 千克。

2. 材料价格标准

材料价格标准是指采购部门事先根据供应单位提供的价格及其他因素确定的各种直接材料的单价,包括买价和运杂费等。

【例 8-2】　上述蛋糕原材料的买价为 3.7 元/千克(扣除折扣),每千克的运输成本为 0.1 元,则每千克材料的标准价格为 3.8 元。

根据标准用量和标准价格可确定直接材料的标准成本,即

$$直接材料标准成本 = 材料的标准价格 \times 单位产品的用量标准$$

$$上述蛋糕的直接材料的标准成本为 2.2 \times 3.8 = 8.36 元$$

8.2.2　直接人工标准成本

在直接人工的标准成本中,用量标准是指标准工时,价格标准是指标准工资率。

1. 标准工时

标准工时是指在现有生产技术条件下生产单位产品所需用的工作时间,包括对产品直接加工的时间,必要的间歇时间和停工时间,以及不可避免的废品所用工时。标准工时是以"时间与动作研究"为基础,先按产品经过的车间、工序分别计算,再按产品品种分别加以汇总。

2. 标准工资率

标准工资率在计件工资制下,是指单位产品应支付的计件单价;在计时工资制下,是指每一标准工时应分配的工资,按现行工资制度所定的工资水平计算确定。其计算公式如下

$$标准工资率 = 预计标准工资总额/标准总工时$$

根据标准工时和标准工资率可确定直接人工标准成本,即

$$直接人工标准成本 = 标准工资率 \times 标准工时$$

【例 8-3】　上述蛋糕需耗用的直接人工小时数为 1 小时,小时工资率为 15 元,则直接人工标准成本为 $1 \times 15 = 15$ 元。

8.2.3 制造费用的标准成本

制造费用按其形态可划分为变动制造费用和固定制造费用两部分,因此,制造费用的标准成本也应分别制定。需要注意的是,如果企业采用变动成本法计算产品成本,固定制造费用应作为期间费用,是不计入产品成本的,所以,只需制定变动制造费用的标准成本,至于固定制造费用一般通过编制预算加以控制。如果企业采用完全成本法计算产品成本,固定制造费用是要计入产品成本的,所以,不但要制定变动制造费用的标准成本,还要制定固定制造费用的标准成本。

1. 变动制造费用的标准成本

在变动制造费用标准成本中,用量标准是指生产单位产品所需直接人工标准小时或机器工作标准小时;价格标准是指变动制造费用分配率标准。其计算公式如下:

变动制造费用标准分配率 = 变动制造费用预算总额/直接人工标准(或机器)总工时

变动制造费用标准成本 = 变动制造费用标准分配率 × 直接人工(或机器)标准工时

【例 8-4】 某企业生产 A 产品,只有一个生产车间,一道加工工序,该产品变动制造费用标准成本的计算表如表 8-1 所示。

表 8-1 A 产品变动制造费用标准成本表

部门	金额/元
变动制造费用预算	
运输	900
电力	800
消耗材料	1 800
间接人工	2 700
燃料	700
其他	600
合计(元)	7 500
生产量标准(人工工时)	5 000
变动制造费用标准分配率	1.5
直接人工数量标准(人工工时)	2
单位产品变动制造费用标准成本(元)	3

2. 固定制造费用的标准成本

在变动成本法下,由于固定制造费用不计入产品成本,单位产品的标准成本中不包括固定制造费用的标准成本。因此,不需要制定固定制造费用的标准成本,固定制造费用的控制是通过预算管理来进行的。如果采用完全成本法,固定制造费用计入产品成本,则需要确定其标准成本。

固定制造费用的标准成本也是由生产部门和技术部门共同制定的,固定制造费用的数量标准与变动制造费用的数量标准相同,可以采用单位产品直接人工工时标准或单位产品机器工时标准,但两者要保持一致,以便进行差异分析。固定制造费用价格标准就是固定

制造费用的每小时标准分配率,其计算工时如下:

$$固定制造费用标准分配率 = \frac{固定制造费用预算总额}{直接人工标准(或机器)总工时}$$

固定制造费用标准成本 = 固定制造费用标准分配率 × 单位产品直接人工(或机器)标准工时

【例 8 -5】 依【例 8 -4】的资料,A 产品固定制造费用标准成本表如表 8 -2 所示。

表 8 -2　A 产品固定制造费用标准成本表

部门	金额/元
固定制造费用	
折旧费	1 650
管理人员工资	950
间接人工	1 200
保险费	700
其他	500
合计(元)	5 000
生产量标准(人工工时)	4 000
固定制造费用标准分配率	1.25
直接人工数量标准(人工工时)	2
单位产品固定制造费用标准成本(元)	2.5

8.2.4　单位产品标准成本的制定

将分别确定的直接材料、直接人工和制造费用的标准成本按产品加以汇总,就可以确定有关产品完整的标准成本。通常,企业编制标准成本卡(如表 8 -3 所示)来反映产品标准成本的具体构成。在每种产品生产之前,其标准成本卡要送达有关人员,包括各级生产部门的负责人、会计部门、仓库等,作为领料、派工和支出其他费用的依据。

表 8 -3　某产品单位标准成本卡

成本项目	价格标准	用量标准	标准成本/元
直接材料			
A 材料	3.5 元/千克	8 千克	28
B 材料	5 元/千克	3 千克	15
小计			43
直接工资	1.5 元/小时	40 小时	60
变动制造费用	0.3 元/小时	40 小时	12
固定制造费用	0.75 元/小时	40 小时	30
标准成本合计			145

值得注意的是,为了实现对成本的控制,企业在应用标准成本过程中需要根据自身环境的变化对其做相应的调整。

8.3 成本差异的计算与分析

成本差异是指生产经营过程中发生的实际成本偏离预定的标准成本所形成的差额。成本差异的计算与分析是成本控制的中心环节,它既是日常成本控制的主要信息来源,又是评价和考核各成本责任单位业绩的重要依据。

在企业的日常经营活动中,实际成本与标准成本一般不可能完全吻合,如果实际成本低于标准成本,所形成的差异称为有利差异、顺差或节约;如果实际成本高于标准成本,所形成的差异称为不利差异、逆差或超支。

由于实际成本的高低取决于实际用量和实际价格,标准成本的高低取决于标准用量和标准价格,所以,成本差异可以归结为实际价格偏离标准价格造成的价格差异和实际用量偏离标准用量造成的用量差异,即可以推导出成本差异计算的一般模式如下:

成本差异 = 实际成本 − 标准成本 = (实际用量 × 实际价格) − (标准用量 × 标准价格)

价格差异 = (实际用量 × 实际价格) − (实际用量 × 标准价格)

用量差异 = (实际用量 × 标准价格) − (标准用量 × 标准价格)

总成本差异 = 价格差异 + 用量差异

成本差异分析主要分三个步骤:

①分析差异的性质及其具体构成;

②进一步弄清产生差异的原因以及造成的影响;

③判明责任,采取措施,改进成本控制。

成本差异的计算与分析通常从直接材料成本差异、直接人工成本差异和制造费用成本差异三方面进行。

8.3.1 直接材料成本差异的计算与分析

直接材料成本差异是指直接材料实际成本与其标准成本之间的差额,包括直接材料价格差异和直接材料用量差异两部分。

1. 直接材料价格差异

直接材料价格差异是指直接材料实际采购数量按实际价格计算与其按标准价格计算之间的差额。其计算公式如下:

直接材料价格差异 = (实际用量 × 实际价格) − (实际用量 × 标准价格)

= 实际用量 × (实际价格 − 标准价格)

2. 直接材料用量差异

直接材料用量差异是指直接材料实际耗用数量与其按标准计算的应耗用数量之间的差额。其计算公式如下:

直接材料用量差异 = (实际用量 × 标准价格) − (标准用量 × 标准价格)

= (实际用量 − 标准用量) × 标准价格

【例 8-6】 生产甲产品耗用 A 材料,A 材料的标准用量是 5 千克/件,标准价格是 3.2 元/千克。本月生产甲产品 1 000 件,实际耗用 A 材料 6 000 千克,A 材料实际价格是 2.5

元/千克。

要求:计算直接材料成本差异。

直接材料价格差异 = 6 000 × (2.5 − 3.2) = −4 200 元(节约)

直接材料用量差异 = (6 000 − 5 × 1 000) × 3.2 = 3 200 元(超支)

直接材料成本差异 = −4 200 + 3 200 = −1 000 元(节约)

直接材料价格差异一般应由采购部门主要负责,应考虑的因素包括采购批量、交货方式、运输方式、有无折扣及材料品质等,其中任何一个因素脱离标准成本的预定要求都会形成价格差异。在正常情况下,采购部门可以选择价格合理、运输方便、采购费用较低、质量较好的材料,但实际上,材料价格又受许多其他因素影响,如市场供求、采购数量、紧急订货、运费增加等,这些所引起的价格差异就不应归属于采购部门,而应对价格差异形成的原因做进一步的分析。有时可能是由于生产上的原因造成的,如对某种材料进行小批量的紧急订货,由于加急运输形成的超支差异,应当由生产部门负责而不应由采购部门负责。

直接材料用量差异一般应由生产部门承担主要责任,应考虑的因素包括生产工人的技术熟练程度和对工作的责任感、材料的质量、生产设备的状况等,其中任何一个因素脱离标准成本的预定要求都会形成用量差异。在正常情况下,生产部门可以控制耗用材料的数量。但有时材料用量差异也可能是由于其他部门的原因造成的,如采购部门购入质量较差或不符合规格的材料,或仓储部门保管不当致使材料变质或损坏,或设备管理部门调度不利致使机器设备不能完全发挥其生产能力等情况造成的材料耗用量增加,这些所引起的用量差异应当由采购部门、仓储部门、设备管理部门分别负责而不应由生产部门负责。

8.3.2 直接人工成本差异的计算与分析

直接人工成本差异是指直接人工实际成本与其标准成本之间的差额,包括直接人工工资率差异(价格差异)和直接人工效率差异(用量差异)两部分。

1. 直接人工工资率差异

直接人工工资率差异是指按实际工资率计算的人工成本与其按标准工资率计算的人工成本之间的差额。其计算公式如下:

直接人工工资率差异 = (实际工时 × 实际工资率) − (实际工时 × 标准工资率)
= 实际工时 × (实际工资率 − 标准工资率)

2. 直接人工效率差异

直接人工效率差异是指按生产中实际产量耗用的实际工时计算的人工成本与按标准计算的应耗用标准工时计算的人工成本之间的差额。其计算公式如下

直接人工效率差异 = (实际工时 × 标准工资率) − (标准工时 × 标准工资率)
= (实际工时 − 标准工时) × 标准工资率

【例 8−7】 生产乙产品标准人工小时是 12 小时/件,标准工资率是 5 元/小时。本月生产乙产品 1 000 件,实际耗用人工 11 000 小时,平均小时工资 8 元/小时,实际工资总额 88 000 元。

直接人工工资率差异 = 11 000 × (8 − 5) = 33 000 元(超支)

直接人工效率差异 = 11 000 − 12 × 1 000 = −1 000 元(节约)

直接人工成本差异 = 33 000 − 1 000 = 32 000 元(超支)

直接人工工资率差异是考核每个工时生产能力的重要指标,一般应由劳动人事部门承

担主要负责,应考虑的因素包括工种调配、不同工资级别工人实际工时比例变化、工人工资级别调整等因素,其中任何一个因素脱离标准成本的预定要求都会形成工资率差异。例如,在生产过程中使用了工资级别较高、技术水平较高的工人从事了要求较低的工作,即大材小用,就必然会出现实际工资率高于标准工资率的不利的工资率差异。

影响直接人工效率的因素很多,主要包括劳动生产率变化、生产工艺过程、生产工人技术水平、生产工人配备程度、原材料质量、设备状况,以及生产管理状况等因素。所以,要根据企业实际生产经营状况,具体分析产生差异的原因,分清不同的责任部门,才能采取有效的控制措施。

8.3.3 制造费用成本差异的计算与分析

1. 变动制造费用成本差异的计算与分析

变动制造费用成本差异是指变动制造费用实际发生额与其标准发生额之间的差额,包括变动制造费用支出差异(价格差异)和变动制造费用效率差异(用量差异)两部分。变动制造费用支出差异是指因变动制造费用实际分配率偏离其标准分配率而形成的变动制造费用差异部分。变动制造费用效率差异是指因生产单位产品实际耗用的直接人工小时偏离预定的标准工时而形成的变动制造费用差异部分。其计算公式如下:

变动制造费用支出差异 =(实际工时×实际分配率)-(实际工时×标准分配率)
=实际工时×(实际分配率-标准分配率)

变动制造费用效率差异 =(实际工时×标准分配率)-(标准工时×标准分配率)
=(实际工时-标准工时)×标准分配率

【例8-8】 某企业本月生产甲产品7 000件,实际发生变动制造费用61 200元,实际使用人工72 000小时,已知变动制造费用的标准分配率为0.8元/小时,标准人工小时10小时/件。

变动制造费用实际分配率 =61 200÷72 000 =0.85元/小时

变动制造费用支出差异 =72 000×(0.85-0.8)=3 600元(超支)

变动制造费用效率差异 =(72 000-10×7 000)×0.8 =1 600元(超支)

变动制造费用成本差异 =3 600+1 600 =5 200元(超支)

变动制造费用成本差异产生的原因主要是由于间接材料、间接人工和其他有关变动制造费用,以及生产过程中实际工时(或机器工时)利用情况发生变化。变动制造费用开支差异产生的原因时应考虑变动制造费用的节约和浪费情况及生产工时的变化。变动制造费用效率差异产生的原因,应考虑此项差异实质是反映实际生产过程中工时的利用效率,同变动制造费用分配基础联系在一起的,通常负责控制分配基础水平的部门应对变动制造费用的效率差异承担责任。要减少变动制造费用的不利差异,应加强车间管理,尽量节约间接人工、间接材料等变动费用,提高工时利用效率等。

2. 固定制造费用成本差异的计算与分析

固定制造费用成本差异是指固定制造费用的实际发生额与其标准发生额之间的差额。在标准成本的制定一节中已指出,如果企业采用变动成本法计算产品成本,固定制造费用是作为期间费用而不应计入产品成本中,对其是通过编制费用预算的方法加以控制的。但是,如果企业采用完全成本法计算产品成本,固定制造费用可用标准成本来控制,需要对固定制造费用成本差异进行计算与分析。

固定制造费用成本差异分析方法有两分法（两因素分析法）和三分法（三因素分析法）两种。两分法是将固定制造费用成本差异分为支出差异和能量差异两种；而三分法则是在两分法的基础上将能量差异进一步分为生产能力差异和效率差异。

(1)两分法

固定制造费用支出差异是指固定制造费用实际发生额与其预算额之间的差额。固定制造费用能量差异是指固定制造费用预算额与其标准成本之间的差额，它反映实际产量标准工时未能达到生产能量而造成的损失。其计算公式如下：

固定制造费用成本差异 = 固定制造费用实际成本 - 固定制造费用标准成本

固定制造费用的标准分配率 = 固定制造费用预算额/预算工时

固定制造费用支出差异 = 固定制造费用实际成本 - 固定制造费用预算额

= (实际工时 × 实际分配率) - (预算工时 × 标准分配率)

固定制造费用能量差异 = 固定制造费用预算额 - 固定制造费用标准成本

= (预算工时 × 标准分配率) - (标准工时 × 标准分配率)

【例 8-9】　某企业本月预算固定制造费用为 36 000 元，预算工时为 12 000 小时，实际耗用工时 10 000 小时，实际固定制造费用为 35 000 元，标准工时为 8 000 小时。

固定制造费用标准分配率 = 36 000/12 000 = 3 元/小时

固定制造费用实际分配率 = 35 000/10 000 = 3.5 元/小时

固定制造费用支出差异 = 10 000 × 3.5 - 36 000 = -1 000 元(节约)

固定制造费用能量差异 = 36 000 - 8 000 × 3 = 12 000 元(超支)

固定制造费用成本差异 = -1 000 + 12 000 = 11 000 元(超支)

(2)三分法

固定制造费用支出差异与两分法相同。固定制造费用生产能力差异是由于实际生产能力与其标准生产能力不同而形成的成本差异。固定制造费用效率差异是由于实际耗用工时与其标准工时之间的差额而形成的成本差异。其计算公式如下：

固定制造费用成本差异 = 固定制造费用实际成本 - 固定制造费用标准成本

固定制造费用支出差异 = (实际工时 × 实际分配率) - (预算工时 × 标准分配率)

固定制造费用生产能力差异 = (预算工时 × 标准分配率) - (实际工时 × 标准分配率)

固定制造费用效率差异 = (实际工时 × 标准分配率) - (标准工时 × 标准分配率)

【例 8-10】　依【例 8-9】的资料，用三分法计算固定制造费用成本差异。

固定制造费用支出差异 = 10 000 × 3.5 - 36 000 = -1 000 元(节约)

固定制造费用生产能力差异 = (12 000 × 3) - (10 000 × 3) = 6 000 元(超支)

固定制造费用效率差异 = (10 000 × 3) - (8 000 × 3) = 6 000 元(超支)

固定制造费用成本差异 = -1 000 + 6 000 + 6 000 = 11 000 元(超支)

可见，三分法下固定制造费用生产能力差异与效率差异之和(6 000 + 6 000 = 12 000 元)与两分法下固定制造费用能量差异(12 000 元)的数额是相等的。

固定制造费用预算额应就每个生产部门分别编制，固定制造费用实际发生额应就每个生产部门分别记录，标准分配率与实际分配率也应就每个生产部门分别计算。

分析固定制造费用开支差异产生的原因时应考虑资源数量和价格的变动(如职工人数的增减、工资率、税率的增减等)，以及酌量性固定成本(如职工培训费、差旅费、折旧费、办公费等)的变动，应视具体情况而采取相应的措施。固定制造费用生产能力差异产生的原因,应考虑是否是由于产品定价过高、经济不景气、原材料供应不足和停电等原因影响了产品销量而造成的,它反映生产能力的使用情况。固定制造费用效率差异产生的原因与形成直接人工效率差异的原因基本相同,反映人工效率情况。

8.4 成本差异的账务处理

在标准成本法下,产品成本是以标准成本在账户间流动的。“原材料”“库存商品”“生产成本”及“主营业务成本”等账户均按标准成本进行核算,实际成本与标准成本之间形成的差异,分别设置专门的成本差异账户进行归集,期末对成本差异进行处理。

8.4.1 成本差异的账务处理

1. 设置成本差异账户

在采用标准成本法进行成本核算的企业中,为了通过总分类账户归集和结转各种成本差异,一般应增设以下成本差异账户,如表 8-4 所示。

表 8-4 成本差异账户汇总表

直接材料价格差异	变动制造费用效率差异
直接材料用量差异	固定制造费用支出差异
直接人工工资率差异	固定制造费用能量差异
直接人工效率差异	固定制造费用生产能力差异
变动制造费用支出差异	固定制造费用效率差异

当企业采用完全成本法计算产品成本时,对于固定制造费用的处理,如果采用两分法,则应使用“固定制造费用支出差异”“固定制造费用能量差异”两个账户;如果采用三分法,则应使用“固定制造费用支出差异”“固定制造费用生产能力差异”“固定制造费用效率差异”三个账户。

以上这些账户分别用于登记实际发生的各种成本差异(借方登记超支差异,贷方登记节约差异和差异转出数),以便日常据以控制和考核各项成本指标。

2. 期末成本差异的处理

为了正确计算成本,期末必须对成本差异进行合理分配,会计处理方法有以下两种。

(1)结转本期损益法

如果期末差异不大,可将本期发生的各种成本差异全部转入“主营业务成本”账户(即全部差异由本期的销售产品负担),不再分配给期末在产品和产成品。这样,期末资产负债表中“在产品”和“产成品”项目均反映为标准成本。采用这种方法的理由是本期的成本差异是本期成本控制的结果,应当直接体现在本期损益之中,使利润能反映本期生产经营工作业绩。此方法的优点是省却了复杂的成本差异分配工作,使产品成本的计算和账务处理大为简化。缺点是如果标准成本已经过时,则不仅会导致本期经营成果不实,而且使存货成本严重脱离实际成本。因此,在成本差异数额不大时采用此法为宜。西方企业一般多采用此法。

(2)调整销货成本与存货法

如果期末差异较大,可将本期发生的各种成本差异按一定比例在已销产品成本和存货成本中进行分配,采用此方法的原因是:本期发生的成本差异与本期已销产品成本和期末存货成本有关,所以必须在期末把各项标准成本差异在已销售商品和库存商品之间进行分配,以计算已售和未售商品的实际成本,这样,期末资产负债表中“在产品”和“产成品”项目均反映为实际成本,采用这种方法使产品成本的计算和账务处理工作量较大。

8.4.2　标准成本制度核算举例

【例 8－11】　A 企业本月生产甲产品,甲产品的单位标准成本、预算资料,以及实际发生情况如表 8－5 和表 8－6 所示。该企业是以完全成本法计算产品成本为前提,试根据相关资料,采用标准成本制度对甲产品的成本进行核算。

表 8－5　甲产品单位标准成本卡　　计划产量:580 件

成本项目	用量标准	价格标准	标准成本/元
直接材料			
A 材料	8 千克	10 元/千克	80
B 材料	18 千克	10 元/千克	180
小计			260
直接人工	50 工时	5 元/小时	250
制造费用			
变动制造费用	50 工时	0.8 元/小时	40
固定制造费用	50 工时	0.8 元/小时	40
小计			80
合计			590

表 8－6　本月发生的生产费用

成本项目	实际耗用	实际价格	金额/元
直接材料			
A 材料	5 000 千克	11 元/千克	55 000
B 材料	12 000 千克	9 元/千克	108 000
小计			163 000
直接人工	28 000 工时	5.5 元/小时	154 000
制造费用			
变动制造费用	28 000 工时	0.75 元/小时	21 000
固定制造费用	28 000 工时	0.7 元/小时	19 600
小计			40 600
合计			357 600

假定该企业本月初在产品为 100 件,完工程度为 0%;本月投产 500 件,完工 500 件,期末在产品 100 件,完工程度 50%,原材料在开工时一次投入。

材料的约当产量 = 500 + 100 = 600 件

人工的约当产量 = 500 + 100 × 50% = 550 件

1.进行各种差异计算与分析

(1)直接材料成本差异计算与分析

直接材料价格差异 =(实际用量 × 实际价格) -(实际用量 × 标准价格)

直接材料用量差异 =(实际用量 × 标准价格) -(标准用量 × 标准价格)

A 材料:

实际用量 × 实际价格 = 5 000 × 11 = 55 000 元

实际用量 × 标准价格 = 5 000 × 10 = 50 000 元

标准用量 × 标准价格 = 600 × 8 × 10 = 48 000 元

材料价格差异 = 55 000 - 50 000 = 5 000 元(超支)

材料用量差异 = 50 000 - 48 000 = 2 000 元(超支)

A 材料总成本差异 = 5 000 + 2 000 = 7 000 元(超支)

B 材料:

实际用量 × 实际价格 = 12 000 × 9 = 108 000 元

实际用量 × 标准价格 = 12 000 × 10 = 120 000 元

标准用量 × 标准价格 = 600 × 18 × 10 = 108 000 元

材料价格差异 = 108 000 - 120 000 = -12 000 元(节约)

材料用量差异 = 120 000 - 108 000 = 12 000 元(超支)

B 材料总成本差异 = -12 000 + 12 000 = 0 元

直接材料总价格差异 = 5 000 + -12 000 = -7 000 元(节约)

直接材料总用量差异 = 2 000 + 12 000 = 14 000 元(超支)

直接材料总成本差异 = -7 000 + 14 000 = 7 000 元(超支)

(2)直接人工成本差异计算与分析

直接人工工资率差异 =(实际工时 × 实际工资率) -(实际工时 × 标准工资率)

直接人工效率差异 =(实际工时 × 标准工资率) -(标准工时 × 标准工资率)

实际工时 × 实际工资率 = 28 000 × 5.5 = 154 000 元

实际工时 × 标准工资率 = 28 000 × 5 = 140 000 元

标准工时 × 标准工资率 = 550 × 50 × 5 = 137 500 元

工资率差异 = 154 000 - 140 000 = 14 000 元(超支)

人工效率差异 = 140 000 - 137 500 = 2 500 元(超支)

直接人工总成本差异 = 14 000 + 2 500 = 16 500 元(超支)

(3)变动制造费用成本差异计算与分析

变动制造费用支出差异 =(实际工时 × 实际分配率) -(实际工时 × 标准分配率)

变动制造费用效率差异 =(实际工时 × 标准分配率) -(标准工时 × 标准分配率)

实际工时 × 实际分配率 = 28 000 × 0.75 = 21 000 元

实际工时 × 标准分配率 = 28 000 × 0.8 = 22 400 元

标准工时 × 标准分配率 = 550 × 50 × 0.8 = 22 000 元

支出差异 = 21 000 − 22 400 = −1 400 元(节约)

效率差异 = 22 400 − 22 000 = 400 元(超支)

变动制造费用总成本差异 = −1 400 + 400 = −1 000 元(节约)

(4)固定制造费用差异计算与分析

①采用两分法

固定制造费用支出差异 = 固定制造费用实际成本 − 固定制造费用预算额
= (实际工时 × 实际分配率) − (预算工时 × 标准分配率)

固定制造费用能量差异 = 固定制造费用预算额 − 固定制造费用标准成本
= (预算工时 × 标准分配率) − (标准工时 × 标准分配率)

实际工时 × 实际分配率 = 28 000 × 0.7 = 19 600 元

预算工时 × 标准分配率 = 580 × 50 × 0.8 = 23 200 元

标准工时 × 标准分配率 = 550 × 50 × 0.8 = 22 000 元

支出差异 = 19 600 − 23 200 = −3 600 元(节约)

能量差异 = 23 200 − 22 000 = 1 200 元(超支)

固定制造费用总成本差异 = −3 600 + 1 200 = −2 400 元(节约)

②采用三分法

固定制造费用支出差异 = 固定制造费用实际成本 − 固定制造费用预算额
= (实际工时 × 实际分配率) − (预算工时 × 标准分配率)

固定制造费用生产能力差异 = (预算工时 × 标准分配率) − (实际工时 × 标准分配率)

固定制造费用效率差异 = (实际工时 × 标准分配率) − (标准工时 × 标准分配率)

实际工时 × 实际分配率 = 28 000 × 0.7 = 19 600 元

预算工时 × 标准分配率 = 580 × 50 × 0.8 = 23 200 元

实际工时 × 标准分配率 = 28 000 × 0.8 = 22 400 元

标准工时 × 标准分配率 = 550 × 50 × 0.8 = 22 000 元

支出差异 = 19 600 − 23 200 = −3 600 元(节约)

生产能力差异 = 23 200 − 22 400 = 800 元(超支)

效率差异 = 22 400 − 22 000 = 400 元(超支)

固定制造费用总成本差异 = −3 600 + 800 + 400 = −2 400 元(节约)

2. 编制成本差异汇总表

根据以上成本差异分析结果编制成本差异汇总表,如表 8 − 7 所示。

表 8 − 7　成本差异汇总表　　单位:元

项目	节约	超支	总差异
直接材料:			
价格差异	7 000		
用量差异		14 000	7 000(超支)
直接人工:			
工资率差异		14 000	
效率差异		2 500	16 500(超支)

表 8-7(续)

项目	节约	超支	总差异
变动制造费用			
支出差异	1 400		
效率差异		400	1 000(节约)
固定制造费用			
支出差异	3 600		
生产能力差异		800	
效率差异		400	2 400(节约)
合计	12 000	32 100	20 100(超支)

3. 设置产品明细账

设置甲产品明细账,将月初在产品成本和本月发生的费用以标准成本记入明细账,计算并结转完工产品的标准成本,如表 8-8 所示。

表 8-8 甲产品明细账

单位:元

项目	直接材料	直接人工	变动制造费用	固定制造费用	合计
月初在产品成本	26 000				26 000
本月费用	156 000	137 500	22 000	22 000	337 500
费用合计	182 000	137 500	22 000	22 000	363 500
产成品成本	156 000	125 000	20 000	20 000	32 1000
月末在产品成本	26 000	12 500	2 000	2 000	42 500

4. 相关账务处理

若该企业甲产品 500 件,售价 1 000 元/件,且全部差异到年终由销售产品负担。根据有关实际费用分配表(略)和差异汇总表编制会计分录。

(1)领用原材料

借:生产成本　　156 000
　直接材料用量差异　　14 000
　贷:原材料　　163 000
　　直接材料价格差异　　7 000

(2)归集直接人工差异

借:生产成本　　137 500
　直接人工工资率差异　　14 000
　直接人工效率差异　　2 500
　贷:应付职工薪酬　　154 000

(3)归集变动制造费用差异

借:生产成本　　22 000

变动制造费用效率差异　　400
　贷:制造费用——变动制造费用　　21 000
　　变动制造费用支出差异　　1 400

(4)归集固定制造费用差异

借:生产成本　　22 000
　固定制造费用生产能力差异　　800
　固定制造费用效率差异　　400
　贷:制造费用——固定制造费用　　19 600
　　固定制造费用支出差异　　3 600

(5)期末,产品验收入库结转完工产品成本

借:库存商品　　337 500
　贷:生产成本　　337 500

(6)销售产品

借:应收账款　　585 000
　贷:主营业务收入　　500 000
　　应缴税费——应缴增值税　　85 000

(7)结转已售产品标准成本

借:主营业务成本　　337 500
　贷:库存商品　　337 500

(8)结转成本差异

借:主营业务成本　　20 100
　直接材料价格差异　　7 000
　变动制造费用支出差异　　1 400
　固定制造费用支出差异　　3 600
　贷:直接材料用量差异　　14 000
　　直接人工工资率差异　　14 000
　　直接人工效率差异　　2 500
　　变动制造费用效率差异　　400
　　固定制造费用生产能力差异　　800
　　固定制造费用效率差异　　400

【复习思考题】

1. 什么是标准成本?标准成本有哪些类型?

2. 在标准成本制度下,成本差异有哪几种?

3. 如何进行成本差异的计算与分析?

4. 在标准成本制度下,应设置哪些成本差异账户?

5. 成本差异的处理通常有哪两种方式?请举例说明。

6. 某工厂生产和销售塑料玩具。今年 9 月份无月初月末存货,有关资料如下:本月生产并完工 3 000 件玩具,实际耗用 20 000 千克的材料,每千克材料实际价格为 1.4 元,每件玩具耗用材料标准为 6.25 千克,每千克材料的标准价格为 1.36 元。请计算直接材料的成本差异、用量差异和价格差异。

7. 光明公司生产甲、乙两种产品,这两种产品都需要使用A、B两种材料,详细资料如下:该公司本月计划生产甲产品2 400件,乙产品5 400件,每件产品耗用的材料标准数量和标准价格为:甲产品耗用A材料12千克,每千克10元,B材料10千克,每千克3元;乙产品耗用A材料8千克,每千克10元,B材料16千克,每千克3元。本月实际生产甲产品2 800件,乙产品6 000件,实际共耗用A材料80 900千克,每千克9.5元,实际共耗用B材料125 700千克,每千克3.2元。

加工产品耗用的标准工时和标准工资率如下:加工一件甲产品的标准工时为0.25小时,工资率14元;加工一件乙产品的标准工时为0.4小时,工资率也为14元。加工产品耗用的实际工时和实际工资率如下:加工甲产品共耗用725个工时,工资率为14.4元;加工乙产品共耗用2 310个工时,工资率也为14.4元。月初月末均无在产品和产成品存货。要求:

(1)计算直接材料的成本差异、价格差异和用量差异;

(2)计算直接人工的成本差异、工资率差异和效率差异。

8. 某公司生产和销售一种产品,本月生产并完工900件产品。该产品耗用甲乙两种材料,只经过一个生产部门的加工。本月预算固定制造费用为45 000元,预算工时为15 000工时,加工一件产品耗用的标准工时为15工时,变动制造费用标准分配率和固定制造费用标准分配率分别为2元和3元。加工该产品实际发生的直接人工工时为14 000小时,实际变动制造费用和固定制造费用分别为28 000元和42 000元。要求:

(1)计算变动制造费用的成本差异、效率差异和开支差异;

(2)计算固定制造费用的成本差异以及三因素分析法下的各项差异。

第9章　作业成本计算

【知识要点】

1. 作业成本法产生的历史背景。
2. 作业成本法的基本概念。
3. 作业成本法的基本原理。
4. 作业成本法的计算。

9.1　作业成本计算概述

9.1.1　作业成本法

1. 作业成本法产生的历史背景

作业成本法的思想最早是由美国会计学家科勒于20世纪30年代末提出的,但是直到20世纪80年代中期之前该方法并未得到会计界的广泛关注和深入研究。自20世纪70年代以来,随着西方发达国家高新技术的蓬勃发展并广泛应用于生产领域,使得企业生产过程高度自动化、电脑化。与此同时,日益激烈的竞争压力导致买方市场逐渐形成。这就要求企业提供与众不同的且具有个性的差异化产品或服务,重营销、高研发、小批量、多种类的生产模式逐渐盛行,制造费用占产品成本的比重较高。而传统成本计算方法是建立在“产量是影响成本的唯一因素”这一假定基础之上的,这将成本的产生过程过分简单化,尤其是对制造费用的核算过于粗略,已经不能提供准确的成本信息。在这种情况下,作业成本法作为一种更为准确、有效的成本核算方法得到各国学者的关注。美国哈佛大学库柏和卡普兰两位教授自20世纪80年代中期以来撰写了一系列的案例、论文和著作,引起了会计理论界和实务界的普遍重视,经过多年的发展,作业成本法理论已日趋完善。与传统成本计算方法不同,作业成本法更加强调会计信息与业务信息的融合,可以毫不夸张地说,作业成本法给现代成本管理带来一场新的革命,对企业管理诸多方面产生了深远影响。

前面章节已指出,制造费用是产品生产过程中发生的、不能直接归属于产品的间接成本,因此,在产品成本的计算过程中要采用一定的分配方法将制造费用分配到产品中去。然而,在传统的成本计算过程中,制造费用的分配是以产量为基础的成本分配方式,通常按一个分配标准统一分配制造费用,常用的分配标准有直接人工工时、直接人工成本、机器加工工时等。这种传统分配方法在传统的生产环境中是比较合适的,因为,传统生产工艺流程较为简单,制造费用所占的比重不大;市场对产品的个性要求不明显,产品结构品种较为单一,差别较小,所以采用单一的分配标准不会对成本计算结果造成太大的扭曲,成本计算提供的信息能够满足决策和控制的要求。然而,在高科技广泛应用于生产过程、市场需求多样化的环境下,应用这种传统的成本分配方法可能对成本的计算结果造成极大扭曲。

(1)高新技术应用对成本的影响

高新技术和计算机在生产过程中的广泛应用,首先,使制造费用的比重极大提高,同时制造费用分配方法的选择等因素对产品成本影响很大;其次,使工艺技术流程复杂化,作业链交错,同制造费用相关的活动复杂多样,各种不同类型活动对制造费用影响不同,采用同一个分配基础不能反映成本同分配基础之间的关系。

(2)市场环境对生产的影响

市场需求的多样化、个性化导致产品生产的多样化。不同产品要求的工艺过程不同,在作业链中流动路径不一样,对不同作业的使用量也不同,因而采用同一分配基础无法反映不同作业成本与不同产品的关系。由于生产环境的变化,传统的成本分配方法不能满足管理对成本信息的要求,因此,作业成本计算得到越来越多的推广和应用。

2. 作业成本法的含义

作业成本法(Activity Based Costing,ABC),是指在把企业的生产经营过程区分为若干个作业的基础上,以作业为成本计算的基本对象,通过资源动因的确认、计量,归集资源费用到作业上,再通过作业动因的确认、计量,归集作业成本到产品或顾客上去,最终计算出产品成本的一种新型成本计算方法。

3. 作业成本法的基本原理

在作业成本法下,作业被认为是由生产引起的,生产导致作业的发生,产品消耗作业,作业消耗资源,并导致间接成本和间接费用的发生。产品成本就是制造和运送产品所需的全部作业的成本的总和。作业成本法的实质就是在资源耗费与产品耗费之间借助“作业”这一“桥梁”来分离、归纳、组合,最后形成产品成本。由此可见,作业成本法将着眼点放在作业上,以作业为核算对象,依据作业对资源的消耗情况将资源的成本分配到作业,再由作业依据成本动因追踪到产品成本的形成和积累过程,由此得出最终产品成本。

作业成本法的计算程序是:把各类资源价值分配归集到各作业成本库,再把各作业库所汇集的成本分配给各种产品。这一过程大致可以分为以下三个步骤。

(1)确认主要作业,划分作业中心

为了便于按作业中心汇集成本,披露成本信息,在进行作业成本计算时,首先要确认产品生产过程中的主要作业,以主要作业为标志确定作业中心。企业可以根据各项具体作业之间的相互关系将全部作业划分到不同的作业中心,例如将与制造费用有关的作业划分为机器调整准备、检验、电费、维护等作业中心。

(2)按作业中心设立成本库归集成本

企业发生的各项具体成本要先归集到各成本库,然后再按一定标准予以分配。每个成本库所代表的是其所在作业中心的作业所引发的成本,其所汇集的成本可以用相同的成本动因加以解释。为了减少成本的归集与分配工作,同质作业的成本库可以合并。按作业中心设立成本库归集成本反映了作业量决定资源的耗用量、资源的耗用与作业直接相关、成本应按作业进行归集这一基本思想。

(3)将各个作业中心的成本分配到最终产品或产出或劳务

作业成本会计制度拓宽了成本核算范围,建立了三维成本模型:第一维是产品成本;第二维是作业成本;第三维是过程成本。作业成本计算从纵横两个方面(成本分配观和过程分析观)为企业改进和完善作业链,减少作业消耗,为作业产出提供信息。

9.1.2 与作业成本法相关的基本概念

为了学习作业成本法,必须首先理解以下几个与其相关的基本概念。

1. 资源与成本

一个企业所有的消耗都来自资源,它是成本的源泉。一个企业的资源主要包括直接人工、直接材料、生产维持成本、间接制造费用及生产过程以外的成本。在作业成本法下,成本被定义为资源的耗用,而不是为获取资源而发生的支出。作业成本法计量资源耗费水平的变动,而不是支出水平的变化。前者取决于对资源的需求,后者则取决于现有的资源状况,作业成本法将两者加以区分。其原因在于:一是有利于管理人员采取行动消除资源过剩或短缺;二是便于管理决策,因为资源的实际消耗量更能反映真实成本。

2. 作业

作业是指企业为了某一特定的目的而进行的消耗资源的活动或事项。企业生产经营过程中的每项环节,或是生产过程中的每道工序都可以视为一项作业。企业整个经营过程可以划分为许多不同的作业。作业的划分是从产品设计开始,到物料供应,从生产工艺流程的各个环节、质量检验、安装,到发运销售的全过程。表9-1列举一些经常遇到的作业。

表9-1 作业举例

产品设计	材料搬运	包装	装运
订单处理	机器调试	销售	收账
开发货单	设备运行	采购	发货
售后服务	质量检验	储存	人员培训

(1)作业的基本特征

①作业是一种资源的投入和另一种效果产出的过程,即作业既是一种狭义的、具体的交易活动,又是一种动态活动,在这种活动过程中它需要投入资源、耗费资源,但在投入或耗费资源的同时它又产生一定的效果,实现活动目的。

②作业活动贯穿于生产经营过程的全部。产品从设计到最终销售出去是由各种作业的实施完成的,没有作业的实施,经营活动就无法实现。

③作业是可以量化的,即作业可以采用一定的计量标准进行计量,这是作业最重要的特征。

(2)作业的分类

关于同质成本库和成本动因,美国哈佛大学库柏教授在他的《产品单位为基础与作业为基础的制造成本系统》一文中将作业和成本分为四大类别,即单位产出类、批次类、产品类和生产条件及设施类,结合这种分类,本书将作业按作业水平的不同分为以下四大类别。

①单位水平作业

单位水平作业是反映对每单位产品产量或服务所进行的工作,此类作业成本随产品产量增加而成比例增加,成本动因是产品产量。例如,产品生产的直接材料、直接人工、机器运转消耗的电力、按产量法计提的折旧等,这类作业成本随产品产量的高低而变动。

②批量水平作业

批量水平作业是由生产批别次数直接引起的,此类作业成本随批量增加而成比例增加,成本动因是产品批次,而非产品数量。例如,为新的生产批型准备机器,一旦机器被准备好,每批无论是生产100单位还是500单位,机器调整准备成本都不变。

③产品水平作业

产品水平作业是每一类产品的生产和销售所需要的工作,此类作业成本是为维持特定产品种类或产品线所发生的各种成本,成本动因是产品或产品生产线。这种作业成本与产品产量及批次无关,但与产品种类或产品线成比例。例如,产品开发设计、制图、工艺设计、流程设计、功能改进、质量改进、技术支持等。

④能力水平作业

能力水平作业是使企业生产经营正常运转的工作,此类作业成本是为维持整个生产过程而发生的成本。这类作业成本与产品的种类、生产的批次、每种产品的生产数量无关,但通常与总体生产能力相关。例如,管理人员的工资、机器设备的租金、折旧、财产保险和税金、房屋维修费、绿化费、照明费、保安人员工资等费用。

3. 作业中心

作业中心是将相关的作业归集到一起就构成了一个作业中心。例如,上述的顾客服务部门就是一个作业中心,它包括处理顾客订单、解决产品问题及提供顾客报告三项作业。一个作业中心是相关作业的集合,它提供有关作业的成本信息、每项作业所耗资源的信息及执行情况的信息。

4. 成本动因

一般来说,成本动因(Cost Driver)是导致成本发生的活动或因素,即成本诱因,又称成本驱动因素,如采购订单数便是采购作业的成本动因。出于可操作性考虑,成本动因必须能够量化。可量化的成本动因包括生产准备次数、零部件的件数、不同的批量规模数、机器小时数等。成本动因具有隐蔽性,不易识别,需要对成本行为进行仔细分析才能得到。成本动因可以进一步划分为资源动因和作业动因。

(1)资源动因

资源动因(Resource Driver)是分配作业所耗资源的依据。作业量的多少决定着资源的消耗量,资源消耗量的高低与最终的产量没有直接关系。资源消耗量与作业量的这种关系称作资源动因。资源动因作为一种分配基础,它反映了作业中心对资源的耗费情况,是将资源成本分配到作业中心的标准。在分配工作过程中,由于资源是一项一项地被分配到作业中的,于是就产生了作业成本要素。表9-2列举了几种资源动因。

表9-2 资源动因举例

资源	资源动因
折旧	所用设备的价值
人力	消耗劳动时间
动力	消耗电力度数
房屋租金	使用面积
职工医疗保险	职工人数

(2)作业动因

作业动因(Activity Driver)是成本对象对作业需求的程度,是指产品生产与作业量之间的关系,是将作业成本中心的成本分配到最终成本对象的标准。不同产品对加工作业次数

的需求不同，应分配的消耗就不同。表 9－3 列举了几种作业动因。

表 9－3　作业动因举例

作业	作业动因
订单处理	订单份数
机器运行	机器小时
材料搬运	材料质量
机器调整	调整次数（或小时数）
质量检验	检验件数（或时间）

5. 成本对象

成本对象是成本分配的终点，它既可以是产品，也可以是客户或服务。分配到最终产品、客户或服务的成本，反映了成本对象消耗的作业成本。

9.2　作业成本计算

9.2.1　作业成本法的成本计算程序

1. 确认和计量资源

资源是企业生产耗费的最原始形态，又是执行作业所必需的经济要素。如果把整个企业看成是一个与外界进行物资交换的投入产出系统，则所有进入该系统的人力、物力、财力等都属于资源范畴。因此，资源可以分为货币资源、材料资源、人力资源、动力资源和厂房设备资源等。

企业各项资源被确认后，要为每类资源设立资源库，并将一定会计期间所消耗的各类资源成本归集到各相应资源库中，即要将各类资源耗费价值归集到各资源库。值得注意的是，作业成本法并不改变企业所耗资源的总额，改变的只是资源总额在各种产品之间的分配额及资源总额在存货和销售成本之间的分配额。

2. 认定和划分作业

作业是作业成本计算和作业管理的核心，无论是作业成本计算还是作业管理，都要从作业的确认入手，只有明确了计算和管理的对象才能进行后面的工作。不同的企业，其经营规模、工艺流程和组织结构各不相同，因而其所要认定的作业也就不尽相同了。一般而言，作业的认定可以采取以下三种方法：

（1）根据企业生产工艺的流程，通过调查分析，区分不同的作业。如果作业太多，则可适当地将同类或类似的作业归并在一起。

（2）通过企业各个职能部门进行分析，区分不同性质的作业，并进行适当汇总。

（3）召集全体员工开会，由员工或工作组描述其工作情况，再进行汇总。

前两种方法可以较快取得资料，且准确性高，不会对员工的正常工作造成干扰，第三种方法则有助于提高全体员工的参与意识，发挥其积极性，加速作业成本管理的实施。需要注意的是，作业的划分不一定与企业的各个职能部门相一致，有时作业是跨部门的，而有时一个部门则能完成好几项不同作业。所以,作业的划分应该粗细得当,企业要根据实际情况选择作业的认定方法,而且作业的认定要考虑到成本效益原则和信息需要的详细程度。

3. 将资源成本分配给作业

首先,应确认作业所包含的资源种类,也就是确认作业所包含的成本要素。这里以检验部门的"检验产成品"作业为例,作业"检验产成品"消耗三种资源,即工资、材料和折旧。其次,应确立各类资源的资源动因,将资源分配到各受益对象(作业),据此计算出作业中该资源的成本额。该步骤的分配工作反映了作业成本法的基本前提:作业量的多少决定着资源的消耗量。作业驱动资源成本的耗用,资源动因被用来将资源成本分配给作业。选择一个好的资源动因的重要指标之一是因果关系。典型的资源动因包括用于薪酬相关作业的雇员人数、用于机器运行作业的机器小时、用于清洁卫生作业的空间大小等。

4. 将作业成本分配给成本对象

按照作业动因将各个作业中心的成本分配到最终产品、产出、劳务或顾客上。例如,抽样检验作业的作业动因是生产批次;钢板打眼作业的作业动因是打出的眼数;组装的作业动因是直接人工小时等。该步骤的分配工作反映了作业成本法的另一个基本前提,即产出量(成本对象)的多少决定着作业的耗用量。作业成本法的上述计算步骤如图 9 - 1 所示。

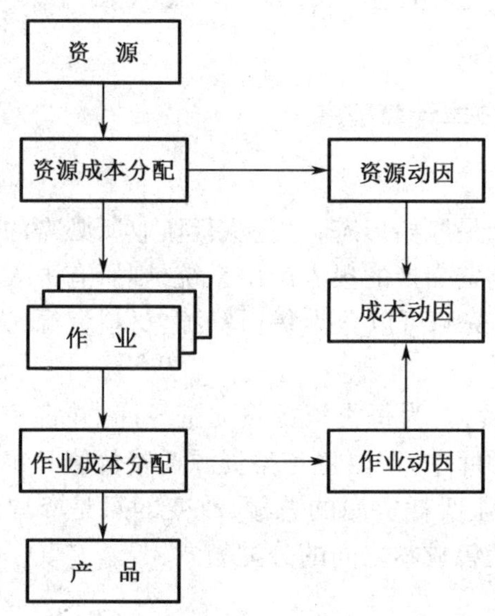

图 9 - 1　作业成本法的计算步骤

9.2.2　作业成本法计算举例

【例 9 - 1】　丙企业本月生产的甲、乙两种产品当月现已全部完工,丙企业有关的成本资料如表 9 - 4 所示,其中制造费用由 4 种作业所发生,详细资料如表 9 - 5 所示。

要求:分别采用传统成本法与作业成本法计算甲、乙两种产品成本。

表 9－4　丙企业成本资料表

项目	甲产品	乙产品	合计
产量/件	100	8 200	
直接材料/元	9 500	738 000	747 500
直接人工/元	5 000	451 000	456 000
制造费用/元			395 790
月产品机器工时/小时	300	16 400	16 700

表 9－5　制造费用作业资料表

作业	作业动因	作业成本/元	作业动因数		
			甲产品	乙产品	合计
机器调整准备	调整准备次数/次数	16 000	10	6	16
生产订单	订单数量/张	62 000	15	10	25
机器运行	机器运行时间/小时	233790	300	16 400	16 700
质量检验	检验次数/次数	84 000	30	20	50
合 计	—	395 790	—	—	—

解：(1)采用传统成本法

①制造费用计算

在传统成本法下，丙企业以产品机器小时为基础分配制造费用，如表 9－6 所示。

表 9－6　传统成本法下制造费用分配表

	甲产品	乙产品	合计
月产品机器小时/小时	300	16 400	16 700
分配率	395 790/16 700 = 23.7		
制造费用/元	7 110	388 680	395 790

②产品成本计算

采用传统成本法计算的产品成本资料如表 9－7 所示。

表 9－7　传统成本法下产品成本计算表

项目	甲产品	乙产品
直接材料/元	9 500	738 000
直接人工/元	5 000	451 000
制造费用/元	7 110	388 680
合计/元	21 610	1 577 680
产量/件	100	8 200
单位产品成本/元	216.1	192.4

(2)采用作业成本法

①作业动因制造费用计算

根据表9-5资料,将制造费用归集到各作业成本库中,此过程即将资源分配给作业,如表9-8所示。

表9-8　作业动因制造费用分配表

制造费用项目	金额/元
机器调整准备	16 000
生产订单	62 000
机器运行	233790
质量检验	84 000

②作业动因和单位作业成本计算

根据表9-5资料,认定各作业成本库的作业动因,如表9-9所示,并计算单位作业成本,如表9-10所示。

表9-9　作业动因计算表

制造费用	作业动因	作业动因数		
		甲产品	乙产品	合计
机器调整准备	调整准备次数/次数	10	6	16
生产订单	订单数量/张	15	10	25
机器运行	机器运行时间/小时	300	16 400	16 700
质量检验	检验次数/次数	30	20	50

表9-10　单位作业成本计算表

制造费用	作业动因	制造费用总额/元	作业动因数	单位作业成本/元
机器调整准备	调整准备次数/次数	16 000	16	1 000
生产订单	订单数量/张	62 000	25	2 480
机器运行	机器运行时间/小时	233790	16 700	13.999
质量检验	检验次数/次数	84 000	50	1 680

③制造费用计算

将作业成本库的制造费用按单位作业成本分摊到各产品得制造费用分配表,如表9-11所示。

表 9－11　制造费用分配表

制造费用	单位作业成本	甲产品		乙产品	
		作业动因数（作业量）	作业成本/元	作业动因数（作业量）	作业成本/元
机器调整准备	1 000	10	10 000	6	6 000
生产订单	2 480	15	37 200	10	24 800
机器运行	13.999	300	4 200	16 400	229 590①
质量检验	1 680	30	50 400	20	33 600
合计			101 800		293 990

注:①229 590＝233 790－4 200。

④产品成本计算

采用作业成本法计算的产品成本资料，如表 9－12 所示。

表 9－12　产品成本计算表

项目	甲产品	乙产品
直接材料/元	9 500	738 000
直接人工/元	5 000	451 000
制造费用/元	101 800	293 990
合计/元	116 300	1 482 990
产量/件	100	8 200
单位产品成本/元	1 163	180.85

可见，用两种成本法计算出来的产品成本相差很大，尤其是甲产品成本，在传统成本法下单位产品成本为 216.1 元，而在作业成本法下单位产品成本为 1 163 元，相差竟然如此悬殊，不同的成本信息对企业决策的影响可想而知。

【例 9－2】　某服装厂现有职工 45 人，按缝纫、平整两个中心组织生产。缝纫中心每月提供 4 000 工时，平整中心每月提供 2 000 工时。假设该厂生产规划作业资料如表 9－13 至表 9－16 所示。

要求：采用作业成本法计算产品成本。

表 9－13　本月生产作业规划情况

产品批次	名称	数量/件	单位材料定额/元		需要工时定额/工时		完工数量/件
			主料/元	辅料/元	缝纫	平整	
01	衬衣	4 000	40	2.5	1	0.5	3 000
02	纯毛大衣	10	500	50	6	3	10

表 9－14　本月资源耗费情况

资源项目	材料		工资	动力	折旧	办公	合计
	主料/元	辅料/元					
资源成本/元	165 000	10 500	50 000	8 000	50 000	20 000	303 500

表 9－15　主要参数及专属费用情况

参数	作业								
	订单	生产规划	采购	剪裁	缝纫	平整	生产协调	厂部	合计
人员定编/人	4	6	3	2	10	5	7	8	45
每人月工资 额/元	1 000	1 250	1 500	2 000	1 000	1 000	1 000	1 000	
耗电数/度	500	2 000	400	1 600	3 000	5 000	2 000	1 500	16 000
每度电/元	0.5	0.5	0.5	0.5	0.5	0.5	0.5	0.5	
01 批未完工 数/件					200	800			
未完工产品本作业完工率					0%	0%			
折旧费/元	2 000	5 000	1 000	5 000	14 000	10 000	6 000	7 000	50 000
办公费/元	3 000	3 000	2 000	2 000	1 000	1 000	2 500	5 500	20 000

表 9－16　作业资料表

作业	作业动因	衡量参数	产品消耗		
			01 批	02 批	其他批
订单	订单份数	40	1	1	38
生产规划	规划次数	30	1	1	28
采购	采购次数	80	76	4	0
剪裁	剪裁次数	80	76	4	0
缝纫	缝纫工时（额定）	3 860	3 800	60	0
平整	平整工时（额定）	1 530	1 500	30	0
生产协调	协调次数	50	30	20	0
厂部	价值				

解：（1）将本月资源耗费归集到各资源库，结果如表 9－17 所示。

表 9－17　本月资源耗费情况表

资源项目	材料费	工资费	动力费	折旧费	办公费
资源价值	175 500	50 000	8 000	50 000	20 000

(2)确定各项资源动因,将各资源库中的资源价值分配计入各作业库。

①材料费用的分配。材料费用耗用的动因在于"特定产品",因此,可根据产品定额耗费直接计入各产品,分配结果如表 9－18 所示。

表 9－18　材料费用分配表

资源项目 / 产品成本	材料费	
	主料/元	辅料/元
01 批	(40×4 000)160 000	10 000
02 批	5 000	500
合计	165 000	10 500

②工资费用的分配。工资费用耗用的动因在于各项作业"运用职工",因此,可根据完成各项作业的职工人数和工资标准对工资费用进行分配,分配结果如表 9－19 所示。

表 9－19　工资费用的分配表

资源	作业								
	订单	生产规划	采购	剪裁	缝纫	平整	生产协调	厂部	合计
职工人数	4	6	3	2	10	5	7	8	45
每人月工资额/元	1 000	1 250	1 500	2 000	1 000	1 000	1 000	1 000	
各作业工资费/元	4 000	7 500	4 500	4 000	10 000	5 000	7 000	8 000	50 000

③动力费用的分配。动力费用的动因在于"用电",因此,可根据用电度数来衡量,已知每度电价格是 0.5 元,分配结果如表 9－20 所示。

表 9－20　动力费用的分配表

资源	作业								
	订单	生产规划	采购	剪裁	缝纫	平整	生产协调	厂部	合计
用电度数/度	500	2 000	400	1 600	3 000	5 000	2 000	1 500	16 000
各作业工资费/元	250	1 000	200	800	1 500	2 500	1 000	750	8 000

④折旧费用与办公费用的分配。折旧费用的动因在于"运用有关固定资产",因此,可根据各项作业固定资产运用情况来分配折旧费用,根据表 9－15,这种运用通常具有"专属性",即特定固定资产由特定作业所运用。办公费用也具有"专属性",其分配方法与折旧费用的分配大体相同,分配结果如表 9－21 所示。

表 9－21　折旧费用及办公费用的分配表

资源	作业								
	订单	生产规划	采购	剪裁	缝纫	平整	生产协调	厂部	合计
折旧费/元	2 000	5 000	1 000	5 000	14 000	10 000	6 000	7 000	50 000
办公费/元	3 000	3 000	2 000	2 000	1 000	1 000	2 500	5 500	20 000

这里为方便读者阅读,将上述②～④有关结果加以汇总,即得表 9－22。

表 9－22　各资源项目向各作业分配表

资源项目	作业								
	订单	生产规划	采购	剪裁	缝纫	平整	生产协调	厂部	合计
工资费用/元	4 000	7 500	4 500	4 000	10 000	5 000	7 000	8 000	50 000
动力费用/元	250	1 000	200	800	1 500	2 500	1 000	750	8 000
折旧费用/元	2 000	5 000	1 000	5 000	14 000	10 000	6 000	7 000	50 000
办公费用/元	3 000	3 000	2 000	2 000	1 000	1 000	2 500	5 500	20 000
合计/元	9 250	16 500	7 700	11 800	26 500	18 500	16 500	21 250	128 000

(3)将各作业成本合计数分别记入各批次产品成本

①订单作业

订单作业的作业动因是订单份数,本月有 40 份订单,则

$$作业分配率 = 9\ 250/40 = 231.25$$

$$记入\ 01\ 批产品成本 = 231.25 \times 1 = 231.25\ 元$$

$$记入\ 02\ 批产品成本 = 231.25 \times 1 = 231.25\ 元$$

记入其他批次产品成本 $= 231.25 \times 38 = 8\ 787.5$ 元

②其他作业

同理,其他作业(生产规划、采购、剪裁、生产协调)可按照上述订单作业的原理进行处理。

这里为方便读者阅读,将上述①～②有关结果加以汇总,即得表 9－23。

表 9－23　五项作业分配率及作业应记入各批次产品成本情况表

前五项作业	作业分配率	记入各批次产品成本		
		01 批/元	02 批/元	其他批/元
订单	231.25	231.25	231.25	8 787.5
生产规划	550	550	550	15 400
采购	96.25	7 315	385	0
剪裁	147.5	11 210	590	0
生产协调	330	9 900	6 600	0
合计		29 206.25	8 356.25	24 187.5

③缝纫作业。根据完工程度,确定各批次产品实耗工时数。

01 批产品在缝纫作业有 200 件未完工,且完全未经缝纫作业处理(由表 9－15 可知),根据表 9－13 单件产品缝纫工时定额,可确定共耗用工时数为

$$(4\ 000-200)\times 1=3\ 800 \text{ 工时}$$

02 批产品全部经由该作业处理,共耗用工时数为

$$10\times 6=60 \text{ 工时}$$

由于该作业每月提供 4 000 工时,所以,140(即 4 000－3 800－60)工时为未使用工时,应将其计入期间费用,而不计入产品成本。据此得

$$\text{作业分配率}=26\ 500/4\ 000=6.625 \text{ 元/工时}$$

$$\text{计入 01 批产品成本}=3\ 800\times 6.625=25\ 175 \text{ 元}$$

$$\text{计入 02 批产品成本}=60\times 6.625=397.5 \text{ 元}$$

$$\text{计入期间费用的耗费}=140\times 6.625=927.5 \text{ 元}$$

④平整作业。同理,平整作业可按照上述缝纫作业的原理进行处理。

01 批产品耗用工时数为

$$(4\ 000-200-800)\times 0.5=1\ 500 \text{ 工时}$$

02 批产品耗用工时数为

$$10\times 3=30 \text{ 工时}$$

由于该作业每月提供 2 000 工时,所以,470(即 2 000－1 500－30)工时为未使用工时,据此得

$$\text{作业分配率}=18\ 500/2\ 000=9.25 \text{ 元/工时}$$

$$\text{计入 01 批产品成本}=1\ 500\times 9.25=13\ 875 \text{ 元}$$

$$\text{计入 02 批产品成本}=30\times 9.25=277.5 \text{ 元}$$

$$\text{计入期间费用的耗费}=470\times 9.25=4\ 347.5 \text{ 元}$$

⑤厂部作业。厂部作业动因是价值,其职能是对可控范围内的费用开支负责,对于本厂产品而言,已纳入生产规划的定额材料费投入可认为是厂部不可控费用,其他相关费用均可认为是可控费用,其价值投入均与厂部作业有关。所以,各批次产品成本和期间费用厂部可控部分分别为

$$\text{01 批产品成本}=29\ 206.25+25\ 175+13\ 875=68\ 256.25 \text{ 元}$$

$$\text{02 批产品成本}=8\ 356.25+397.5+277.5=9\ 031.25 \text{ 元}$$

$$\text{其他批产品成本}=24\ 187.5 \text{ 元}$$

$$\text{期间费用}=927.5+4\ 347.5=5\ 275 \text{ 元}$$

$$\text{作业分配率}=21\ 250/(68\ 256.25+9\ 031.25+24\ 187.5+5\ 275)=0.199$$

$$\text{计入 01 批产品成本}=0.199\times 68\ 256.25=13\ 587.31 \text{ 元}$$

$$\text{计入 02 批产品成本}=0.199\times 9\ 031.25=1\ 797.79 \text{ 元}$$

$$\text{计入其他批产品成本}=0.199\times 24\ 187.5=4\ 814.84 \text{ 元}$$

$$\text{计入期间费用的耗费}=0.199\times 5\ 275=1\ 050.06 \text{ 元}$$

将上述③～⑤有关结果加以汇总,即得表 9－24。

表 9－24　三项作业及其应记入各批次产品成本情况表

项目	缝纫/元	平整/元	厂部/元	合计/元
01 批	25 175	13 875	13 587.31	52 637.31
02 批	397.5	277.5	1 797.79	2 472.79
其他批	0	0	4 814.84	4 814.84
期间费用	927.5	4 347.5	1 050.06	6 325.06
合计	26 500	18 500	21 250	66 250

(4)期末将成本在在产品与完工产品之间进行分配，计算各批次产品成本

①01 批产品。01 批产品本月没有全部完工，根据表 9－15、表 9－23、表 9－24，有 200 件产品滞留在缝纫作业，且完全未经过缝纫作业；有 800 件产品滞留在平整作业，也完全未经过平整作业。据此，不考虑材料投入，有 4 000 件产品经由订单、生产规划、采购、剪裁四项作业；有 3 800 件产品经由缝纫作业；有 3 000 件产品经由平整、生产协调两项作业。

完工 3 000 件的作业成本＝(231.25＋550＋7 315＋11 210)×3 000/4 000＋25 175×3 000/3 800＋(13 875＋9 900)×3 000/3 000＝58 129.69 元

未完工产品的作业成本＝(231.25＋550＋7 315＋11 210)×1 000/4 000＋25 175×800/3 800＝10 126.56 元

由于厂部成本属于价值管理费用，因而要在完工产品和在产品之间进行分配。

作业分配率＝13 587.31/(58 129.69＋10 126.56)＝0.199

完工产品应负担费用＝58 129.69×0.199＝11 567.81 元

在产品应负担费用＝10 126.56×0.199＝2 015.19 元

再考虑材料费用(主料、辅料)，完工产品和在产品总成本分别为

完工产品总成本＝58 129.69＋11 567.81＋3 000×40＋10 000＝199 697.5 元

在产品总成本＝10 126.56＋2 015.19＋1 000×40＝52 141.75 元

②02 批产品。02 批产品本月全部完工，所以，完工产品总成本为

(5 000＋500)＋8 356.25＋2 472.79＝16 329.04 元

③其他批产品。由于只对已投产产品开设成本计算单，在以后成本计算期，对已投产产品应于投产时将相关成本按作业成本项目从其他批别明细账户中转入各自成本计算单；如果某产品经研究不投产，则相关成本应转入期间费用账户。

④期间费用。期间费用应于月末直接转入“本年利润”账户，用当期利润予以补偿。

9.2.3　作业成本法与传统成本法比较

作业成本法是在传统成本法的基础上产生一种新的成本计算方法。它与传统成本法既有区别，又有联系。

1. 作业成本法与传统成本法的区别

(1)成本计算对象不同

传统成本法主要以产品为成本对象计算成本，而作业成本法以“作业”作为最基本成本计算对象。其他成本对象(产品、劳务、客户等等)的成本计算均通过作业成本进行分配，正

是由于作业成本法可以提供各项作业耗费的成本信息，因此，不仅修正了传统成本信息的扭曲，而且还让管理人员展开作业管理并改善作业链成为可能。

(2)成本核算观念不同

传统成本法是为了存货估价而将已发生的费用分配到成本计算对象；作业成本法以作业为中心，通过对作业成本的确认和计量，将已发生的费用分配到成本对象，并及时提供有用信息，促使损失、浪费减少到最低限度，进而提高企业管理决策。

(3)间接成本的分配标准不同

传统成本法将成本按一定标准一次分配到产品中去；而作业成本法分配基础（成本动因）发生了质变，它不再采用单一的数量分配标准，而是采用多元分配标准，并且集财务变量与非财务变量于一体，特别强调非财务变量(如调整准备次数、生产订单数、质量检测次数等)，按成本动因，将成本分配到最终产品中去。因此，作业成本法所提供的成本信息要比传统成本计算法准确得多。

(4)相关成本费用的处理不同

传统成本法将许多成本项目列作期间费用，采用在发生的当期"一次性扣除"，而不加以分配。作业成本法是更广泛的完全成本法，在作业成本法下，对于营销、产品设计等领域发生的成本，只要这些成本与特定产品相关，则可以通过有关作业分配至有关产品(或其他成本对象)中，这样所提供的成本信息更有利于企业进行产品定价等相关决策。

2. 作业成本法与传统成本法的联系

(1)作业成本法以传统成本法为基础，直接材料和直接人工方面并无差异；在分配间接费用时，则是根据企业实际情况，将间接费用的分配由统一分配改为若干个具有同质成本动因的成本库分别进行分配，即不再只采用原有的分配标准，而更多考虑成本动因来选择多元分配标准。

(2)两者最终目的都是为了准确计算出产品成本。在某些条件下，例如，生产过程复杂、产品种类多的企业，运用作业成本法所提供的成本信息准确性、客观性较强，更有利于企业进行定价等相关决策。

9.3 作业管理

作业成本系统是重要的战略支持系统。它大致由两部分组成，一是作业成本法，二是作业管理。作业成本系统所提供的大量相关、准确的成本信息能在很大程度上帮助管理者实施战略管理，不断改善企业整个经营过程。这一系统已被西方国家的一些企业所采用，该系统在帮助企业寻找持续发展机会，进而获得竞争优势方面扮演了重要角色。所以，作业成本法与作业管理的建立，能为企业进行战略成本管理，进而支持企业实施战略管理发挥出重要作用。

9.3.1 作业成本法的二维观念

作业成本法具有二维观念，一是"成本分配观"，它可以概括为"资源→作业→成本对象"，二是"过程分析观"，它可以概括为"经营过程分析→作业→持续改善"(参见图 9-2)。成本分配观提供关于资源、作业及成本对象的有关信息。它是以"成本对象引起作业需求，而作业需求进而引起资源需求"为基本依据，将资源首先分配至作业，再由作业分配至成本对象。所以,作业成本法能够克服传统成本法的许多缺点。它的运用能为企业提供许多战略管理所需要的成本信息。过程分析观提供“何种因素引起作业以及作业完成效果如何”的信息。企业可以利用这些信息不断优化经营过程,从而实现持续改善。作业管理体现了作业成本法的过程观,其目的在于对作业链进行持续改善,以便使企业获得竞争优势。

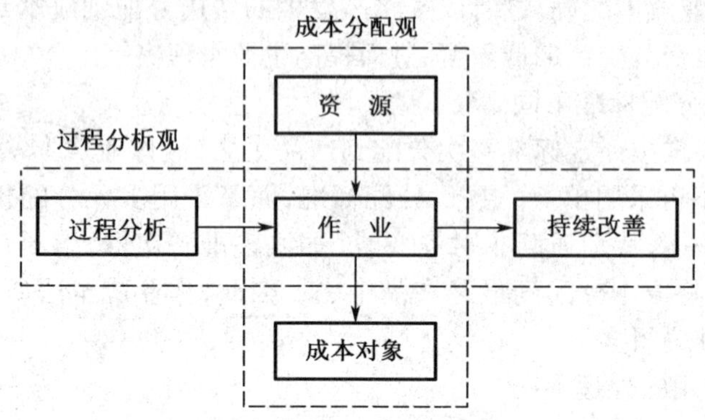

图9-2　作业成本法的二维观念

9.3.2　作业管理的意义和方法

1. 作业管理的意义

所谓作业管理,就是根据作业信息对企业经营过程中的作业进行评价,尽可能地消除不增值作业,改进增值作业,从而做出战略性和经营性决策,使企业价值链优化,最终增加顾客价值和企业价值。作业管理是把管理的重心深入到作业层次的一种新的管理观念。由于作业管理是作业成本法在企业管理中的具体应用,因此,作业管理的出现为企业实行战略管理提供了有力手段,具有重要意义。

(1)提供更准确的成本信息,为制定价格政策提供有力的支持。在激烈的市场竞争中,价格因素是影响企业竞争能力的重要因素。合理的产品价格是扩大市场份额并保持适当盈利的关键。

(2)有助于企业降低成本,制定并实施低成本战略。通过分析作业成本动因,确认非增值作业,可以改善作业流程,使成本得到有效降低。

(3)对产品成本更合理的分配,可以提高企业资源投放的决策效率。当企业同时生产多种类型产品,作业成本法可以帮助管理者判断哪个品种盈利,哪个品种亏损,以便正确决策生产线的取舍。

(4)建立在作业成本基础上的客户获利分析利于企业区分客户类型、销售渠道、销售市场的盈利能力,进而采取改进措施,扭转有关因素对企业的不利影响。

2. 作业管理的方法

作业管理的目的主要是从外部顾客的角度出发,尽量通过作业为顾客提供更多的价值,从企业自身的角度出发,尽量从为顾客提供的价值中获取更多的利润。作业管理的出发点是将企业看作是由顾客需求驱动的系列作业组合而成的作业集合体,这就要求在企业管理中高度重视作业选择和作业分享,超越各个部门的界限,以提高增值作业、减少乃至消除不增值作业为方向,利用作业成本法提供的成本信息,有效避免企业决策的欠优化。作业管理的方法主要有以下四种。

(1)作业消除

作业按其是否具有增值性可以分为两类,一是增值作业,二是非增值作业。增值作业的基本特点在于它能增加传递给顾客的价值,这里所说的价值是指顾客对企业向他们提供的产品或服务所愿意支付的价格。非增值作业是指对增加顾客价值没有贡献的作业,顾客不会因为企业消除这类作业而降低所愿意支付的金额。作业消除就是消除不增值的作业,消除后仍能为顾客提供与以前同样的效果。例如,将原材料从集中保管的仓库搬运至生产部门,将某部门生产的零部件搬运到下一个生产部门等都是不增值作业。如果条件许可,将材料供应的交货方式改变为直接送达原材料至使用部门,改善工厂布局,缩短运输距离,这些均会削减甚至消除不增值作业。

(2)作业选择

作业选择就是尽可能列举各项可行的作业并从中选择最佳的作业。不同的策略经常产生不同的作业。例如,不同的产品销售策略会产生不同的销售作业,而作业引发成本,因此,不同的产品销售策略,会引发不同的作业及成本。在其他条件不变的情况下,选择作业成本最低的销售策略,可以降低成本。

(3)作业减少

作业减少就是改善必要作业的效率或者改善在短期内无法消除的不增值的作业。例如,减少整理次数,就可以改善整理准备作业及其成本。

(4)作业分享

作业分享就是利用规模经济效应提高必要作业的效率,即增加成本动因的数量,但不增加作业成本,这样可以降低单位作业成本及分摊于产品的成本。例如,新产品在设计时如果考虑到充分利用现有其他产品使用的零部件,就可以免除新产品零部件的设计作业,从而降低新产品的生产成本。

9.3.3　作业成本法与作业管理结合运用

企业向客户提供使之满意的产品或服务的经营活动是由完成一定功能的活动——作业构成的,这些作业按一定的关系相连接,构成企业经营活动的价值链。而作业管理就是采用作业成本计算,以改进企业的经营活动,提高企业的经济效益为最终目的的管理。企业为完成各项作业均会产生成本,作业成本计算的主要特点是追踪作业计算成本。

作业管理除了应用作业成本计算外,还收集有关重要作业的业绩或财务成果等其他信息,进行价值链分析,辨别增值作业和非增值作业,从而消除非增值作业及其成本;对于重要增值作业要计量其财务成果和效率,寻求对增值作业的改进;同时对可能提高未来经营业绩的新活动进行选择和评价。

在作业成本法下,以客户作为成本对象进行成本计算,能分析企业向特定客户销售的获利能力。企业通常用毛利来衡量一笔交易的获利性高低,但实际上许多毛利较高的交易涉及大量不因销售量而改变的费用,如广告、售后服务和送货等费用,从而使净毛利水平大大降低。为了确定对其销售不能盈利的客户,可以选定有关的客户作为成本对象,利用作业成本法计算相应成本,而该类成本我们称为“客户成本”。客户成本不仅要包括生产环节发生的成本,还应包括销售环节和其他相关环节发生的成本。客户成本计算完毕后,再将所有与客户相关的收入和成本进行比较。这种分析能使管理人员了解各客户对企业盈利水平的影响,有助于企业选择合适的客户类型。市场竞争的日益激烈迫使企业改变经营战略，由原来以产品生产为核心转向以市场为核心。这就要求企业以满足客户的需求为导向，一切战略都必须围绕客户展开。通常，企业利润中有相当大的比例来源于少数客户，例如，75%的利润来源于30%的客户，而对另外70%的客户销售所获得利润只占企业利润的25%左右。企业在向一特定客户销售产品或提供服务时会发生很多与该客户相联系的成本，如现金折扣、数量折扣、包装费、运输费等。传统成本法不将每个客户作为成本对象来计算与其相关的成本，也不对特定客户销售的获利情况进行分析，如果运用作业成本法，这种缺陷便得以克服。

9.3.4 作业成本法的应用现状及存在的主要问题

作业成本法在成本核算和成本控制等方面都与传统成本法有着很大的不同，对企业的管理水平促进与提高也是传统成本法所不能比拟的。目前，开展作业成本法的国家，由最初的美国、加拿大、英国，迅速地向欧洲、美洲、澳洲以及亚洲等地区扩展。在行业领域方面，由最初的制造行业，扩展到商品批发与零售行业、金融机构、保险机构、医疗卫生服务等公共部门，以及会计师事务所、财务公司、咨询类社会中介机构等。在决策领域方面，其重点包括企业内部会计和财务、生产加工、产品定价、零部件设计、确认企业发展机会、产品管理决策、作业过程改进决策和确立战略重点等方面的应用，经过二十多年的发展，作业成本法在许多先进的国外企业中得以实施，并取得了卓著的成效。

1995年之前，我国对作业成本法的研究寥寥无几，之后经过一些学者的介绍与研究，作业成本法也广泛被大家所了解。但是，我国实施作业成本法并取得成功的企业却不多，这一方面是与我国传统企业占有很大比重有关，另一方面也与我们对作业成本法理论和应用研究还比较少有关。作业成本法可以为决策和经营管理提供更为客观可靠的成本信息，但在应用过程中也存在一些问题。

第一，作业的区分问题。企业生产经营活动复杂多样，各项活动相互联系、相互依存，并非所有作业都界限清晰、责任分明，在作业的区分上存在许多困难。

第二，成本动因确定上的困难。即使是一种作业往往也有多项环节，何种因素与成本变动完全相关或相关性较大并非清晰可辨，有时成本动因明晰但难以量化。

第三，信息处理的成本问题。从成本和效益的原则出发，作业的明晰和成本动因的相关只能是相对的，应用作业成本法的目的在于提高成本信息的客观可靠性，用于决策和管理控制，提高经济效益。实践证明，作业成本法比较适合于生产工艺复杂、产品多样化生产、产品批量差别大、制造费用比例较高的企业；而产品单一、工艺流程简单、产量稳定的企业，采用作业成本法与采用传统成本法不会产生太大的差别。

【复习思考题】

1. 如何理解传统成本信息的局限性？
2. 作业成本法的基本原理是什么？
3. 作业按作业水平不同，可以分为哪几类？
4. 什么是作业管理？实施作业管理有何意义？
5. 比较作业成本法与传统成本法的区别与联系。
6. 某公司的主要业务是生产服装。该公司的服装车间生产3种款式的夹克衫和2种款式的休闲西服。夹克衫和西服分别由两个独立的生产线进行加工，每个生产线有自己的工厂技术部门。5款服装均按批组织生产,每批100件。本月每种款式的产量和直接成本如表9-25所示。

要求:分别采用传统成本法与作业成本法计算产品成本。

表9-25　产量、直接人工和直接材料资料　单位:元

产品品种	夹克			西服		合计
	型号	夹克1	夹克2	夹克3	西服1	
本月批次	8	10	6	4	2	30
每批产量/件	100	100	100	100	100	
产量/件	800	1 000	600	400	200	3 000
每批直接人工	3 300	3 400	3 500	4 400	4 200	
直接人工总成本	26 400	34 000	21 000	17 600	8 400	107 400
每批直接材料成本	6 200	6 300	6 400	7 000	8 000	
直接材料总成本	49 600	63 000	38 400	28 000	16 000	195 000

本月制造费用发生额如表9-26所示。

表9-26　制造费用发生额　单位:元

项目	金额
生产准备、检验和供应成本(批次级成本)	84 000
夹克产品线成本(产品级作业成本)	54 000
西服产品线成本(产品级作业成本)	66 000
其他成本(生产维持级成本)	10 800
造费用合计	214 800
制造费用分配率(直接人工)	200%

第10章 成本报表

【知识要点】

1. 成本报表的概念;
2. 成本报表的作用;
3. 成本报表的种类;
4. 商品产品成本表的结构与编制;
5. 主要产品单位成本表的结构与编制;
6. 制造费用明细表的结构与编制;
7. 其他成本报表的特点。

10.1 成本报表的作用和种类

10.1.1 成本报表的概念和特点

成本报表是根据日常成本核算资料及其他有关资料编制的,反映企业一定时期内产品成本水平和费用支出情况,据以分析企业成本计划执行情况和结果的报告文件。正确、及时地编制成本报表是成本会计的一项重要内容。

成本报表与财务报表同属于会计报表体系。财务报表主要包括资产负债表、利润表、现金流量表及有关附表、附注及财务情况说明书,构成提供企业财务状况和经营成果信息的对外报告体系;成本报表则主要为企业内部管理服务,属于内部报表,是商业机密。因此,成本报表在编报的时间、格式与内容上,相对于财务报表而言有一定的灵活性。一般来说,产品生产成本表等主要成本报表定期、按一定格式编报,而其他成本报表则由企业根据生产类型和管理上的具体要求来确定编报时间、格式与内容。

10.1.2 成本报表的作用

正确、及时地编报成本报表,对企业加强成本管理和节约费用支出具有重要作用,主要体现在以下几个方面:

(1)企业利用成本报表,可以检查企业成本计划的执行情况,考核企业成本管理工作绩效,借此对企业成本管理工作进行评价。

(2)通过成本报表分析,可以揭示影响产品成本指标和费用项目变动的因素和原因,从生产技术、生产组织和经营管理等各个方面挖掘和动员节约费用支出和降低产品成本的潜力,提高企业生产耗费的经济效益。

(3)成本报表提供的实际产品(或经营业务)成本和费用支出的资料,不仅可以满足企业、车间和部门加强日常成本、费用管理的需要,而且是企业进行成本、利润的预测、决策,编制产品成本和各项费用计划、制定产品价格的重要依据。

10.1.3　成本报表的种类

成本报表属于内部报表,主要是为满足企业内部经营管理的需要而编制的,不对外公开。因此,成本报表的种类、格式、项目、指标的设计和编制方法、编报日期、具体报送对象,国家都不做统一规定,而由企业自行决定。企业的上级主管机构或部门为了对本系统所属企业的成本管理工作进行了解和指导,也可以要求企业将其成本报表作为会计报表的附表上报。在这种情况下,企业成本报表的种类、格式、项目和编制方法也可以由企业的上级主管机构或部门同企业共同商定。

1. 成本报表按其所反映的经济内容分类

(1)反映成本情况的报表。反映成本情况的报表是反映企业产品生产成本情况的报表,包括商品产品成本表、主要产品单位成本表、责任成本表等。该类报表主要反映企业为生产一定种类和一定数量产品所耗费的成本水平及其构成情况,同时将其与计划、上年实际、历史最好水平或同行业同类产品先进水平相比较,通过对比分析,从中找出差距,为采取措施降低成本、提高企业经济效益提供有效的资料。

(2)反映费用情况的报表。反映费用情况的报表是反映企业期间费用的发生情况和费用预算执行情况的报表,包括制造费用明细表、管理费用明细表、销售费用明细表和财务费用明细表等。该类报表主要反映企业一定时期内各种费用总额及其构成情况,同时将其与预算及上年实际对比,以揭示各项费用支出的变动情况和变动趋势,便于企业管理部门对费用正确制定预算、控制费用支出,有利于相关部门及人员经济责任的落实,防止出现不合理的费用支出情况。

2. 成本报表按其编制的时间分类

成本报表按其编制的时间可分为定期成本报表和不定期成本报表。

定期成本报表一般按月、季、年编制。依据会计核算一般原则和需要,会计部门通常按月、季、年定期编报全面反映成本计划(包括产品成本计划和各项费用计划)完成情况的报表。此外,为了加强成本的日常管理,对于成本耗费的主要指标也可以按旬、周、日,甚至按班定期编报,及时提供给有关部门,促使其及时地、有针对性地采取措施,解决生产经营中的问题,发挥成本核算指导生产的作用,

不定期成本报表是为了将成本管理中急需解决的问题及时反馈给有关部门,随时编制的与该问题相关的成本报表。

另外,为了将成本管理与技术管理相结合,分析成本升降的具体原因,寻求降低成本的途径和方法,并简化报表的种类和编制方法,也可将成本会计指标、统计指标和技术经济指标结合起来,合并编制报表。为了加强成本工作的预见性,还可以在某一计划执行过程中,对未来的时期能否完成成本计划进行预计,向有关部门和人员编报分析报告,及时沟通成本信息,以保证成本计划的完成和超额完成。

根据上述分类,以工业企业为例,成本报表一般应当编报的成本报表有商品产品成本表、主要产品单位成本表、制造费用明细表、期间费用明细表、主要成本消耗指标和技术经济指标表,以及成本计划预计完成情况表,企业还可以根据本身的生产特点和管理要求编制其他成本报表。

10.1.4 成本报表的编制要求

为了发挥成本报表的作用，成本报表在编制过程中应符合以下要求。

1. 数字真实

成本报表中的各项目的数据指标必须真实可靠，能如实反映企业成本工作的客观情况，不得凭空估计，更不得弄虚作假、篡改数字。因此，企业在编制成本报表前，必须将所有的经济业务都登记入账，并保证账证相符、账实相符、账账相符。成本报表编制完后，应检查各个报表中相关指标之间的钩稽关系是否正确，做到表表相符。

2. 内容完整

企业应编制的成本报表种类必须齐全；应填列的各项指标、表内项目和表外补充资料都必须填列齐全；应注意保持各有关指标计算口径和计算方法的一致性，如有变化应加以说明。此外，还应简明扼要地分析说明成本和费用升降的原因。

3. 编报及时

成本报表应根据企业管理者的需要迅速编报，以保证其能够利用准确完整的资料，及时地对企业成本计划完成情况进行检查和分析，从中发现问题，迅速采取措施解决问题。这就要求企业会计部门不仅做好日常的成本核算等前期准备工作，还要注意与有关部门的协作和配合，只有这样才能保证成本报表的及时编报，充分发挥成本报表的作用。

总之，企业应当从实际情况出发，从管理的要求出发来设计和编报成本报表。

10.2 商品产品成本表

10.2.1 商品产品成本表的概念和作用

商品产品成本表是反映企业在报告期内生产的全部商品产品（含可比产品和不可比产品）的总成本以及各种主要商品产品的单位成本和总成本的报表。该表一般按月编报。

企业根据商品产品成本表提供资料，可以考核全部商品产品和主要商品产品成本计划的执行结果，分析各种可比产品成本降低任务的完成情况，以查明成本增减变化的原因，找出进一步降低产品成本的途径。

10.2.2 商品产品成本表的结构和内容

商品产品成本表分为基本报表和补充资料两部分内容。在基本报表中，一般将全部商品产品分为可比产品和不可比产品两大类，分栏列示其各种产品的实际产量、单位成本、本月总成本和本年累计总成本，各栏还分别设置了上年计划、本月或本年成本数。其中，可比产品是指企业以前年度正式生产过，具有较完备的成本资料的产品；不可比产品是指企业本年度初次生产的新产品，或虽非初次生产但以前仅是试制而试制成功后今年正式投产的产品，缺乏可比的成本资料。补充资料部分是商品产品成本表的重要组成部分，是为了完整反映企业成本管理工作而提供的补充成本信息，其主要列示可比产品成本降低额和可比产品成本降低率等指标。

商品产品成本表的具体格式见表 10 - 1。

表 10－1 商品产品成本表

编制单位：大华工厂　　　　2017 年 12 月　　　　金额单位：元

产品名称	产品名称	实际产量		单位成本				本月总成本			本年累计总成本		
		本月	本年累计	上年实际平均	本年计划	本月实际	本年累计实际平均	按上年实际平均单位成本计算	按本年计划单位成本计算	本月实际	按上年实际平均单位成本计算	按本年计划单位成本计算	本年实际
		①	②	③	④	⑤＝⑨÷①	⑥＝⑫÷②	⑦＝①×③	⑧＝①×④	⑨	⑩＝②×③	⑪＝②×④	⑫
可比产品合计								300 000	275 000	269 500	3 300 000	3 025 000	2 992 000
其中：													
甲产品	件	2 000	22 000	100	90	88	89	200 000	180 000	176 000	2 200 000	1 980 000	1 958 000
乙产品	件	500	5 500	200	190	187	188	100 000	95 000	93 500	1 100 000	1 045 000	1 034 000
不可比产品合计									42 000	43 100		546 000	572 000
其中：													
丙产品	件	100	1 300		420	431	440		42 000	43 100		546 000	572 000
全部商品产品成本									317 000	312 600		3 571 000	3 564 000

补充资料（本年累计实际数）：1. 可比产品成本降低额为 308 000

2. 可比产品成本降低率为 9.33%

10.2.3　商品产品成本表的填列方法

商品产品成本表的各项目应以会计记录和有关统计资料为依据，如有关产品的“产品成本明细账”、年度成本计划、上年本表有关项目等分析计算填列。表10－1中各项数据的填列方法如下。

1.“产品名称”项目

“产品名称”项目应填列主要的“可比产品”与“不可比产品”的名称，对于主要商品产品的品种要按规定填写其名称、规格和计量单位。

2.“实际产量”项目

“实际产量”项目是反映本月和自年初起至本月末止各种主要商品产品的实际产量，应根据“产品成本明细账”的记录计算填列。

3.“单位成本”项目

（1）“上年实际平均”项目，反映可比产品的上年实际平均单位成本，应根据上年度本表所列各种可比产品的全年累计实际平均单位成本填列。

（2）“本年计划”项目，反映各种主要产品的本年计划单位成本，应根据年度成本计划的有关资料填列。

（3）“本月实际”项目，反映本月生产的各种产品的实际单位成本，应根据有关产品成本明细账中的资料，按下述公式计算填列，即

$$\begin{array}{c}\text{某产品本月}\\\text{实际单位成本}\end{array}=\frac{\text{该产品本月实际总成本}}{\text{该产品本月实际产量}}$$

（4）“本年累计实际平均”项目，反映从年初起至本月末止企业生产的各种商品产品的实际单位成本，应根据有关产品成本明细账资料计算填列，其计算方法为

$$\begin{array}{c}\text{某产品本年累计}\\\text{实际平均单位成本}\end{array}=\frac{\text{该产品本年累计实际总成本}}{\text{该产品本年累计实际产量}}$$

4.“本月总成本”项目

（1）“按上年实际平均单位成本计算”项目，是本月实际产量乘以上年实际平均单位成本计算填列。

（2）“按本年计划单位成本计算”项目，是本月实际产量乘以本年计划单位成本计算填列。

（3）“本月实际”项目，是根据本月有关产品成本明细账的资料填列。

5.“本年累计总成本”项目

（1）“按上年实际平均单位成本计算”项目，是本年累计实际产量乘以上年实际平均单位成本计算填列。

（2）“按本年计划单位成本计算”项目，是本年累计实际产量乘以本年计划单位成本计算填列。

（3）“本年实际”项目，是根据有关的产品成本明细账的资料填列。

6. 补充资料

商品产品成本表的补充资料部分有关项目的填列方法如下。

（1）可比产品成本降低额。可比产品成本降低额是指可比产品累计实际总成本比按上年实际平均单位成本计算的累计总成本降低的数额，超支额用负数表示。其计算公式为

$$\text{可比产品成本降低额} = \text{可比产品按上年实际平均单位成本计算的总成本} - \text{可比产品本年累计实际总成本}$$

（2）可比产品成本降低率。可比产品成本降低率是指可比产品本年成本降低额与上年实际平均单位成本计算的累计总成本的比率，超支率用负数表示。其计算公式为

$$\text{可比产品成本降低率} = \frac{\text{可比产品成本降低额}}{\text{可比产品按上年实际平均单位成本计算的总成本}} \times 100\%$$

此外，可比产品成本降低率的"本年计划数"根据年度成本计划填列即可。

10.3　主要产品单位成本表

10.3.1　主要产品单位成本表的概念和作用

主要产品单位成本表是反映企业在报告期内生产的各种主要产品单位成本的构成情况和各项主要技术经济指标执行情况的报表。该表通常每月按各主要产品分别编制。

主要产品单位成本表是对商品产品成本表中所列的各种主要产品成本所做的进一步补充说明。企业利用该表，可以按照成本项目分析和考核各种主要产品单位成本计划的执行结果；可以按照成本项目将本月实际和本年累计实际平均单位成本与上年实际平均单位成本和历史先进水平进行对比，了解单位成本的变动情况；可以分析和考核各主要产品的主要经济技术指标的执行情况，进而查明引起主要产品单位成本升降的具体原因，以寻求进一步降低产品成本的途径。

10.3.2　主要产品单位成本表的结构和内容

主要产品单位成本表的结构可分为上、下两部分。上半部分反映的是单位产品的成本项目，分别按成本项目列示历史先进水平、上年实际平均、本年计划、本月实际和本年累计实际平均的单位成本；下半部分反映的是单位产品的主要经济技术指标，分别列示主要技术经济指标的历史先进水平、上年实际平均、本年计划、本月实际和本年累计实际平均的单位用量。

主要产品单位成本表的结构和内容见表 10 - 2。

表 10 - 2　主要产品单位成本表

2017 年 12 月

产品名称:甲产品　　　　本月计划产量:180
产品规格:略　　　　本月实际产量:200
计量单位:台　　　　本年累计计划产量:1 800
销售单价:140 元　　　　本年累计实际产量:2 200

成本项目	历史先进水平	上年实际平均	本年计划	本月实际	本年累计实际平均
直接材料	55	60	58	56	56
直接人工	18	20	16	16	15

表 10－2(续)

成本项目		历史先进水平		上年实际平均		本年计划		本月实际		本年累计实际平均	
制造费用		12		20		16		16		18	
产品单位成本		85		100		90		88		89	
主要技术经济指标	计量单位	用量	金额	用量	金额	用量	金额	用量	金额	用量	金额
1. A 材料	千克	15	3.0	16	2.5	15	2.4	14	2.5	15	2.4
2. B 材料	千克	10	1.0	10	2.0	11	2.0	10	2.1	10	2.0
3. 工时	小时	36	—	42	—	40	—	36	—	38	—
⋮											

10.3.3 主要产品单位成本表的编制方法

主要产品单位成本表的编制依据主要是有关产品的“产品成本明细账”资料、成本计划、历年有关成本资料、上年度本表有关资料及产品产量、材料和工时的消耗量等资料。

主要产品单位成本表各项目的填列方法如下。

1. 产量

(1)“本月计划产量”和“本年计划产量”项目,应分别根据本月和本年产品产量计划填列。

(2)“本月实际产量”和“本年累计实际产量”项目,应根据“产品成本明细账”或产成品成本汇总表填列。

2. 单位成本

(1)“历史先进水平”项目反映本企业历史上该种产品成本最低年度的实际平均单位成本和实际单位用量,应根据有关年份成本资料填列。

(2)“上年实际平均”项目反映上年实际平均单位成本和单位耗用量,应根据上年度本表的“本年累计实际平均”单位成本和单位用量的资料填列。

(3)“本年计划”项目反映本年计划单位成本和单位耗用量,应根据本年度成本计划资料填列。

(4)“本月实际”项目反映本月实际单位成本和单位耗用量,应根据本月“产品成木明细账”等有关资料填列。

(5)“本年累计实际平均”项目反映本年年初至本月月末止该种产品的实际平均单位成本和单位耗用量,应根据年初至本月月末止的已完工产品成本明细账等有关资料,采用加权平均计算后填列,其计算公式为

$$\text{某产品实际平均单位成本}=\frac{\text{该产品累计总成本}}{\text{该产品累计产量}}$$

$$\text{某产品实际平均用量}=\frac{\text{该产品累计总用量}}{\text{该产品累计产量}}$$

对本表中不可比产品,不填列“历史先进水平”“上年实际平均”的单位成本和单位用量。

在填列过程中还应注意，本表中按成本项目反映的“上年实际平均”“本年计划”“本月实际”和“本年累计实际平均”等栏的产品单位成本，应与商品产品成本表中的该产品单位成本金额核对相符。

3. 主要技术经济指标

“主要技术经济指标”项目是反映主要产品每一单位产量所消耗的主要原材料、燃料、工时等的数量，应根据业务经济核算资料填列。

10.4　制造费用明细表

10.4.1　制造费用明细表的概念和作用

制造费用明细表是反映企业在报告期内发生的各项制造费用及其构成情况的成本报表。该表一般以车间为单位按月编制。

根据制造费用明细表所提供的资料，可以了解报告期内制造费用的实际支出水平；可以考核制造费用计划（或预算）的执行情况；可以分析制造费用的增减变化的原因，以便加强对制造费用的控制和管理，从而降低产品生成成本。

10.4.2　制造费用明细表的结构和内容

制造费用明细表的结构是按制造费用各费用项目，分别列示“本年计划数”“上年同期实际数”“本月实际数”和“本年累计实际数”等内容，以便进行比较。

制造费用明细表的基本结构见表 10－3。

表 10－3　制造费用明细表

编制单位：大华工厂　　　　2017 年 12 月　　　　金额单位：元

费用项目	本年计划数	上年同期实际数	本月实际数	本年累计实际数
职工薪酬	（略）	（略）	（略）	40 255
折旧费				5 633
修理费				590
租赁费				3 600
机物料消耗				1 670
水电费				1 800
办公费				540
差旅费				780
运输费				1 870
保险费				310
劳动保护费				380
其他				300
合　计				57 728

10.4.3 制造费用明细表的编制方法

制造费用明细表中各项目的填列方法如下。

1. 本年计划数

“本年计划数”栏各项数字应根据本年制造费用计划(或预算)数填列。

2. 上年同期实际数

“上年同期实际数”栏各项数字应根据上年度本表的“本年累计实际数”栏相应数字填列。如果表内所列费用项目与上年度的费用项目在名称和内容上不相一致的,应对上年度的各项数字按本年度表内所规定的项目进行调整。

3. 本月实际数

“本月实际数”栏各项数字应根据本月“制造费用明细账”合计数汇总填列。

4. 本年累计实际数

“本年累计实际数”栏各项数字应根据自年初起至本月末止的“制造费用明细账”中各费用项目累计发生额计算填列。

需要注意的是,由于各行业、各企业的制造费用项目内容可能不完全相同,因此,制造费用明细表的费用项目栏的内容可以由企业根据自身生产经营特点和成本管理要求自行确定。

10.5 其他成本报表

10.5.1 其他成本报表的概念和特点

企业除了按期编制商品产品成本表、主要产品单位成本表和制造费用明细表等外,还需根据企业特定的生产工艺特点、成本管理的需要和责任会计的要求,设置和编报一些其他成本报表。其他成本报表是指根据企业日常成本核算资料和有关统计资料,采取灵活多样的形式,定期或不定期地编制的用以反映与产品成本形成和变化有关的特定而又重要的情况,以满足企业内部成本管理需要的成本报表。

其他成本报表与前述主要成本报表相比具有以下几方面的特点。

1. 内容上更注重针对性

其他成本报表的内容注重比较,包括实际与预算或标准的比较,以及不同时期的比较等,尤其侧重对例外成本差异的比较与分析(如成本及产量情况表,专门报告某种产品某一特定时期的成本内容及产量资料;材料成本及用量考核表,可按产品类别就各产品对材料的耗用情况,报告实际用量、标准用量及差量;废料回收情况表、废料销售情况表,则针对废料的控制与管理提供有关实际数据),凡显然不正常、差异率或差异额较大的,应予以重点分析,以查明原因、落实责任。

为了提供更具有针对性的成本信息,其他成本报表的内容和格式应尽可能做到简明扼要,突出重点,反映的数字务必合理和符合事实,但这并不意味着数字计算上要求绝对准确。

2. 形式上更具有灵活性

企业内部管理形式的复杂性使得其他成本报表形式具有较大的灵活性。其他成本报表,既有报告期末实际数据的,又有进行期中成本预报的;既有列示实际与计划对比数据的,又有进行差异分析的;既有以货币单位为主报告成本、费用信息的,又有以工时、实物量报告消耗资料的；表中栏目、行次的设置更因时、因内容而异。因此，其他成本报表既注重与责任会计的配合，又强调对其他技术经济资料的使用。

3. 时间上更强调及时性

其他成本报表的编报更强调时效性，除了定期编制有关月报以外，还应根据内部成本管理要求，依据不同时期、不同部门、不同成本费用及消耗情况，及时编报半月报、旬报、周报，乃至日报、班报，这将有助于企业各有关部门随时了解发生的各种消耗情况，掌握成本控制的主动权。

4. 编报主体的多样性

相对于商品产品成本表等主要成本报表由企业会计部门负责编报，其他成本报表的编制则不局限于企业会计部门。一方面，其他成本报表与责任会计组织相配合，反映的成本资料往往是与责任者（或责任单位）直接有关的或责任单位（或责任者）能控制的，以便于考核责任单位（或责任者）的业绩。另一方面，其他成本报表主要服务于内部成本控制，因而往往需要提供具体车间、班组甚至岗位的具体的成本消耗等信息。所以，其他成本报表的编制者可以是厂部会计部门，如厂部责任成本报告、厂部质量成本报告；也可以是车间、科室等归口分级管理单位，如车间（或科室）责任成本报告、车间（或科室）质量成本报告、按班组编报的工人工作效率月报等。

10.5.2 几种常见的其他成本报表

其他成本报表视具体需要而编报，因而形式灵活、种类繁多，即使反映相同内容的，在不同企业可能也有不同的格式。现仅介绍几种常用的其他成本报表格式，以供参考。

1. 产量及成本状况表

产量及成本状况表也称生产情况表，是反映报告期内整个企业或单个车间（部门）产品的生产数量和成本情况的报表。该表可按每种产品定期（如旬、半月、月）编制，以加强产品成本的日常控制。其格式见表10－4。

表10－4内各项目应根据日常核算凭证及产品成本计算单等资料计算填列。其中，“完工入库数”可根据“产品成本计算单”内容计算填列；“在产品数”可依据产量记录中资料利用公式“期初数＋投产数－完工数”计算填列。

表10－4 产量及成本状况表

车间：

产品名称： 2017年12月 金额单位：元

日期	摘要	直接材料	直接人工	制造费用	生产数量	
					完工入库数	在产品数

2. 材料成本考核表

材料成本考核表是对产品成本中主要材料的耗用量和成本进行考核的成本报表，可分别由仓库保管人员和会计部门材料核算人员编制。前者主要从耗用量角度报告一定时期内（旬、半月、月）某种材料的领用情况；后者则主要从成本比较的角度报告一定时期内（旬、半月、月)某种材料的成本情况。

通常,为了反映重要材料的消耗数量,企业仓库保管人员可编制“材料耗用量月报表”,其格式见表10-5。

表10-5　材料耗用量月报表

仓库:

材料名称:　　　　2017年12月　　　　单位:千克

日期	本日数				本月累计数				本年累计数			
	实际用量	定额用量	差异	差异率	实际用量	定额用量	差异	差异率	实际用量	定额用量	差异	差异率
1 2 ⋮ ⋮												
合计												

表10-5内相关项目应根据企业材料领料凭证及材料定额资料计算填列。其中,“实际用量”各栏数据应根据领料单汇总填列;“定额用量”各栏数据应根据实际产量乘以消耗定额计算填列;“差异”栏应依据实际用量与定额用量之间的差额计算填列,若为节约数用负号表示。

此外,为了汇总反映各车间(部门)材料耗用的成本情况,并与定额(或标准)成本相比较,企业会计部门可按车间(部门)班组等编制“材料耗用成本月报表”及“材料成本差异分析月报表”,其格式见表10-6和表10-7。

表10-6　材料耗用成本月报表

2017年12月　　　　金额单位:元

部门	计划价格成本 (实际用量×计划单价)	定额(或标准)成本 (定额用量×计划单价)	差异额	差异率
甲车间 乙车间				
合计				

表10-7　材料成本差异分析月报表

2017年12月　　　　金额单位:元

凭证编号	供货单位名称	材料名称	计量单位	采购数量	实际成本		计划成本		差异		
					单位成本	总成本	单位成本	总成本	单位成本	总成本	差异率

3. 人工成本考核表

人工成本考核表是反映人工成本执行情况的成本报表。该表一般由生产班组编制，表内设“工号（或工人姓名）”“实际人工费用”“定额人工费用”和“差异”四栏，分具体生产工人列明其实际人工费用、定额人工费用及其差异情况，并揭示其人工费用节约或超支的原因。其格式见表 10-8。

表 10-8　人工成本考核表

2017 年×月　　　　　　　　　　　　　　　　　　金额单位：元

工号	实际人工费用			定额人工费用			差异		
	实际工时	实际小时工资	实际人工费用	定额工时	定额小时工资	定额人工费用	工时差异	工资率差异	人工费用差异

4. 责任成本报告

责任成本报告即责任成本绩效报告，是有关责任单位在报告期内从事生产经营活动的集中反映，也是各责任单位责任预算执行过程、执行结果的概括说明。通过编制责任成本报告，可以根据责任单位的特点和其他条件，按照实现企业总体目标的要求，相应调节和控制自身权责范围内的生产经营活动，不断提高经济效益。有关责任成本报告的格式见表 10-9。

表 10-9　第一车间责任成本报告

2017 年×月　　　　　　　　　　　　　　　　　　金额单位：元

项目	预算	调整预算	实际	业务量差异	耗费、效率差异
	①	②	③	④=②-①	⑤=③-②
直接材料：	50 000	55 000	49 500	+5 000	
A 钢材材料用量差异					-5 500
直接人工：	24 000	26 400	27 500	+2 400	
效率差异					-4 400
工资率差异					+5 500
变动制造费用：	36 000	39 600	30 800	+3 600	
效率差异					-6 600
费用率差异					-2 200
变动成本合计	110 000	121 000	107 800	+11 000	-13 200
可控固定成本：					
管理人员工资	5 000	5 000	5 500	0	+500
折旧	10 000	10 000	10 000	0	0
小计	15 000	15 000	15 500	0	+500
车间成本合计	125 000	136 000	123 300	+11 000	-12 700
实物数据：					
甲产品/件	1 000	1 100	1 100		
A 钢材/千克	5 000	5 500	4 950		
直接工时/工时	12 000	13 200	11 000		

表 10－9 中相关项目填列说明：

(1)“预算”栏各数据可根据第一车间的成本责任预算填列；

(2)“调整预算”栏各数据可依据公式“实际生产量×标准单耗×标准单价”计算填列；

(3)“业务量差异”栏各数据根据“调整预算”栏和“预算”栏内数据计算填列；

(4)“实际”栏和“耗费、效率差异”栏内各数据应根据该车间的“车间成本”与“车间成本差异”账户有关数据填列。

【复习思考题】

1. 简述成本报表的作用和编制要求。
2. 成本报表的种类有哪些？
3. 商品产品成本表的结构和内容如何要求，其编制方法是什么？
4. 主要产品单位成本表的结构和内容如何要求，其编制方法是什么？
5. 制造费用明细表的结构如何，其编制方法是什么？
6. 其他成本报表有哪些特点。

第 11 章　成 本 分 析

【知识要点】

1. 成本分析的意义；
2. 成本分析的方法和程序；
3. 成本分析的形式；
4. 影响成本分析的因素；
5. 成本计划完成情况的分析；
6. 降低成本措施的分析；
7. 技术经济指标变动对成本影响分析；
8. 其他的成本分析。

11.1　成本分析的任务和方法

11.1.1　成本分析的内涵

1. 成本分析的概念

成本分析是成本会计的重要组成部分，是成本管理工作的重要环节和组成部分。成本分析是按照一定的原则，采用一定的方法，利用成本计划、成本核算和其他有关资料，控制实际成本支出，揭示成本计划完成情况，查明成本升降的原因，寻求降低成本的途径和方法，以达到用最少的劳动和资源消耗取得最大的经济效益为目的的一项管理活动。成本管理的根本目的是要不断降低成本，而成本分析则是寻求降低产品成本途径的重要手段。通过成本分析可以正确认识和掌握成本变动的规律，有利于实现降低成本的目标；通过成本分析可以对成本计划的执行情况进行有效的控制和对执行结果进行正确的评价；通过成本分析不仅为编制成本计划和制定经营决策提供重要依据，还给未来的成本管理工作提出努力的方向。

2. 成本分析的内容

成本分析工作可以在成本形成的经济活动前后开展，因此广义的成本分析包括事前分析、事中分析和事后分析。事前分析是指在成本形成之前，通过成本预测分析，可选择达到最佳经济效益的成本水平，确定目标成本，为编制成本计划提供可靠依据。事中分析是指在成本形成过程中，通过成本控制分析，可以迅速发现实际支出脱离目标成本的不利差异，以便及时采取有效措施，保证预定目标成本的实现。事后分析是指在成本形成之后，通过实际成本分析，评价成本计划的执行，考核业绩，揭露矛盾，总结经验，指导未来。

由于成本事后分析是企业主要的、经常性的分析工作，且所采用的方法是最基本的方法，因此，狭义的成本分析主要是指成本事后分析，也是本章主要阐述的成本分析内容。成本事后分析一般包括以下内容：①全部产品生产成本计划完成情况分析；②可比产品成本降低计划指标完成情况分析；③主要产品单位成本分析；④期间费用预算执行情况的考核与分析;⑤技术经济指标变动对产品成本影响的分析;⑥成本效益分析。

11.1.2 成本分析的种类

成本分析的种类按不同标准可有如下划分。

1. 按时间的不同分类

按成本分析的时间不同,可分为定期分析和不定期分析两种。

(1)定期分析。定期分析就是在一个年度、一个季度或每月终了后进行的分析。这样可以比较系统地、全面地分析年、季、月成本计划的完成情况,并针对存在的问题,提出解决办法,以保证成本计划的完成。

(2)不定期分析。不定期分析是根据生产经营管理的需要随时进行的分析,可表现为每旬、每周、每日的不定期分析。例如,生产过程出现某些突出的问题,严重影响产品成本计划完成时所进行的分析属于不定期分析。不定期分析一般多在基层岗位进行,通常采用"一事一议一分析"的方法进行。

2. 按内容分类

按成本分析内容包括的范围大小不同,主要可分为全面分析和专题分析两类。

(1)全面分析。全面分析是指对企业成本计划完成情况进行完整系统的综合分析,它从成本角度抓住生产经营过程带有普遍性和关键性的问题,并做出评价,指明降低成本的途径。

(2)专题分析。专题分析是对生产经营过程中影响成本降低的某些突出问题进行的深入细致的分析,它是全面分析的继续和深入,但有时也可以根据日常发现的成本问题随时进行分析,其结果为全面分析提供资料。

3. 按从事人员的不同分类

按从事成本分析的人员不同,可分为专业分析和群众分析两种。

(1)专业分析。专业分析是指成本工作人员所进行的分析,有较强的专业技术性,是最基本的分析。它对提高成本工作成效和成本效益水平有显著作用,并能为全面分析提供资料。

(2)群众分析。群众分析是按成本指标归口分级管理的要求,发动其他职能部门和班组有关人员,结合岗位职责对成本相关指标所进行的分析。这有利于完善和巩固岗位责任制,并为专业分析奠定了基础。

4. 按作用的不同分类

按成本分析所起的作用不同,可分为预测分析、决策分析、控制分析和考核分析等。

(1)预测分析。预测分析是在成本发生以前或成本指标形成之中,预测产品成本发展趋势,为企业成本决策提供数据或者为完成成本计划提供意见和信息。

(2)决策分析。决策分析主要是依据成本资料,在选择方案过程中对各个方案预期的经济效果进行分析,从中选出最佳方案,以取得最优效果。

(3)控制分析。控制分析主要是在成本计划执行过程中所进行的日常分析。它可以及时揭示脱离计划的差异,找出原因,采取有效措施,以保证成本计划的实施。

(4)考核分析。考核分析主要是根据成本报表来分析一定时期企业成本计划及部门、各单位目标成本的完成情况,从中查明影响成本计划和目标成本实现的各种因素,揭示矛盾,分清责任,从而为本期的奖惩措施实施提供依据,也为改善下期成本管理工作指明方向。

综上所述,为充分发挥成本分析的作用,企业应根据不同的目的和要求,因事、因时、因地制宜,采取比较灵活多样的成本分析形式,使其互相结合、互相补充。

11.1.3　影响成本分析的因素

进行成本分析,关键是明确影响企业的成本因素。企业成本提高或者降低,是各种因素共同影响、综合作用的结果。这些因素总结起来,可以分为客观因素和主观因素两大类。所谓客观因素,就是指企业外部条件或固有条件的好坏对企业产品成本影响的因素;所谓主观因素,就是企业本身的经济活动对企业产品成本影响的因素。

1. 客观因素

(1)企业地理位置和资源条件。企业成本的高低在许多方面受到企业所处的地理位置和资源条件的影响。例如,由于地理位置和气候条件的不同,会影响到企业所用固定资产的结构,从而引起固定费用水平的不同。又如,如果企业所处经济落后或者交通闭塞的地区,同其他企业协作有困难,那么势必会迫使企业什么都自己生产,从而就会提高产品成本。另外,企业距离原材料产地和燃料产地及销售市场的远近,不仅会造成运费、包装费、在途运输损耗不同,而且还影响到原材料、燃料的储备数量,从而引起原材料、燃料的储存成本的差别,影响了企业产品成本的高低。

(2)宏观经济政策。在社会经济发展的不同时期,其经济工作的重心也是不同的,国家总是通过及时调整各项政策,以保证各个时期的经济目标的实现。例如,通过提高贷款的利率促使企业减少资金占用,以提高资金利用的效果等。这些虽属宏观经济政策的调整,但却会对产品成本产生直接的影响。

(3)市场需求和价格水平。随着市场经济体制的建立,企业的生产经营活动必须在市场环境下进行,产品的生产方向、品种结构和生产任务必须根据市场的需求来确定。企业能否依靠自身的应变能力,根据市场需求变化趋势和用户意图,制订生产任务计划,使企业生产能力得到最大的发挥,直接影响到产品成本水平。在生产资料市场逐步完善的条件下,企业所需的物资价格在价值规律作用下发生波动,这种变化将对企业产品成本水平产生影响。

2. 主观因素

(1)企业规模和技术装备水平。企业规模的大小对产品成本水平有一定的影响。一般来说,生产规模大的企业,技术装备水平比较先进,产量大,消耗低,原材料资源利用充分,产品质量好,劳动生产率高。所以,它的产品成本比规模小的企业要低。例如,一个大型钢铁企业的产品成本要比中小型钢铁企业的成本低 20% 以上。企业的技术装备水平对产品成本也有很大影响,技术装备水平高,有利于提高劳动生产率和节约物资消耗,从而有利于降低产品成本。但这并不是说,生产规模越大,技术装备水平越高,产品成本必然越低,这里有一个前提,这就是企业的生产规模必须与社会需要的生产规模相一致,必须处于合理的经济结构之中。同样,企业技术装备水平的先进与落后也是相对的,它必须有利于提高经济效益。有些技术设备虽然先进,但价格昂贵,发挥作用不大,并不利于经济效益的提高。总之,我们在分析企业规模和技术装备水平时,必须从提高经济效益这个前提出发,这也是我们进行各项分析的一个基本原则。

(2)劳动生产率水平。劳动生产率水平是影响成本变动的重要因素,它的提高不仅可以减少产品工时消耗,因而有可能减少单位产品的工资费用支出,同时还可能引起产量的增加,进而导致单位产品成本中的固定费用降低。此外,劳动生产率的提高往往是与技术进步、劳动组织的改善密切相关的,它通常会连带地促进固定资产、原材料、动力利用的改善,从而减少单位产品中物化劳动的消耗。所以,提高劳动生产率几乎可以促进单位产品的各个成本项目的降低,这是在主观方面影响成本高低的决定性因素。

(3)生产设备利用效果。生产设备是企业进行生产的主要物质技术手段,因而它的利用情况必然影响到产品成本水平的高低。提高生产设备的利用率和生产效率,就会使等量的生产设备生产出较多的产品,从而减少分摊在单位产品中的折旧费和修理费;生产设备利用情况的改善还会影响到其他成本的项目的支出。例如,生产设备利用效果的提高,有利于提高劳动生产率,增加产量,这就会减少单位成本中分摊的工资额;另外,生产设备利用情况的改善,产量的增加,也会使单位产品中原材料与燃料动力费降低。

(4)直接材料、燃料和动力的利用情况。直接材料、燃料和动力消耗在产品成本中往往会占很大的比重,是影响产品成本的重要因素。直接材料、燃料和动力消耗在一定程度上决定于产品设计和生产工艺的合理程度。产品设计和生产工艺先进合理,就可以用较少的直接材料、燃料和动力消耗,制造出质量高、效能好的产品,从而降低产品成本。另外,各种不同质量、价格的直接材料、燃料和动力在生产过程中的消耗和使用比例以及它们的综合利用情况,也会在一定程度上影响产品成本的升降。

(5)产品生产的工作质量。产品生产的工作质量一般是通过“废品率”“返修率”等指标来反映的,废品成本是由同类合格品负担。工作质量越高,废品就越少,合格品也就越多,从而产品单位成本就越低;反之,就会提高产品单位成本。如果废品是可修复的,在修复过程中所发生的修复费用,也要由同类合格品负担,从而引起产品单位成本的提高。此外,工作质量的提高还通过提高产品质量,节约原材料、燃料和动力消耗等方面表现出来,从而影响产品成本水平。

(6)企业的管理水平。企业产品成本的高低除了取决于材料、能源、设备等资源的利用情况外,还与企业管理水平,特别是成本管理水平有关。成本管理从根本上说是以生产耗费合理化为目的的活动,其基本任务就是将成本的预测、决策、计划、控制、核算、分析和考核科学地组织起来,以降低成本。企业成本管理水平高,成本就低,在生产条件、技术水平基本相同的企业,由于成本管理水平不同,产品成本水平也不尽相同。

11.1.4 成本分析的任务

工业企业成本分析的任务从事后成本分析来看主要有以下几项。

1. 揭示企业成本差异原因,掌握成本变动规律

成本计划在执行过程中受到多方面因素的影响,有客观因素、主观因素以及人的因素和物的因素。成本分析应用科学的方法,从指标、数据入手,找出差距,揭露矛盾,查明各种积极因素和消极因素及其对经济指标的影响程度,并分清主观原因和客观原因,从而逐步认识和掌握成本变动的规律,以便采取措施,不断提高企业经营管理水平。

2. 合理评价企业成本计划的执行情况,正确考核成本责任单位的工作业绩

成本分析应通过系统、全面地分析成本计划完成或没有完成的原因,对成本计划本身及其执行情况进行合理的评价,总结本期实施成本计划的经验教训,以使今后更好地完成计划任务,并为编制下期成本计划提供重要依据。同时,通过成本分析还要评价成本责任

单位的成绩或不足，这样可以正确考核成本责任单位工作业绩，为落实奖惩制度提供可靠依据，从而调动各责任单位和员工提高成本效益的积极性和主动性。

3. 检查企业是否遵守国家有关的方针、政策和财经纪律

企业的生产经营活动必须遵守国家的有关方针、政策和财经纪律，以保证国家利益和人民利益不受损害。因此，分析企业是否降低成本和提高经济效益，就必须以国家有关的方针政策和财经纪律为依据，及时纠正违法违纪的不合理行为，以促使企业微观效益同社会宏观效益协调提高。

4. 挖掘降低成本的潜力，不断提高企业经济效益

成本分析的根本任务是为了挖掘降低成本潜力，促使企业以较少的劳动消耗生产出更多、更好的使用价值，实现更快的价值增值。因此，成本分析的核心就是围绕着提高经济效益，不断挖掘降低成本的潜力，充分认识未被利用的劳动和物质资源，寻找利用不充分的部分和原因，发现进一步提高利用效率的可能性，以便从各个方面揭露矛盾，找出差距，制定措施，提高企业的经济效益。

11.1.5　成本分析的原则

成本分析的原则是组织成本分析工作的规范。成本分析应遵循以下原则。

1. 全面分析与重点分析相结合的原则

这里所谓全面分析并非完全指分析内容的全面性，而是说成本分析要着眼整体，树立全局观念，切忌片面性。成本分析必须以党和国家有关方针、政策、法令为依据，企业成本效益要与社会效益结合起来进行分析；要运用一分为二的观点来进行分析，对成绩和缺点、经验和存在问题、有利因素和不利因素、主流和支流，必须坚持实事求是的精神，不能强调一个方面而忽视另一方面，从而得出正确的结论。此外，要以产品成本形成的全过程为对象，结合生产经营各阶段的不同性质和特点进行成本分析。

必须指出，全面分析并不意味着要对同成本有关的生产经营活动进行面面俱到、事无巨细的分析。要按照例外管理原则抓住重点，找出关键性的问题，深入剖析。一般来说，企业日常出现的成本差异是很繁杂的，为了提高成本分析的工作效率，分析人员要把精力集中在例外差异上，即对那些差异率或差异额较大、差异持续时间较长、差异影响了企业长期盈利能力的原因进行重点分析，并及时反映给有关责任单位，迅速采取措施予以消除。

2. 专业分析与群众分析相结合的原则

成本涉及企业所有部门及全体员工的工作业绩，为使成本分析能够做到经常性和有效性，真正达到成本分析的目的，必须发动群众参加，将成本分析化为广大群众的自觉性行动。这就要求成本分析应上下结合、专群结合，充分发挥每个部门和广大群众分析成本、挖掘降低成本潜力的积极性，把专业分析建立在群众分析的基础上。只有这样才能充分揭露矛盾，深挖提高成本效益的潜力，把成本分析搞得生机勃勃，充分发挥其应有的作用。

3. 经济分析与技术分析相结合的原则

成本的高低既受经济因素影响，又受技术因素影响，在一定程度上技术因素起决定性作用。所以，成本分析如果只停留在经济指标的分析上，而不深入技术领域，结合技术指标进行分析，就不能达到其目的。为此，必须要求分析人员通晓一些生产技术知识，并注意发动技术人员参加成本分析，把经济分析与技术分析结合起来。所谓经济分析与技术分析相结合，就是通过经济分析为技术分析提出课题，增强技术分析的目的性；而技术分析又可反

过来增加经济分析深度,并从经济效果角度对所采取的技术措施加以评价,从而通过改进技术来提高经济效益。这两方面分析的结合就能防止片面性,并能结合技术等因素查明成本指标变动的原因,全面改进工作,提高效益。

4. 纵向分析与横向分析相结合的原则

纵向分析是指内部范围内的纵向对比分析,包括本期实际与上期实际比较,与上年同期实际比较,与历史最高水平比较,与有典型意义的时期比较等。这种纵向对比可以观察企业成本的变化趋势,是成本分析的主要内容。但在社会主义市场经济体制下,企业必须面向市场,同时经济全球一体化也使得企业还要面向世界。所以,要了解和掌握国内外同类型企业成本的先进水平资料,广泛开展横向的厂际对比分析,这种横向对比有利于企业在更大范围内发现差距,促使企业产生紧迫感,增强竞争能力。

5. 事后分析与事前、事中分析相结合的原则

现代成本分析不能局限于事后分析,还应包括事中分析,特别是要开展事前分析。这三个环节的分析是相互联系的,各有其特定作用,不可偏废哪一种分析。只有在成本发生之前就开展预测分析,在成本发生过程中实行控制分析,在成本形成之后搞好考核分析,把事前分析、事中分析和事后分析结合起来,建立起完整的分析体系,才能将成本分析贯穿于企业再生产全过程,从而做到事前发现问题,事中及时揭示差异,事后正确评价业绩。这对于提前采取相应措施,把影响成本升高因素消灭在发生之前或萌芽状态之中,以及总结经验教训,指导下期成本工作,都具有明显的积极意义。

11.1.6 成本分析的方法

成本分析的方法很多,包括对比分析法、比率分析法、因素分析法等。企业应根据分析的目的、分析对象的特点、掌握的资料等情况确定应采用哪种方法进行成本分析。

1. 对比分析法

对比分析法也称比较分析法。它是通过实际数与基数的对比来揭示实际数与基数之间的数量差异,借以了解经济活动的成绩和问题的一种分析方法。它是成本分析最基本的方法,各种成本分析均要采用这种方法。

对比分析的基数由于分析的目的不同而有所不同,一般有计划数、定额数、前期实际数、以往年度同期实际数以及本企业的历史先进水平和国内外同行业的先进水平等。对比分析法只适用于同质指标的数量对比,例如,实际产品成本与计划产品成本对比,实际直接材料费用与定额直接材料费用对比,本期实际制造费用与前期实际制造费用对比等。在采用这种分析方法时,应该注意相比指标的可比性。进行对比的各项指标,在经济内容、计算方法、计算期和影响指标形成的客观条件等方面应有可比的共同基础。如果相比的指标之间存在不可比因素,应先按可比的口径进行调整,然后再进行对比。

实际工作中,对比分析法常用以下几类指标进行对比分析。

(1)本期实际指标与计划或定额成本指标对比。这是基本的对比方法,通过这种方法可以分析成本计划或定额的完成情况,检查计划或定额本身是否既先进,又切实可行。

(2)本期实际指标与前期实际指标对比。通过以本期实际成本指标与前期(上期、上年同期或历史先进水平)实际成本指标对比,可以反映成本指标的变动情况和变动趋势,了解企业经济活动的发展变化情况。

(3)本企业实际成本指标与国内外同行业先进指标对比。将本企业实际成本指标与国

内外同行业的先进水平进行横向对比，可以在更大范围内找出企业与国内外先进成本指标之间的差距，从而推动企业改进经营管理。

2. 比率分析法

比率分析法是通过计算各项指标之间的相对数（即比率）借以考察经济业务的相对效益的一种分析方法。比率分析法主要有相关指标比率分析法、构成比率分析法和趋势比率分析法三种。

（1）相关指标比率分析法。相关指标比率分析法是指计算两个性质不同而又相关的指标的比率进行数量分析的方法。在实际工作中，由于企业规模不同等原因，单纯地对比产值、销售收入或利润等绝对数，不能说明各个企业经济效益好坏，如果计算成本与产值、销售收入或利润相比的相对数，即产值成本率、销售成本率或成本利润率，就可以反映各企业经济效益的好坏。这些指标的计算公式为

$$产值成本率=\frac{产品成本}{商品产值}\times 100\%$$

$$销售成本率=\frac{产品成本}{产品销售收入}\times 100\%$$

$$成本利润率=\frac{产品销售利润}{产品成本}\times 100\%$$

上列公式中，产值成本率低、成本利润率高的企业经济效益较好；产值成本率高、成本利润率低的企业经济效益差。

（2）构成比率分析法。构成比率分析法是通过计算某项指标的各个组成部分占总体的比重，即部分与全部的比率，进行数量分析的方法，故也称比重分析法。例如，将构成产品成本的各项费用分别与产品成本总额相比，计算产品成本的构成比率；又如，将构成制造费用的各项费用分别与制造费用总额相比，计算制造费用的构成比率。通过这种分析，可以反映产品成本或者经营管理费用的构成是否合理。其中

$$直接材料费用比率=\frac{直接材料费用}{产品成本}\times 100\%$$

$$直接人工费用比率=\frac{直接人工费用}{产品成本}\times 100\%$$

$$制造费用比率=\frac{制造费用}{产品成本}\times 100\%$$

（3）趋势比率分析法。趋势比率分析也称动态比例分析，是指在分析时将几个时期的同一成本指标对比求出比率，再根据比率指标分析、判断企业成本的变化速度与变化趋势。趋势比率分析法既可用于评价经营业绩，又可用于成本预测。趋势比率的计算通常采用基期指数和环比指数两种方法，其计算公式为

$$基期指数=\frac{比较期数额}{固定基期数额}$$

$$环比指数=\frac{比较期数额}{上期数额}$$

比率分析法与对比分析法相比，具有容易判断、可比性强等特点，由于它同样受会计资料、成本核算方法及行业特点的影响与制约，因此，在使用比率分析法时，同样需要结合实际，对具体问题进行具体分析。不论采用什么比率分析法，进行分析时还应将比率的实际

数与其基数进行对比，揭示其与基数之间的差异。例如，进行相关指标比率的成本利润分析时，还应将成本利润率与前期实际的成本利润率进行对比，揭示其与计划、前期的差异。

3. 因素分析法

因素分析法是依据分析指标与其因素之间的关系，按照一定程序和方法，确定各因素对各分析指标差异影响程度的一种技术方法。因素分析法是经济活动分析中最重要的方法之一，也是成本分析中可运用的方法。常用的因素分析法有连环替代法和差额计算法两种。

（1）连环替代法。连环替代法是因素分析法的基本形式，通常狭义的因素分析法指的就是连环替代法。它是从影响某个指标的若干相互联系的因素中，将各因素的实际值按顺序替换成标准值（计划数、前期实际数），以此来计算各个因素变动对该项指标的影响程度的方法。连环替代法的计算分析程序如下。

①确定分析指标与其影响因素之间的关系。确定分析指标与其影响因素之间的关系通常是用指标分解法，即将经济指标在计算公式的基础上进行分解或扩展，得出各影响因素与分析指标之间的关系式。分析指标与影响因素之间的关系式，既说明哪些因素影响分析指标，又说明这些因素与分析指标之间的关系及顺序。排列各因素的顺序应根据指标的经济性质、各个组成因素的内在关系和分析的具体要求而定，一般原则是：先数量指标，后质量指标；先实物指标，后价值指标；先分子指标，后分母指标；同一性质的指标，依据指标间的依存关系而定。

如对于材料费用指标，要确定它与影响因素之间的关系，可按下式进行分解，即

$$材料费用=产品产量\times单位产品材料费用$$
$$=产品产量\times单位产品材料消耗量\times材料单价$$

可见影响材料费用的有产品产量、材料单耗和材料单价三个因素，它们都与材料费用成正比关系，它们的排列顺序是：产品产量在先，其次是材料单耗，最后是材料单价。

②根据分析指标的报告期数值与基期数值列出关系式或指标体系，确定分析对象。如材料费用的指标体系为

$$基期材料费用=基期产品产量\times基期材料单耗\times基期材料单价$$
$$实际材料费用=实际产品产量\times实际材料单耗\times实际材料单价$$
$$分析对象=实际材料费用-基期材料费用$$

③连环顺序替代，计算替代结果。所谓连环顺序替代就是以基期指标体系为计算基础，用实际指标体系中的每一因素的实际数顺序地替代其相应的基期数，每次替代一个因素，替代后的因素被保留下来。计算替代结果，有几个因素就替代几次，并相应确定计算结果。

④比较各因素的替代结果，确定各因素对分析指标的影响程度。比较替代结果是连环进行的，即将每次替代所计算的结果与这一因素被替代前的结果进行对比，二者的差额就是替代因素对分析对象的影响程度。

⑤检验替换结果，即将各因素对分析指标的影响额（有正有负）相加，其代数和应等于分析对象。如果二者数额相等，说明替换结果可能是正确的；如果二者数额不相等，则说明替换结果一定是错误的。

连环替代法的计算程序或步骤是紧密相连、缺一不可的，尤其是前四个步骤，任何一个步骤出现错误，都会出现错误结果。

假设某一经济指标 N 由相互联系的 A,B,C 三个因素组成(假定该经济指标是以组成因素的乘积的形态出现),按照影响因素先后排列的顺序,其计划指标 N_0 是由 A_0,B_0,C_0 三个因素综合影响的结果,其实际指标 N_1 是由 A_1,B_1,C_1 三个因素综合影响的结果,则计划指标和实际指标的公式如下:

计划指标:$N_0 = A_0 \times B_0 \times C_0$

实际指标:$N_1 = A_1 \times B_1 \times C_1$

差异数:$D = N_1 - N_0$

该指标实际脱离计划的差异 D 可能同时受 A,B,C 三个因素变动的影响。现在要测定各因素变动对指标 N 的影响程度的顺序计算如下:

计划指标:$N_0 = A_0 \times B_0 \times C_0$　　(1)

第一次替代 A 因素:$N_A = A_1 \times B_0 \times C_0$　　(2)

第二次替代 B 因素:$N_B = A_1 \times B_1 \times C_0$　　(3)

第三次替代 C 因素:$N_C = A_1 \times B_1 \times C_1 = N_1$　　(4)

这样就可以计算各个因素变动对 N 的影响额,计算结果如下:

A 因素变动的影响额 = (2) - (1) = $N_A - N_0$

B 因素变动的影响额 = (3) - (2) = $N_B - N_A$

C 因素变动的影响额 = (4) - (3) = $N_C - N_B$

把各个因素加以综合,则

$$(N_A - N_0) + (N_B - N_A) + (N_C - N_B) = N_C - N_0 = N_1 - N_0 = D$$

下面举例说明连环替代法的步骤和应用。

【例 11-1】　某企业某产品甲材料耗用的计划与实际情况见表 11-1。

表 11-1　甲材料消耗资料

项目	单位	计划数	实际数
产品产量	件	100	110
材料单耗	千克	10	9
材料单价	元	10	8
材料费用总额	元	10 000	7 920

要求:分析各因素变动对甲材料费用总额的影响程度。

解　(Ⅰ)确定分析指标与其影响因素之间的关系。

从资料可看出,影响材料费用总额变动的因素有三个,分别是产品产量、材料单耗和材料单价。它们的关系可用下列公式表示,即

$$材料费用总额 = 产品产量 \times 材料单耗 \times 材料单价$$

(Ⅱ)确定分析对象,并用比较法分析指标差异。

实际指标 = 110 × 9 × 8 = 7 920 元

计划指标 = 100 × 10 × 10 = 10 000 元

则甲材料的实际耗用成本与计划耗用成本的差异,即分析对象为

$$7\ 920 - 10\ 000 = -2\ 080 元$$

(Ⅲ)进行连环顺序替代,并计算每次替代后的结果。

实际指标 = 100 × 10 × 10 = 10 000 元

第一次替代 = 110 × 10 × 10 = 11 000 元

第二次替代 = 110 × 9 × 10 = 9 900 元

第三次替代 = 110 × 9 × 8 = 7 920 元

(Ⅳ)根据替代结果,确定各因素对材料费用总额的影响程度。

产品产量的影响 = 11 000 − 10 000 = 1 000 元

材料单耗的影响 = 9 900 − 11 000 = −1 100 元

材料单价的影响 = 7 920 − 9 900 = −1 980 元

(Ⅴ)检验替换结果。

各因素的综合影响 = 1 000 − 1 100 − 1 980 = −2 080 元

从分析结果看,由于产量增加使得材料费用总额增加了 1 000 元,由于实际材料单耗比计划低,使得材料费用总额减少了 1 100 元,另外,由于材料单价的降低,也是材料费用总额减少了 1 980 元,总计影响 2 080 元。

应用连环替代法时,必须注意以下三个基本要点。

第一,因素分解的相关性。所谓因素分解的相关性,是指分析指标与其影响因素之间必须真正相关,即有实际经济意义。各影响因素的变动确实能说明分析指标差异产生的原因。这就是说,经济意义上的因素分解与数学上的因素分解不同,不是在数学算式上相等就行,而要看经济意义。例如,将影响材料费用的因素分解为下面两个等式,从数学上是成立的,即

材料费用 = 产品产量 × 单位产品材料费用

材料费用 = 工人人数 × 每人消耗材料费用

但是从经济意义上说,只有前一个因素分解式是正确的,后一因素分解式在经济上没有任何意义。因为工人人数和每人消耗材料费用到底是增加有利还是减少有利,无法从这个式子说清楚。当然,有经济意义的因素分解式并不是唯一的,经济指标从不同角度看,可分为不同的有经济意义的因素分解式。这就是需要我们在因素分解时,根据分析的目的和要求,确定合适的因素分解式,以找出分析指标变动的真正原因。

第二,分析前提的假定性。所谓分析前提的假定性是指分析某一因素对经济指标差异的影响时,必须假定其他因素不变,否则就不能分清各单一因素对分析对象的影响程度。但是实际上,有些因素对经济指标的影响是共同作用的结果,共同影响的因素越多,那么各种假定的准确性就越差,分析结果的准确性也就会越低。因此,在因素分解时,并非分解的因素越多越好,而应根据实际情况,具体问题具体分析,尽量减少相互影响较大的因素再分解,使之与分析前提的假设基本相符,否则因素分解过细,从表面看有利于分清原因和责任,但在共同影响因素较多时,反而影响了分析结果的正确性。

第三,因素替代的顺序性。前面谈到因素分解不仅要因素确定准确,而且因素排列顺序不能交换,这里特别强调的是不存在乘法交换率问题。因为分析前提假定性的原因,按不同顺序计算结果是不同的。那么,如何确定正确的替代顺序呢?这是一个在理论上和实践中都没有很好解决的问题。传统的方法是依据数量指标在前,质量指标在后的原则进行排列。现在也有人提出依据重要性原则排列,即主要的影响因素排在前面,次要因素排在后面。但是无论何种排列方法,都缺少坚实的理论基础。正因为如此,许多人对连环替代

法提出异议,并试图加以改善,但至今仍无人们公认的好的解决方法。

第四,顺序替代的连环性。连环性在确定各因素变动对分析对象的影响时,都是将某因素替代后的结果与该因素替代前的结果对比,一环套一环,这样才能保证各因素对分析对象影响结果的可行性,又便于检验分析结果的准确性。因为只有连环替代并确定各因素影响额,才能保证各因素对经济指标的影响之和与分析对象相等。

(2)差额计算法。差额计算法是连环替代法的一种简化形式,其因素分析的原因与连环替代法是相同的。区别只在于分析程序上,差额计算法比连环替代法简便,即它可直接利用各影响因素的实际数与基期数的差额,在其他因素不变的假定条件下,计算各该因素对分析指标的影响程度,或者说差额计算法是将连环替代法的第三步骤和第四步骤合并为一个步骤进行。

这种方法的基本计算步骤如下:

①确定各因素实际数与基期数之间的差额;

②以各因素的差额,乘以排列在该因素前面各因素的实际数,以及排列在该因素后面的其余因素的基期数,所得出的结果就是该因素变动对分析指标的影响数;

③将各个因素的影响值相加,其代数和应同该项经济指标的实际数与基期数之差相符。

【例11-2】 沿用例11-1的资料,运用差额计算法分析各因素变动对材料费用总额的影响程度。

解 分析对象 = 7 920 - 10 000 = -2 080 元

各因素影响程度如下:

产品产量的影响 = (110 - 100) × 10 × 10 = 1 000 元

材料单耗的影响 = 110 × (9 - 10) × 10 = -1 100 元

材料单价的影响 = 110 × 9 × (8 - 10) = -1 980 元

最后检验分析结果 = 1 000 - 1 100 - 1 980 = -2 080 元

应当指出,应用连环替代法应注意的问题,在应用差额计算法时同样要注意。除此之外还应注意的是,并非所有连环替代法都可按上述差额计算法的方式进行简化。特别是在各影响因素之间不是连乘情况下,运用差额计算法必须慎重。

11.1.7 成本分析的基本程序和工作组织

1. 成本分析的基本程序

成本分析的基本程序应确定分析工作各个步骤的名称、顺序、内容和要求,一般包括成本分析准备阶段、成本分析实施阶段和成本分析报告阶段。

(1)成本分析准备阶段。

①明确成本分析的目的。进行成本分析,首先必须明确为什么要进行成本分析,是要评价企业经营业绩,还是要制订未来的经营计划。只有明确了成本分析的目的,才能正确地收集、整理资料,选择正确的分析方法,从而得出正确的结论。

②确立成本分析标准。有了明确的分析目的,还必须确立正确的分析评价标准。不同的分析目的,其分析评价标准是不同的。有的可用绝对标准,有的可用相对标准;有的可采用历史标准,有的则可采用预算标准等。只有确立正确的分析评价标准才会得出正确的分析结论。

③收集整理成本资料。分析资料是成本分析的基础,资料收集、整理的及时性、完整性、准确性,对分析的正确性有着直接的影响。资料的收集、整理应根据分析的目的和计划

进行，但这并不是说不需要经常性、一般性的资料收集和整理。其实，只有平时日积月累各种信息资料，才能根据不同的分析目的及时提供所需资料。

（2）成本分析实施阶段。成本分析的实施阶段即具体分析阶段，是在成本分析准备阶段的基础上进行的，它主要包括以下三个步骤。

①报表整体分析。报表整体分析主要指运用水平分析法、垂直分析法及趋势分析法等对各主要成本费用会计报表进行全面分析。如通过对成本报表的垂直分析，可揭示各成本项目的构成变动，说明成本升降的原因等。报表整体分析对于全面反映企业成本状况具有重要作用。

②成本指标分析。对成本指标进行分析是成本分析的一种重要方法和形式。成本指标分析可分为绝对指标分析和相对指标或比率指标分析两种，通常也将其称为指标对比分析法和比率分析法。进行成本分析，应根据分析的目的和要求选择正确的分析指标。正确选择与计算成本分析指标是正确判断与评价企业成本状况的关键所在。

③基本因素分析。成本分析不仅要解释现象，而且应分析原因。因素分析法就是要在报表整体分析和成本指标分析的基础上，对一些主要指标的完成情况，从其影响因素角度出发，深入进行定量分析，确定各因素对其影响的方向和程度，为企业正确进行成本评价提供最基本的依据。

（3）成本分析报告阶段。成本分析报告阶段是成本分析实施阶段的继续，具体又可分为三个步骤。

①得出成本分析结论。成本分析结论是在应用各种成本分析方法进行成本分析的基础上，将定量分析结果、定性分析判断及实际调查情况结合起来得出的。成本分析结论是成本分析的关键步骤，结论的正确与否是判断成本分析质量的唯一标准，正确分析结论的得出往往需要经过几次反复。

②提出可行性措施建议。分析问题是为了解决问题，成本分析不能仅满足于分析原因，得出结论，而且必须针对问题提出切实可行的措施，为解决问题提供决策依据。

③编制成本分析报告。成本分析报告是成本分析的最后步骤，它将成本分析的基本问题、基本结论以及针对问题提出的措施建议以书面形式表示出来，为成本分析主体及其他受益者提供决策依据。成本分析报告作为对成本分析工作的总结，还可以作为历史资料，以供后来的分析使用，保证成本分析的连续性。

成本分析的基本程序如图 11－1 所示。

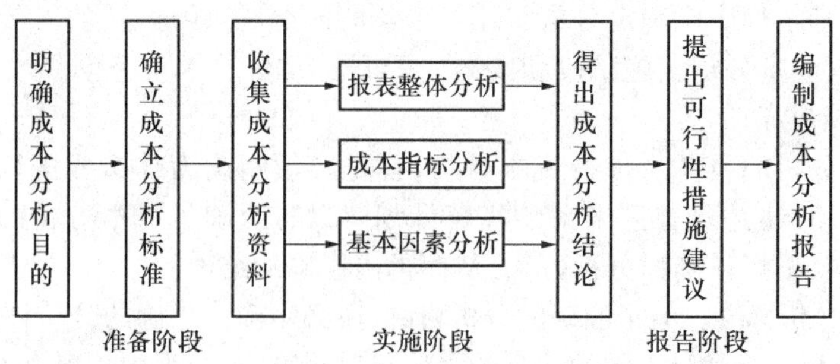

图 11－1　成本分析的基本程序

2. 成本分析的工作组织

工业企业成本分析工作的组织应与企业的管理体制相适应。它通常是在企业总会计师或财务总监的领导下，由财务部门负责，实行专业分析和群众分析相结合的分级分口的组织形式，以充分发挥成本分析的作用。

(1)成本分析组织方式。成本分析可根据需要，用以下几种组织方式表达。

①班组成本分析。班组成本分析由生产班组人员分工负责，定期或不定期进行，可以在班前、班后开展分析，也可以按旬、按月开展分析。分析内容应适应小组的生产和经济核算的特点，一般是对班组能控制的生产消耗进行分析，有的班组还可以对班组产品成本进行分析。分析方法必须简便易行，便于群众掌握。在生产班组人员分析的基础上，由班组工人核算员整理，编写分析简要报告。

②车间成本分析。车间成本分析是在班组成本分析基础上，车间结合小组分析资料，按月分析车间成本指标完成情况，查明影响成本变化的各种因素和原因，分清经济责任，提出改进措施，挖掘降低成本的潜力。车间成本分析同分管指标的分工相一致。每月在各专业职能人员分析的基础上，由成本员进行汇总，编写车间成本分析报告。

③厂级成本分析。厂级成本分析是建立在小组和车间成本分析的基础上，除了进行专题分析和全面分析之外，还要进行预测分析和决策分析。分析的内容涉及企业各个部门、各个环节、各个方面与成本有关的业务，分析工作量较大，一般是在企业总会计师的领导下，按“谁分管指标，由谁分析”的原则，由各有关职能部门分工协作进行。在各职能科室分析的基础上，由具体负责成本工作的部门编写成本分析报告。

为了使各项与成本有关指标的分析都有专人负责，把成本分析工作组织好，还应建立和健全成本分析责任制度，确定各部门和各层次的分析内容、任务、时间，明确企业内部分析资料收集、存储、处理、传输等工作责任及其相互关系。

(2)成本分析会议。成本分析会议是通过会议形式反映成本分析结果的重要形式。它是动员群众参加成本管理，实行领导检查和群众监督相结合，专业分析和群众分析相结合的一种重要形式；也是发扬民主，集中群众智慧，充分挖掘降低成本潜力，推动生产发展的一种有效方法。

①成本分析会议注意要点。为了开好成本分析会议，应注意以下要点：第一，成本分析会议要有明确目的，必须紧紧围绕成本工作中的关键问题有重点地进行；第二，应事先做好准备，做到有数据、有情况、有分析、有措施；第三，会议要及时召开，参加人员应有广泛的代表性，并充分展开讨论，正确地进行批评和表扬；第四，会上要有确切结论，做出决议，提出具体措施，并落实到各责任单位和个人；第五，会后要检查措施的贯彻执行情况，如未执行，必须查明原因，追究责任。

②成本分析会议的种类。成本分析会议根据分析的范围，又可分为全厂、车间和班组的分析会议。

全厂成本分析会议每月召开一次，由总会计师或财务总监负责主持，由成本部门做分析报告，再由各有关单位作补充发言或典型发言。会议内容可以是综合性或专题性的。经过充分讨论后进行会议总结，并提出会议决议以及下一计划期主要成本指标和措施。

车间成本分析会议可以定期或不定期举行，由车间领导者主持，会议的内容和做法大致与全厂成本分析会议相同。

班组的成本分析会议要同其他指标分析会议相结合。它是不定期召开的，可以十天或一周一次，也可以在班前或班后开碰头会，会议由小组长主持，小组全体工人参加。

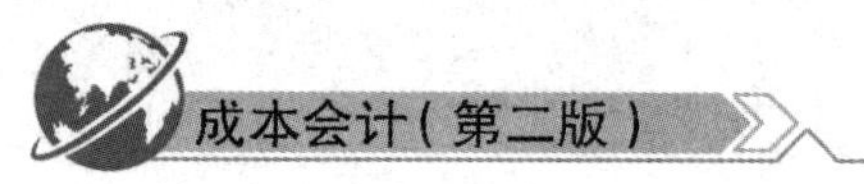

11.2 成本计划完成情况的分析

成本计划完成情况的分析主要通过对有关成本报表进行分析,以了解企业的全部产品成本、可比产品成本、主要产品单位成本、各项费用等计划完成情况,为进行成本的深入分析提供方向。

11.2.1 商品产品总成本计划的分析

商品产品成本表是反映企业全部商品产品总成本的报表。所以,商品产品成本表分析是一种总括性的分析,属于成本事后分析和成本定期分析。

1. 全部商品产品成本计划完成情况的分析

全部商品产品按其以前年度是否正式生产过进行分类,可以分为可比产品和不可比产品。可比产品是指企业以前年度正式生产过,具有较完备的成本资料的产品;不可比产品是指企业本年度初次生产的新产品,或虽非初次生产,但以前仅是试制而试制成功后今年正式投产的产品,缺乏可比的成本资料。因此,它们在核算和分析方法上是不同的。对于可比产品,其实际成本不仅可以同计划成本比较,来考核成本计划的完成情况,也可与上期实际平均成本比较,以衡量报告期实际成本较上期成本降低的幅度和数额;而不可比产品因为以前年度没有正式生产过,其实际成本只能与计划成本进行比较。这样,由于全部商品产品成本中,包括可比产品和不可比产品在内,不能用全年实际总成本与上年实际总成本比较,而只能采取本年实际总成本与本年计划总成本的比较方式,以考察全部商品产品成本水平的升降情况。在比较分析时,由于实际总成本是以实际产量乘以实际单位成本计算的,而计划总成本是以计划产量乘以计划单位成本计算的,因此,总成本的升降不仅受到单位成本变动的影响,还受到产量变动的影响。为了使成本指标具有可比性,在分析全部商品产品成本计划完成情况时,应排除产量变动对成本计划完成情况的影响,对实际总成本与计划总成本一律按实际产量计算。

在实际工作中,对全部商品产品成本计划完成情况,可从产品品别和成本项目两个方面进行分析。

(1)按产品品别分析。按产品品别分析全部商品产品成本计划的完成情况,主要是根据按产品品种分别编制的商品产品成本表和商品产品分析表进行的,用来确定全部商品产品实际成本脱离计划成本的差异大小,且主要是由哪几种产品造成的,以便针对不同产品采取降低成本的措施。

【例 11-3】 大华工厂 2017 年商品产品成本表见表 11-2。

要求:试进行全部商品产品成本计划完成情况的分析。

解 (Ⅰ)将全部商品产品的实际总成本与计划总成本进行对比,确定其成本差异额和成本差异率。其计算公式为

全部商品产品成本差异额 = 实际总成本 - 计划总成本

$= \sum(\text{实际产量}\times\text{实际单位成本}) - \sum(\text{实际产量}\times\text{计划单位成本})$

$= 3\,564\,000 - 3\,571\,000$

$= -7\,000$ 元

表 11－2 商品产品成本表

编制单位:大华工厂 2017 年 金额单位:元

产品名称	计量单位	本年实际产量	单位成本			总成本		
			上年实际平均	本年计划	本年实际	按上年实际平均单位成本计算	按本年计划单位成本计算	本年实际
可比产品合计						3 300 000	3 025 000	2 992 000
其中:								
甲产品	件	22 000	100	90	89	2 200 000	1 980 000	1 958 000
乙产品	件	5 500	200	190	188	1 100 000	1 045 000	1 034 000
不可比产品合计							546 000	572 000
其中:								
丙产品	件	1 300		420	440		546 000	572 000
全部商品产品成本							3 571 000	3 564 000

$$\text{全部商品产品成本差异率} = \frac{\text{成本差异额}}{\sum(\text{实际产量} \times \text{计划单位成本})} \times 100\%$$

$$= \frac{-7\ 000}{3\ 571\ 000} \times 100\%$$

$$= -0.20\%$$

通过计算可知,全部商品产品的实际总成本比计划总成本降低 7 000 元,其实际总成本降低率为 0.20%。那么,究竟是哪些产品成本降低了呢?

(Ⅱ)按产品品别分析考核可比产品和不可比产品成本计划完成情况,分别计算可比产品和不可比产品的成本降低额和成本降低率。

$$\text{可比产品成本降低额} = \text{可比产品实际总成本} - \text{可比产品计划总成本}$$

$$= 2\ 992\ 000 - 3\ 025\ 000$$

$$= -33\ 000 \text{ 元}$$

$$\text{可比产品成本降低率} = \frac{\text{可比产品成本降低额}}{\text{可比产品计划总成本}} \times 100\%$$

$$= \frac{-33\ 000}{3\ 025\ 000} \times 100\%$$

$$= -1.09\%$$

$$\text{不可比产品成本降低额} = \text{不可比产品实际总成本} - \text{不可比产品计划总成本}$$

$$= 572\ 000 - 546\ 000$$

$$= 26\ 000 \text{ 元}$$

$$\text{不可比产品成本降低率}=\frac{\text{不可比产品成本降低额}}{\text{不可比产品计划总成本}}\times 100\%=\frac{26\ 000}{546\ 000}\times 100\%=4.76\%$$

根据计算结果，按产品品别编制商品产成本分析表，见表 11－3。

表 11－3　商品产品成本分析表（按产品品别）

编制单位：大华工厂　　　　2017 年　　　　金额单位：元

商品产品	实际产量/件	实际总成本	计划总成本	实际与计划的差异	
				差异额	差异率/%
可比产品：	27 500	2 992 000	3 025 000	－33 000	－1.09
甲产品	22 000	1 958 000	1 980 000	－22 000	－1.11
乙产品	5 500	1 034 000	1 045 000	－11 000	－1.05
不可比产品：	1 300	572 000	546 000	26 000	4.76
丙产品	1 300	572 000	546 000	26 000	4.76
全部商品产品	28 800	3 564 000	3 571 000	－7 000	－0.2

从表 11－3 分析结果可看出，该企业全部商品产品实际总成本比计划总成本降低 7 000 元，降低率为 0.2%。其中，可比产品成本实际比计划降低 33 000 元，降低率为 1.09%。其中，甲产品总成本实际比计划降低 22 000 元，降低率为 1.11%；乙产品总成本实际比计划降低 11 000 元，降低率为 1.05%。不可比产品（丙产品）成本超支 26 000 元，超支率为 4.76%。这说明从总体来看，企业全部商品产品完成了成本生产计划，但在可比产品成本降低的情况下，不可比产品成本有所上升，还应进一步分析不可比产品成本超支的原因。在分析不可比产品超支原因时，应查明是否因本年初次生产该产品，消耗定额和计划成本定得偏低；或者是因为首次生产该种产品，工艺过程掌握不好，技术熟练程度不高而引起材料消耗超过定额，废品过多等。还要特别注意，企业在分配共同费用时，是否对可比产品少分配，而对不可比产品多分配，以便超额完成可比产品成本降低任务的情况。

（2）按成本项目分析。虽然按产品品别分析能清楚掌握各种产品的成本升降情况，但是究竟哪些成本项目超降还是不清楚，因而有必要将全部商品产品成本按成本项目进行分析。这种分析是将全部商品产品总成本按成本项目汇总，将实际总成本与计划总成本相比，确定每个成本项目的差异额和差异率。通过成本项目分析，能确定产品成本的各个项目支出水平和变动情况，以及其对总成本计划完成情况的影响程度，从而进一步抓住重点项目来研究成本升降的原因，为企业日后的成本管理工作指明主攻方向。

按成本项目进行分析的程序如下：

首先，按成本项目编制商品产品成本分析表，见表 11－4。

其次，按成本项目分别计算确定实际总成本与计划总成本的差异，确定每个项目的差异额和差异率。

最后，计算确定每个项目差异额占计划总成本的比重。

通过表 11 -4 的分析结果可以看出,该企业全部商品产品成本比计划降低了 7 000 元,其主要原因是由于直接材料和制造费用的降低而造成的。其中,直接材料降低了 32 140 元,降低率为 1.21%,它对全部商品产品成本计划完成情况的影响为 0.90%;制造费用减少了 18 480 元,降低率为 4%,其对全部商品产品成本计划完成情况的影响为 0.52%。但是,该企业直接人工却存在超支现象,超支额为 43 620 元,超支率为 9.59%。因此,企业还需进一步深入分析,结合实际情况,找出各成本项目超支和降低的具体原因,以便及时采取有效的措施,提高企业的成本管理工作水平。

表 11 -4 商品产品成本分析表(按成本项目)

编制单位:大华工厂 2017 年 金额单位:元

成本项目	本年实际产量的总成本		实际比计划		项目差异额占计划总成本的比重/%
	计划总成本	实际总成本	差异额	差异率/%	
直接材料	2 654 000	2 621 860	-32 140	-1.21	-0.90
直接人工	455 000	498 620	43 620	9.59	1.22
制造费用	462 000	443 520	-18 480	-4	-0.52
合计	3 571 000	3 564 000	-7 000	4.38	-0.2

2. 可比产品成本降低任务完成情况的分析

在企业全部产品成本中,可比产品成本一般占有相当大的比重,甚至是百分之百。企业成本计划中,对可比产品不仅规定了计划成本,而且还规定了成本降低任务的指标。因此,控制好可比产品的成本,保证完成或超额完成成本降低任务,对全部产品成本计划的完成和成本水平的降低有着至关重要的作用。

(1)可比产品成本降低任务及其完成情况的分析。可比产品成本降低任务是成本计划中规定的本年可比产品计划总成本,与按计划产量和上年实际单位成本计算的上年实际总成本相比较,所确定的计划成本降低额和降低率。

可比产品成本降低任务完成情况的分析,就是将可比产品的实际成本与按实际产量和上年实际单位成本计算的上年实际总成本相比较,确定可比产品的实际成本降低额和降低率,并同计划规定的计划成本降低额和降低率相比,评价企业完成可比产品成本降低的情况,确定各项因素的影响程度,以便为今后采取措施降低成本指明方向。

计划成本和实际成本降低指标可按下列公式计算,即

$$\text{计划成本降低额} = \sum \left[\text{计划产量} \times \left(\text{上年实际单位成本} - \text{本年计划单位成本}\right)\right]$$

$$\text{计划成本降低率} = \frac{\text{计划成本降低额}}{\sum(\text{计划产量} \times \text{上年实际单位成本})} \times 100\%$$

$$\text{实际成本降低额} = \sum \left[\text{实际产量} \times \left(\text{上年实际单位成本} - \text{本年实际单位成本}\right)\right]$$

$$\text{实际成本降低率} = \frac{\text{实际成本降低额}}{\sum(\text{计划产量} \times \text{上年实际单位成本})} \times 100\%$$

在计算确定可比产品成本的实际降低额和降低率、计划降低额和降低率的基础上，可通过比较分析法进一步确定可比产品成本降低任务的完成情况。其计算公式为

$$\text{成本降低额完成数} = \text{实际降低额} - \text{计划降低额}$$

$$\text{成本降低率完成数} = \text{实际降低率} - \text{计划降低率}$$

上列公式从绝对数和相对数两个方面反映成本降低任务完成情况，如果实际降低额与降低率等于或大于计划降低额和降低率时，即为完成或超额完成可比产品成本降低任务；反之，即为没有完成可比产品成本降低任务。

【例 11－4】 假定某企业 2017 年可比产品成本降低计划表和实际完成情况分析表见表 11－5 和表 11－6。

表 11－5 可比产品成本降低计划表

可比产品名称	计划产量/件	单位成本/元		总成本/元		计划降低任务	
		上年	计划	上年	计划	降低额/元	降低率/%
甲产品	16 500	100	90	1 650 000	1 485 000	165 000	10
乙产品	5 500	200	190	1 100 000	1 045 000	55 000	5
合计				2 750 000	2 530 000	220 000	8

表 11－6 可比产品成本降低任务完成情况分析表

可比产品名称	实际产量/件	单位成本/元			总成本/元			实际降低情况	
		上年	计划	实际	上年	计划	实际	降低额/元	降低率/%
甲产品	22 000	100	90	89	2 200 000	1 980 000	1 958 000	242 000	11
乙产品	5 500	200	190	188	1 100 000	1 045 000	1 034 000	66 000	6
合计					3 300 000	3 025 000	2 992 000	308 000	9.33

通过表 11－5 和表 11－6 的计算分析可知，该企业可比产品成本降低任务完成情况为

$$\text{成本降低额完成数} = 308\ 000 - 220\ 000 = 88\ 000\ \text{元}$$

$$\text{成本降低率完成数} = 9.33\% - 8\% = 1.33\%$$

从绝对额说，实际成本降低额比计划成本降低额多降低 88 000 元；从相对数看，实际成本降低率比计划成本降低率多降低 1.33%，说明企业超额完成了可比产品成本降低任务。接下来应该进一步分析影响可比产品成本降低情况的各种因素，以便做出正确评级，提出有效的改进措施。

（2）影响可比产品成本降低任务完成情况的因素分析。影响可比产品成本降低任务完成情况的因素概括起来有三个，分别是产品产量因素、产品品种结构因素和产品单位成本因素。

①产品产量因素。因为可比产品成本降低额是根据各可比产品的计划产量分别乘以该产品的上年单位成本与计划成本的差额计算的。可比产品成本的实际完成情况是根据

各可比产品的实际产量分别乘以该产品的上年单位成本与实际单位成本的差额计算的。因此，在假设产品品种结构不变、成本不变的条件下，产品产量变动只会引起成本降低额发生同比例的变动，但不会影响成本降低率的变动。其计算公式为

$$\begin{aligned}\text{产品产量变动对成本降低额的影响} &= \left[\sum\left(\text{实际产量}\times\text{上年实际单位成本}\right)-\sum\left(\text{计划产量}\times\text{上年实际单位成本}\right)\right]\times\text{计划降低率}\\ &= \sum\left[\left(\text{实际产量}-\text{计划产量}\right)\times\text{上年实际单位成本}\right]\times\text{计划降低率}\end{aligned}$$

例 11－4 中假设其他条件不变，产品产量变动对成本影响如下：

$$\begin{aligned}\text{产品产量变动对成本降低额的影响} &= (3\ 300\ 000-2\ 750\ 000)\times 8\%\\ &= 44\ 000\ \text{元}\end{aligned}$$

可见，由于单纯产品产量变动使实际成本降低额比计划多 51 315 元。

②产品品种结构因素。所谓产品品种结构，也称为产品品种构成，它是指各种产品数量在全部产品数量总和中所占的比重。由于各种产品的实物量不能简单相加，所以在分析可比产品成本时，一般以上年单位成本为基础计算，当企业生产两种或两种以上的产品时，如果各种产品产量变化不是同比例的，就会引起品种结构变动。一般说来，各种产品的成本降低率是不同的，有高有低，企业如果增大降低率较高的产品生产比重，或减少降低率较低的产品生产比重，企业可比产品平均降低率就会比原来提高，降低额也随之提高；反之，则会使降低率和降低额下降。其计算公式为

$$\begin{aligned}\text{产品品种结构变动对成本降低额的影响} = &\sum\left(\text{实际产量}\times\text{上年实际单位成本}\right)-\sum\left(\text{实际产量}\times\text{本年计划单位成本}\right)-\\ &\sum\left(\text{实际产量}\times\text{上年实际单位成本}\right)\times\text{计划降低率}\end{aligned}$$

$$\text{产品品种结构变动对成本降低率的影响}=\frac{\text{产品品种结构变动对成本降低额的影响}}{\sum\left(\text{实际产量}\times\text{上年实际单位成本}\right)}\times 100\%$$

例 11－4 中，产品品种结构变动对成本降低额和降低率的影响计算如下：

$$\begin{aligned}\text{产品品种结构变动对成本降低额的影响} &= 3\ 300\ 000-3\ 025\ 000-3\ 300\ 000\times 8\%\\ &= 11\ 000\ \text{元}\end{aligned}$$

$$\text{产品品种结构变动对成本降低率的影响}=\frac{11\ 000}{3\ 300\ 000}\times 100\% = 0.33\%$$

③产品单位成本因素。可比产品成本计划降低额是以本年计划单位成本和上年实际单位成本相比较来确定的；可比产品实际降低额是以本年实际单位成本与上年实际单位成本相比较来确定的。因此，本年实际单位成本降低或提高时，必然会引起可比产品成本降低额和降低率的变动，也就是说，实际单位成本越低，降低额和降低率完成计划情况越好。即产品单位成本的变动与成本降低额和降低率的变动呈反方向。其计算公式为

$$\begin{aligned}\text{产品单位成本变动对成本降低额的影响} &= \sum\left(\text{实际产量}\times\text{计划单位成本}\right)-\sum\left(\text{实际产量}\times\text{实际单位成本}\right)\\ &= \sum\left[\text{实际产量}\times\left(\text{计划单位成本}-\text{实际单位成本}\right)\right]\end{aligned}$$

$$\text{产品单位成本变动对成本降低率的影响} = \frac{\text{产品单位成本变动对成本降低额的影响}}{\sum\left(\text{实际产量} \times \text{上年实际单位成本}\right)} \times 100\%$$

例 11-4 中,因产品单位成本变动对成本降低额和降低率的影响计算如下:

$$\text{产品单位成本变动对成本降低额的影响} = 3\ 025\ 000 - 2\ 992\ 000 = 33\ 000\ \text{元}$$

$$\text{产品单位成本变动对成本降低率的影响} = \frac{33\ 000}{3\ 300\ 000} \times 100\% = 1\%$$

最后,综合各种因素对可比产品成本降低任务完成情况的影响程度,编制表 11-7。

表 11-7　各因素影响可比产品成本降低程度汇总表

2017 年　　金额单位:元

影响因素	影响程度	
	降低额	降低率/%
产品产量	44 000	—
产品品种结构	11 000	0.33
产品单位成本	33 000	1
合计	88 000	1.33

通过以上分析可以看出,可比产品降低任务超额完成,从影响因素看主要是由于产品产量和产品单位成本量变动的影响,其次是产品品种结构变动的影响。由此说明,企业在增产节约方面取得了一定成绩,应给予肯定。

11.2.2　主要产品单位成本计划的分析

分析主要产品单位成本计划完成情况,在于揭示各种产品单位成本及其各个成本项目的变动情况,尤其是各项消耗定额的执行情况;确定产品结构、工艺和操作方法的改变,以及有关技术经济指标变动对产品单位成本的影响,查明产品单位成本升降的具体原因。

主要产品单位成本计划分析,主要依据产品单位成本报表及有关账簿资料,可以先根据单位成本报表中本期实际的单位成本合计数与计划生产成本进行对比,对产品单位成本计划完成情况进行分析;然后按成本项目进行具体的分析。分析的方法主要采用对比分析法、趋势分析法和差额计算分析法等。分析的主要依据是产品单位成本、成本计划和各项消耗定额资料,以及反映各项技术经济指标的业务技术资料等。

1. 主要产品单位成本计划完成情况的分析

对主要产品单位成本计划完成情况的分析通常采用比较分析法进行,即根据产品单位成本各项目的实际数与计划数,确定其差异额和差异率以及各成本项目变动对单位成本计划的影响程度。

【例 11-5】 某企业主要产品为甲产品,其产品单位成本表见表 11-8。根据此表,编制甲产品单位成本分析表。

表 11-8 主要产品单位成本表

2017 年 金额单位:元

产品名称	甲产品	计量单位	件	计划产量 85			
				实际产量 90			
成本项目		上年实际平均单位成本		本年计划单位成本		本年实际平均单位成本	
直接材料		720		700		560	
直接人工		65		60		40	
制造费用		210		200		220	
合计		995		960		820	
明细项目	单位	上年数		计划数		实际数	
		单位用量	金额	单位用量	金额	单位用量	金额
原材料							
A	千克	46	460	50	500	45	360
B	千克	11	209	10	200	12	216
工时		88		100		80	

解 甲产品单位成本分析表见表 11-9。

表 11-9 甲产品单位成本分析表

金额单位:元

成本项目	计划成本	实际成本	实际比计划		项目变动对计划单位成本的影响/%
			差异额	差异率/%	
直接材料	700	560	-140	-20	14.58
直接人工	60	40	-20	-33.33	-2.08
制造费用	200	220	20	10	2.08
合计	960	820	-140	-43.33	14.58

从比较分析的结果看,甲产品的实际单位成本与计划成本相比下降了 140 元,降低率为 14.58%,主要是由于直接材料费用减少了 140 元,降低了 20%,其次是直接人工减少了 20 元,降低率为 33.33%,但制造费用超支了 20 元,超支幅度比较大,达到 10%。因此,还需进一步查明制造费用超支的原因。

2. 主要产品单位成本项目的分析

一定时期产品单位成本的高低是与企业该时期的生产技术、生产组织状况和经营管理水平,以及采取的技术经济措施效果相联系的。因此,紧密结合企业技术经济方面的资料,查明成本升降的具体原因,是进行产品单位成本各个成本项目分析的特点。

(1)直接材料项目的分析。直接材料成本占产品单位成本比重较大,该项成本的升降对产品单位成本以及总成本水平的高低有着重要影响,所以对直接材料项目的分析是产品单位成本主要成本项目分析的重点。

直接材料包括原材料及主要材料、辅助材料、燃料、包装物、低值易耗品等。各材料的品种繁多,在生产中的作用也不一样,其分析的侧重点有所不同,但分析的基本程序和方法是一致的。即分析直接材料项目时,首先将各种主要材料的实际成本与计划或上年成本比较,然后查明哪些直接材料成本升降较大;同时,分析直接材料成本升降的原因,一般说来,单位产品直接材料成本取决于单位产品直接材料耗用量和材料单价两个因素,采用公式可表示为

$$\text{单位产品直接材料}=\text{单位产品直接材料消耗量(即单耗)}\times\text{材料单价}$$

根据以上公式,采用差额分析法,确定两个因素的变动对直接材料成本的影响程度,其计算公式为

$$\text{材料单耗差异的影响}=\sum[(\text{实际单耗}-\text{计划单耗})\times\text{计划单价}]$$

$$\text{材料单价差异的影响}=\sum\{[\text{实际单耗}\times(\text{实际单价}-\text{计划单价})]\}$$

【例 11-6】 仍以例 11-5 中某企业甲产品单位成本核算资料为依据,分析影响甲产品直接材料项目的因素及其影响程度,见表 11-10。

表 11-10 甲产品直接材料成本分析表

材料名称	计量单位	耗用量		单价		材料成本		差异	
		计划	实际	计划/元	实际/元	计划/元	实际/元	数量	金额/元
A	千克	50	45	10	8	500	360	-5	-140
B	千克	10	12	20	18	200	216	2	16
合计						700	576		-124

根据上表,可以计算出甲产品直接材料成本实际比计划降低 124 元,其中

(Ⅰ)由于耗用量的变动。

A 材料 $=(45-50)\times10=-50$ 元

B 材料 $=(12-10)\times20=40$ 元

小计 $=-10$ 元

(Ⅱ)由于价格的变动。

A 材料 $=45\times(5-10)=-90$ 元

B 材料 $=12\times(18-20)=-24$ 元

小计 $=-114$ 元

由此可见,甲产品直接材料成本降低主要是由于 A 材料、B 材料价格降低的结果,使直接材料成本节约了 114 元。此外,A 材料单位耗用量的降低也是使直接材料成本节约了 50 元,可由于 B 材料单位耗用量的增加,造成这部分成本节约额被抵减了 40 元。最终,单位耗用量和材料单价这两个因素造成甲产品直接材料成本降低 124 元。

上述分析是将影响直接材料的因素分解为单位耗用量、单价因素。企业生产产品耗用直接材料在两种或两种以上时,影响直接材料费用高低除上述两个因素外,还有直接材料配比因素,在生产时多使用单位成本高的那一种直接材料,单位成本中的直接材料成本会提高,反之则降低。因此,直接材料项目的分析还有三因素的分析法,即将影响直接材料的因素分解为单位耗用量、单价、配比因素。下面具体说明直接材料三因素分析方法。

首先,要计算材料的三个平均单价,其具体计算公式为

$$\begin{matrix}\text{计划配比的}\\\text{计划平均单价}\end{matrix}=\frac{\sum(\text{计划各种材料配料数量}\times\text{计划单价})}{\text{计划各种材料配料数量之和}}$$

$$\begin{matrix}\text{实际配比的}\\\text{计划平均单价}\end{matrix}=\frac{\sum(\text{实际各种材料配料数量}\times\text{计划单价})}{\text{实际各种材料配料数量之和}}$$

$$\begin{matrix}\text{实际配比的}\\\text{实际平均单价}\end{matrix}=\frac{\sum(\text{实际各种材料配料数量}\times\text{实际单价})}{\text{实际各种材料配料数量之和}}$$

其次,根据上面三个平均单价,分析单耗、配比和单价各因素变动对原材料成本的影响,分析公式如下:

$$\begin{matrix}\text{单位产品材耗用}\\\text{总量差异的影响}\end{matrix}=\left(\begin{matrix}\text{单位产品材料}\\\text{实际耗用总量}\end{matrix}-\begin{matrix}\text{单位产品材料}\\\text{计划耗用总量}\end{matrix}\right)\times\begin{matrix}\text{计划配比的}\\\text{计划平均单价}\end{matrix}$$

$$\begin{matrix}\text{材料配比}\\\text{差异的影响}\end{matrix}=\left(\begin{matrix}\text{实际配比的}\\\text{计划平均单价}\end{matrix}-\begin{matrix}\text{计划配比的}\\\text{计划平均单价}\end{matrix}\right)\times\begin{matrix}\text{单位产品材料}\\\text{实际耗用总量}\end{matrix}$$

$$\begin{matrix}\text{材料价格}\\\text{差异的影响}\end{matrix}=\left(\begin{matrix}\text{实际配比的}\\\text{实际平均单价}\end{matrix}-\begin{matrix}\text{实际配比的}\\\text{计划平均单价}\end{matrix}\right)\times\begin{matrix}\text{单位产品材料}\\\text{实际耗用总量}\end{matrix}$$

【例 11-7】　现以 A 产品有关单位产品的直接材料耗用资料为例,说明该产品直接材料成本的三因素分析方法,有关资料见表 11-11。

表 11-11　A 产品原材料耗用资料表

材料名称	计量单位	计划				实际			
		单价/元	用量	配比/%	成本/元	单价/元	用量	配比/%	成本/元
甲	千克	4	52.5	50	210	4.5	40	40	180
乙	千克	2	42	40	84	2	55	55	110
丙	千克	5	10.5	10	52.5	5	5	5	25
合计			105	100	346.5		100	100	315

补充资料计算如下:

$$\begin{matrix}\text{计划配比的}\\\text{平均计划单价}\end{matrix}=\frac{346.5}{105}=3.3\text{ 元}$$

或

$$4\times50\%+2\times40\%+5\times10\%=3.3\text{ 元}$$

$$\text{实际配比的平均计划单价}=\frac{40\times4+55\times2+5\times5}{100}=2.95\text{ 元}$$

或

$$4\times40\%+2\times55\%+5\times5\%=2.95\text{ 元}$$

根据以上资料可以计算A单位产品的材料成本的变动如下:

原材料耗用总量差异的影响为

$$(100-105)\times3.3=-16.5\text{ 元}$$

材料配比差异的影响为

$$100\times(2.95-3.3)=-35\text{ 元}$$

材料价格差异的影响为

$$40\times(4.5-4)=20\text{ 元}$$

通过以上分析可知,直接材料成本降低主要是由于直接材料耗用量节约和材料配比差异造成的,尤其后一因素的作用更大。因此,在不影响产品质量的前提下,尽量提高价格低的材料消耗比例也是降低材料成本的一个重要途径。但是,价格低的材料消耗比例提高,有时会引起材料消耗总量上升。这时,就要综合分析采用什么样的配方才能取得最佳的经济效果。

分析单位成本的直接材料费用要在上面因素分析基础上,进一步了解单耗、配比和单价变动的具体原因。归纳起来,影响单耗变动的原因有:材料材质的变化,材料加工方式的改变,利用废料或代用材料及材料的利用程度的变化,产品或零部件结构的变化,废品回收利用情况等。影响单价变动的原因有:材料买价、运费、运输途中合理损耗的变化、材料的整理加工及检验费的变化等。

在分析时还应注意区分影响成本的主观因素,注意抓住企业内部的主观因素,以便采取控制措施,降低材料成本。必须指出,这种材料价格差异的计算方法主要适用于材料采用实际价格计价的企业。

(2)直接人工项目的分析。直接人工包括企业直接从事产品生产的人员的工资、奖金、津贴、补贴以及职工福利费等。直接人工费用分为按计时工资计算和按计件工资计算。因此,对直接人工项目进行分析需要结合不同的工资制度和直接人工的分配方法来进行。

在计时工资制度下,在工资费用直接计入产品成本的企业里,单位产品的直接人工成本的高低取决于生产该种产品的产量增减和工资总额高低两个因素。它们之间的关系可以用计算公式表示为

$$\text{单位产品直接人工}=\frac{\text{生产工人工资总额}}{\text{产品产量}}$$

从上式可见,当产品产量增长速度大于工资总额增长速度,单位产品的直接人工成本会下降;当产品产量增长速度小于工资总额增长速度,单位产品的直接人工成本就会上升。产品产量和生产工人工资总额变动对单位产品直接人工影响的计算公式为

$$\text{产量差异的影响}=\frac{\text{生产工人工资总额计划数}}{\text{产量实际数}}-\text{单位产品直接人工计划数}$$

$$\text{生产工人工资总额差异的影响} = \text{单位产品直接人工实际数} - \frac{\text{生产工人工资总额计划数}}{\text{产量实际数}}$$

【例 11－8】 假设某企业 2017 年只生产乙产品，有关乙产品的产量、工资等资料见表 11－12，计算产品产量和生产工人工资总额变动对单位产品直接人工的影响。

表 11－12　乙产品直接人工资料

项目	计量单位	计划数	实际数	差异额
生产工人工资总额	元	12 500	14 280	1 780
产品产量	件	200	210	10
单位产品直接人工	元	62.5	68	5.5

解

$$\text{产量差异的影响} = \frac{12\ 500}{210} - 62.5 = -2.98\text{ 元}$$

$$\text{生产工人工资总额差异的影响} = 68 - \frac{12\ 500}{210} = 8.48\text{ 元}$$

两因素影响程度合计 = －2.98 + 8.48 = 5.5 元

从上述计算可以看出，乙产品单位成本中直接人工费用实际比计划增加 5.5 元，主要是生产工人工资总额的增加。

在多数企业中，各生产环节生产的产品品种往往都是两种以上，直接人工费用一般按生产工时比例分配计入各种产品成本，所以，单位产品直接人工的多少就取决于单位产品的生产工时（效率指标）和小时工资率（分配率指标）两个因素，用公式可表示为

$$\text{单位产品直接人工} = \text{单位产品生产工时} \times \text{小时工资率}$$

其中

$$\text{小时工资率} = \frac{\text{生产工人工资总额}}{\text{生产工时消耗总额}} \times 100\%$$

根据以上公式，采用因素分析法，确定两个因素变动对单位产品直接人工影响的计算公式为

$$\text{单位产品生产工时差异的影响} = \left(\text{单位产品实际生产工时} - \text{单位产品计划生产工时}\right) \times \text{计划小时工资率}$$

$$\text{小时工资率差异的影响} = \text{单位产品实际生产工时} \times \left(\text{实际小时工资率} - \text{计划小时工资率}\right)$$

【例 11－9】 假设某企业实行计时工资制度。丙产品单位产品工资资料见表 11－13。根据资料，计算单位产品生产工时数量变动和小时工资率变动对直接人工费用的影响。

表 11－13　丙产品直接人工资料

项目	计量单位	计划数	实际数	差异额
单位产品生产工时	小时	15	12.5	－2.5
小时工资率	元/小时	9	10	1
单位产品直接人工	元	135	125	－10

解

$$\begin{matrix}\text{单位产品生产工时}\\\text{差异的影响}\end{matrix}=(12.5-15)\times 9=-22.5\text{ 元}$$

$$\begin{matrix}\text{小时工资率}\\\text{差异的影响}\end{matrix}=12.5\times(10-9)=12.5\text{ 元}$$

$$\text{两因素影响程度合计}=-22.5+12.5=-10\text{ 元}$$

以上分析计算表明,丙产品单位产品直接人工费用实际比计划降低了10元,主要是由产品工时消耗大幅度节约形成的,而小时工资率的超支则抵减了部分由于工时消耗节约产生的直接人工费用的降低额。企业应该进一步查明单位产品工时消耗节约和小时工资率超支的原因。

单位产品工时消耗节约一般是生产工人提高了劳动熟练程度,从而提高了劳动生产率的结果;但也不排除是由于偷工减料造成的,应该查明节约工时以后是否影响了产品的质量。通过降低产品质量来节约工时是不能允许的。

小时工资率是以生产工人工资总额除以生产工时消耗总额计算求出的。工资总额控制好,生产工人工资总额减少,会使小时工资率节约,否则使小时工资率超支。对生产工人工资总额变动的分析,要以与前述按成本项目反映的产品生产成本表中直接人工费用的分析结合起来进行。

在工时总额固定的情况下,非生产工时控制得好,减少非生产工时,增加生产工时总额,会使小时工资率节约;否则会使小时工资率超支。因此,要查明小时工资率变动的具体原因,还应对生产工时的利用情况进行调查研究。

企业在计件工资制度下,如果采用无限制计件工资制度,单位产品直接人工成本的高低取决于计件单价。在计件单价不变时,生产工人劳动生产率的变动并不会直接影响单位产品直接人工成本,但它会通过产品产量间接地影响单位产品直接人工成本。若企业采取有限制计件工资制度,生产工人生产产品的产量若超过一定限度,则超过部分的产品不再支付工资,在这种情况下,劳动生产率的变动会直接影响单位产品直接人工成本。劳动生产率的提高会使单位产品直接人工成本相应降低;反之,会使单位产品直接人工成本相应提高。

(3)制造费用项目的分析。制造费用一般是间接计入费用,产品成本中的制造费用一般是根据生产工时等分配标准分配计入的。因此,产品单位成本中制造费用项目的分析,通常与计时工资制度下直接人工费用的分析相类似,先要分析单位产品所耗工时变动和每小时制造费用(小时费用率)变动两因素对制造费用变动的影响,然后再查明这两个因素变动的具体原因。

制造费用项目用公式可表示为

$$\text{单位产品制造费用}=\text{单位产品生产工时}\times\text{小时费用率}$$

其中

$$\text{小时费用率}=\frac{\text{制造费用总额}}{\text{生产工时消耗总额}}\times 100\%$$

根据上述制造费用的公式,可采用连环替代法或差额计算分析法分析效率和分配率两个因素变动对制造费用的影响,可表示为

$$\begin{matrix}\text{单位产品生产工时}\\\text{差异的影响}\end{matrix}=\left(\begin{matrix}\text{单位产品}\\\text{实际生产工时}\end{matrix}-\begin{matrix}\text{单位产品}\\\text{计划生产工时}\end{matrix}\right)\times\begin{matrix}\text{计划小时}\\\text{费用率}\end{matrix}$$

$$\text{小时费用率差异的影响}=\frac{\text{单位产品}}{\text{实际生产工时}}\times\left(\text{实际小时费用率}-\text{计划小时费用率}\right)$$

【例11－10】 假定某公司甲产品单位产品制造费用资料见表11－14。根据资料，计算单位产品工时数量变动和每小时制造费用变动对制造费用的影响。

表11－14　单位产品制造费用表

项目	计量单位	计划数	实际数	差异额
单位产品生产工时	小时	15	12	－3
小时费用率	元/小时	7	7.5	0.5
单位产品制造费用	元	105	90	－15

解

$$\text{单位产品生产工时差异的影响}=(12-15)\times 7=-21\text{元}$$

$$\text{小时费用率差异的影响}=12\times(7.5-7)=6\text{元}$$

$$\text{两因素影响程度合计}=-21+6=-15\text{元}$$

由此可见，单位产品生产工时降低使得甲产品制造费用降低了21元，而小时费用率的提高又使甲产品制造费用增加了6元，两个因素共同作用的结果是使甲产品制造费用下降了15元。

如果在进行制造费用分析时，已经查明了单位产品所耗工时变动和生产工时利用好坏的具体原因，只需要联系前述按成本项目反映的产品生产成本表中的制造费用总额的变动的分析，并结合后述制造费用明细表中各费用项目具体变动的分析，就可以了解产品单位成本中制造费用变动的种种原因。

11.3　降低成本措施的分析

通过成本的事后分析，我们可以发现哪些产品或哪些成本项目发生了差异以及差异额的大小。一般来说，成本计划要求既先进又可行，在正常的生产经营情况下，本年实际发生的成本与计划相比不会有很大差异，若两者有利差异比较大，通常与执行一定的降低成本措施有关。

企业为了保证生产任务和经济效益指标的完成，需要从生产技术、生产组织和劳动组织等方面提出相应的改进措施。这些措施和方案可以克服生产技术上的薄弱环节，不断提高企业的生产技术和管理水平，努力降低生产成本，多创经济效益。因此，为了进一步查明成本升降的原因，还要进行降低成本措施分析。

降低成本措施分析就是要查明企业降低成本措施对成本的影响数额，分清成本指标的变动有多少和某项技术措施有关，有多少是由于其他经营管理方面所造成的，清除和某项技术措施无关因素的影响才能较正确地测算出某项技术措施对降低成本的影响。降低成本措施分析的目的是使成本分析和技术分析相互结合，促使企业不断采用新的技术措施和科学的管理,降低成本水平,提高经济效益。降低成本措施的分析有三方面内容:一是分析产品结构和工艺改革对成本的影响;二是分析生产组织措施对成本的影响;三是分析其他措施对成本的影响。

11.3.1 产品结构和工艺改革对成本影响的分析

在生产较为正常、管理水平较高的企业里,要大幅度地降低成本,必须从产品设计、产品结构和生产工艺等方面的改革入手,寻找降低成本的途径。产品结构和工艺改革应进行产品成本功能分析,简化结构复杂的产品,将体积大、用料多的产品适当缩小;掌握市场动态和消费者心理,避免产品的过剩功能;在不影响产品质量的前提下,合理调整配料比例,用价格低廉的材料代替价格昂贵的材料;采用新工艺,节约材料消耗量和生产工时,提高劳动生产率等。产品结构和工艺改革措施对成本的直接影响,可以用以下分析公式计算,即

$$\begin{matrix}\text{产品结构和工艺改革}\\\text{措施对成本的影响额}\end{matrix}=\left(\begin{matrix}\text{执行措施后}\\\text{单位产品成本}\end{matrix}-\begin{matrix}\text{执行措施前}\\\text{单位产品成本}\end{matrix}\right)\times\begin{matrix}\text{执行措施后}\\\text{产品的生产数量}\end{matrix}$$

$$\begin{matrix}\text{产品结构和工艺改革}\\\text{措施对成本的影响率}\end{matrix}=\frac{\begin{matrix}\text{执行措施后}\\\text{单位产品成本}\end{matrix}-\begin{matrix}\text{执行措施前}\\\text{单位产品成本}\end{matrix}}{\text{执行措施前单位产品成本}}\times 100\%$$

$$\begin{matrix}\text{年度成本}\\\text{节约额}\end{matrix}=\begin{matrix}\text{产品结构和工艺改革措施}\\\text{对成本的月度影响额}\end{matrix}\times(12-\text{措施实现月份})$$

11.3.2 生产组织措施对成本影响的分析

生产组织的合理化、科学化,对成本水平降低也具有促进作用。合理组织生产就是对人力、物力和财力的科学利用,目的是促使企业在生产过程中以较少的物质消耗,达到较高的经济效益。例如,合理配备各个生产环节的劳动力档次和数量、材料的最佳套裁、投产的最佳批量、作业计划的有效组织、车间的合理设置、厂内运输的最短路线等。

生产组织措施的实施对成本的直接影响,可用以下分析公式计算,即

$$\begin{matrix}\text{生产组织措施的实施}\\\text{对成本的影响额}\end{matrix}=\left(\begin{matrix}\text{采用措施后}\\\text{单位产品成本}\end{matrix}-\begin{matrix}\text{采用措施前}\\\text{单位产品成本}\end{matrix}\right)\times\begin{matrix}\text{采用措施后}\\\text{的产品数量}\end{matrix}$$

其分析可根据具体措施对成本影响的特点进行。

11.3.3 其他措施对成本影响的分析

降低成本的其他措施主要是根据各个企业的生产技术特点而采取的直接制约成本下降的有关措施,这些措施对成本的影响数额要通过具体分析加以确定,为进行正确的成本决策提供依据。

比如,随着专业化技术协作的不断发展,许多企业把零、部件委托外部加工,外加工(外购)零、部件费用越来越大,这就需要进行自制零件和外购零件的成本对比分析,以及对不同外购方案的成本进行比较,找出对企业降低成本最有利的措施方案并予以实施。

需要指出的是,各种降低成本措施的出台时间和实施时间、预计效果和实际效果各不相同,则对成本计划完成情况的影响也不同。

(1)在制订成本计划时考虑了某项降低成本措施,实际也已执行,则对成本计算完成情况的影响是预计效果和实际效果的差别。

【例 11－11】 某企业在 2010 年制订成本计划时已经考虑了甲产品的结构改革措施，甲产品上年实际成本为 150 元，按计划规定改革后产品成本为 140 元，改革后产量为 10 000 件。实际改革后产品成本为 145 元，没有达到计划要求，且措施实施时间比原计划推迟，改革后产品产量只有 8 000 件，没有达到原定计划降低额。则影响成本计划完成数额计算如下：

计划降低额 =（150 － 140）×10 000 = 100 000 元

实际降低额 =（150 － 145）×8 000 = 40 000 元

则实际成本超过计划成本数位 60 000 元

（2）在制订计划时考虑了某项降低成本措施，实际没有执行或技术上未能实现，对成本计划完成情况的影响是预计的经济效果。

若上例甲产品结构改革措施计划降低额为 100 000 元，但该项措施没有实际执行，那么预计的降低额 100 000 元就是实际成本超支数。

（3）在制订成本计划时没有考虑降低成本措施，实际生产时采取了某项措施，则降低成本措施对成本计划完成情况的影响是实际的经济效果。

11.4　技术经济指标变动对成本影响的分析

11.4.1　技术经济指标变动对成本影响分析的意义

1. 技术经济指标的含义

技术经济指标是从生产资源利用情况和产品质量等方面反映生产技术水平的各种指标的总称。每个企业都有一套与其生产技术特点相联系的技术经济指标，它作为一个中间环节，把技术与经济联系起来。在工业企业产品成本分析中，则表现为各项技术经济指标完成的好坏，都直接或间接地影响产品成本的高低，即技术—技术经济指标—单位成本。

2. 经济技术指标的分类

按照技术经济指标所反映的内容，可将技术经济指标分为六类：反映设备利用率的技术经济指标，反映劳动生产率的技术经济指标，反映原材料利用程度的技术经济指标，反映原材料代用及综合利用的技术经济指标，反映能源利用的技术经济指标，反映产品质量的技术经济指标。

但各项技术经济指标对单位成本影响的途径是不同的，通常归纳为三种形式：第一，不直接影响产品单位成本，而是通过产量的变动间接地影响单位成本中的固定成本，如设备利用率；第二，通过耗用量的变动直接影响原材料、燃料和动力消耗水平的变动，如原材料利用率、单位产品生产工艺耗用标准煤量等指标；第三，既影响产品成本中的直接材料的消耗，又通过产量变动间接影响单位成本中的固定成本，如矿石品位、焦比、成品率等指标。

3. 技术经济指标变动对成本影响分析的作用

结合技术经济指标进行成本分析，才能了解成本变动的真正原因，才能做到：

（1）使成本分析深入到生产技术领域。开展成本技术经济指标对产品成本影响的分析，能具体查明影响成本各生产技术因素，指出改进生产技术的方向。这样，可以促使企业技术部门结合具体问题，进行技术改造；车间、工段可以有效地纠正工艺不合理以及技术操作不完善等问题，更好地完成各项技术经济指标。

（2）使成本分析起到有效控制成本的作用。由于企业各项技术经济指标的完成情况，从每天的业务技术报告中随时可以得到反映。因此,进行技术经济分析可以结合日常的生产技术活动进行,及时掌握成本偏差,迅速采取必要措施,改进生产技术和经营管理,保证成本计划的顺利完成。

(3)使成本分析具有更广泛的群众基础。成本技术经济分析对象是反映各个生产岗位生产工艺操作质量和效果的某些技术经济指标。这些指标可以根据分工情况分解、落实到工人生产技术岗位,它同工人生产工艺操作的质量和效果有着密切相关的联系。这样,可以促使工人密切重视、关心和积极参加成本技术经济分析。

11.4.2 技术经济指标变动对成本影响的分析

下面仅就产量、质量、劳动生产率、原材料利用率等技术经济指标的变动对单位成本的影响进行分析。

1. 产品产量变动对单位成本影响的分析

某些技术经济指标,如设备利用率指标不直接影响产品的消耗,而是通过产量变动间接影响产品成本。为了分析这类指标变动对产品成本的影响,需要先确定产量变动对单位成本的影响。

分析产量变动对单位成本的影响,需依据产量和成本的关系,将产品成本划分为固定成本和变动成本两部分。单位产品中的变动成本与产量变动没有关系,而单位产品成本中的固定部分,当产量在相关范围内变动时,其会随着产量的增减变化呈反方向变化,即产量增加,单位产品的固定成本减少;反之,则会增加。因此,在企业市场允许的前提下,充分利用现有生产能力,提高产品产量是降低产品单位成本的一条途径。产量变动对单位成本影响可用公式表示为

$$\begin{matrix}\text{单位产品}\\\text{成本降低额}\end{matrix}=\begin{matrix}\text{计划单位}\\\text{固定成本}\end{matrix}\times\left(1-\frac{1}{1+\text{产量增产率}}\right)$$

$$\begin{matrix}\text{单位产品}\\\text{成本降低率}\end{matrix}=\frac{\text{单位产品成本降低额}}{\text{计划单位产品成本}}\times 100\%$$

$$=\left(1-\frac{1}{1+\text{产量增长率}}\right)\times\begin{matrix}\text{计划单位固定成本}\\\text{占单位成本的比重}\end{matrix}$$

其中

$$\text{产量增长率}=\frac{\text{实际产量}-\text{计划产量}}{\text{计划产量}}\times 100\%$$

【例 11-12】 某产品有关资料见表 11-15。

表 11-15 某产品成本资料

项目	计划			实际		
	产量/件	总成本/元	单位成本/元	产量/件	总成本/元	单位成本/元
变动成本		7 500	7.5		9 375	7.5
固定成本		2 500	2.5		2 500	2
合计	1 000	10 000	10	1 250	11 875	9.5

在其他条件不变的情况下，当产量由 1 000 件增加到 1 250 件，即完成计划 125% 时，变动成本将同比例地增加到 9 375 元，而固定成本仍为 2 500 元，全部成本为 11 875 元，每件产品单位成本则为 9.5 元，产量变动对单位成本的影响程度计算如下：

$$产量增长率 = \frac{1\ 250 - 1\ 000}{1\ 000} \times 100\% = 25\%$$

$$单位产品成本降低额 = 2.5 \times \left(1 - \frac{1}{1 + 25\%}\right) = 0.5\ 元$$

$$单位产品成本降低率 = \frac{0.5}{10} \times 100\% = 5\%$$

或
$$单位产品成本降低率 = \left(1 - \frac{1}{1 + 25\%}\right) \times \frac{2.5}{10} \times 100\% = 5\%$$

以上分析结果说明，由于产量提高 25%，可使单位产品成本降低 0.5 元，降低率为 5%，这是由于产量增加而使单位固定成本相对节约而造成的。

2. 产品质量变动对单位成本影响的分析

在生产消耗水平不变的前提下，产品质量提高必然会影响到单位产品成本的降低。反映产品质量的指标很多，通常有合格品率、废品率、等级品率等。本节只介绍废品率变动对单位成本影响的分析。企业生产废品所发生的损失最终要由合格品负担。企业生产过程中的废品率越高，合格品所负担的废品损失就越多，单位产品合格品的成本就越高；反之，单位产品成本就越低。废品率变动对产品单位成本的影响可用下列公式表示为

$$\begin{matrix}单位产品\\成本降低额\end{matrix} = \begin{matrix}计划单位成本\\中的废品损失\end{matrix} \times \left(1 - \frac{实际废品率 \times 计划合格品率}{计划废品率 \times 实际合格品率}\right)$$

$$\begin{matrix}单位产品\\成本降低率\end{matrix} = \frac{单位产品成本降低额}{计划单位产品成本} \times 100\%$$

$$= \left(1 - \frac{实际废品率 \times 计划合格品率}{计划废品率 \times 实际合格品率}\right) \times \begin{matrix}计划单位成本中\\废品损失的比重\end{matrix}$$

【例 11－13】　某产品有关合格品和废品资料见表 11－16。

表 11－16　产品合格品、废品表

项目	计划数		实际数	
	数量/件	结构/%	数量/件	结构/%
合格品	400	80	585	90
废品	100	20	65	10
合计	500	100	650	100

假定本年度计划单位成本中废品损失项目为 12 元，计划单位成本为 250 元，则

$$单位产品成本降低额 = 12 \times \left(1 - \frac{10\% \times 80\%}{20\% \times 90\%}\right) = 6.67\ 元$$

$$单位产品成本降低率 = \frac{6.67}{250} \times 100\% = 2.67\%$$

或
$$单位产品成本降低率 = \left(1 - \frac{10\% \times 80\%}{20\% \times 90\%}\right) \times \frac{12}{250} \times 100\% = 2.67\%$$

以上分析结果说明，由于废品率由计划20%下降到10%，其变动对单位产品成本影响程度为6.67元，降低率达到2.67%。

3. 劳动生产率变动对单位成本影响的分析

劳动生产率提高表明单位产品所消耗工时的减少，从而它负担的人工成本也会相应地减少。但是劳动生产率的增长往往伴随着工资率的增长，从而使单位产品成本提高。因此，要计算劳动生产率增长对单位成本的影响，要确定劳动生产率增长的速度和工资增长率的速度的对比关系，看劳动生产率的增长速度是否快于工资率的增长速度。劳动生产率的增长速度应超过工资率的增长速度，才能降低产品单位成本，保证既增加工资，又能提高企业盈利水平。因此，劳动生产率变动对产品单位成本的影响可用下列公式计算，即

$$\text{单位产品成本降低额}=\left(1-\frac{1+\text{平均工资增长率}}{1+\text{劳动生产增长率}}\right)\times\text{计划单位产品的工资成本}$$

$$\text{单位产品成本降低率}=\frac{\text{单位产品成本降低额}}{\text{计划单位产品成本}}\times 100\%$$

$$=\left(1-\frac{1+\text{平均工资增长率}}{1+\text{劳动生产增长率}}\right)\times\text{计划生产工人工资占单位产品成本的比重}$$

其中

$$\text{劳动生产增长率}=\frac{\text{单位产品计划工时消耗额}-\text{单位产品实际工时消耗额}}{\text{单位产品实际工时消耗额}}\times 100\%$$

$$\text{平均工资增长率}=\frac{\text{实际平均小时工资率}-\text{计划平均小时工资率}}{\text{计划平均小时工资率}}\times 100\%$$

【例 11－14】 某产品工资成本情况见表 11－17。

表 11－17 单位产品工资成本表

项目	计量单位	计划数	实际数
单位产品工时消耗数	小时	50	40
小时平均工资率	元/小时	8	9
单位产品工资成本	元	400	360
单位产品成本	元	1 000	1 200

$$\text{劳动生产增长率}=\frac{50-40}{40}\times 100\%=25\%$$

$$\text{平均工资增长率}=\frac{9-8}{8}\times 100\%=12.5\%$$

$$\text{单位产品成本降低额}=\left(1-\frac{1+12.5\%}{1+25\%}\right)\times 400=40\text{ 元}$$

$$\text{单位产品成本降低率}=\frac{40}{1\ 000}\times 100\%=4\%$$

或

$$\text{单位产品成本降低率}=\left(1-\frac{1+12.5\%}{1+25\%}\right)\times\frac{400}{1\ 000}\times 100\%=4\%$$

由以上分析结果可知,由于劳动生产率比计划提高了25%,小时平均工资率比计划提高了12.5%,两个因素共同作用的结果使产品的单位产品工资成本下降了40元,降低率为4%。

4. 直接材料利用率变动对单位成本影响的分析

直接材料成本是产品成本的重要组成部分,其有效利用情况对产品的成本水平有着十分重要的影响。直接材料利用率是指材料投入量与产品产出量之间的比率。提高直接材料利用率就是通过降低单位产品直接材料的消耗,降低产品成本中的直接材料成本,从而降低产品的单位成本。因此,企业想提高材料利用率,必须在材料下料、使用方面加强管理,减少边角余料、废料等。直接材料利用率变动对产品单位成本的影响可按下列公式计算,即

$$\begin{matrix}\text{单位产品}\\\text{成本降低额}\end{matrix}=\begin{matrix}\text{计划单位成本中的}\\\text{直接材料成本}\end{matrix}\times\left(1-\frac{\text{计划直接材料利用率}}{\text{实际直接材料利用率}}\right)$$

$$\begin{matrix}\text{单位产品}\\\text{成本降低率}\end{matrix}=\frac{\text{单位产品成本降低额}}{\text{计划单位产品成本}}\times 100\%$$

$$=\left(1-\frac{\text{计划直接材料利用率}}{\text{实际直接材料利用率}}\right)\times\begin{matrix}\text{计划单位成本中的}\\\text{直接材料成本所占的比重}\end{matrix}$$

其中

$$\text{直接材料利用率}=\frac{\text{材料产品净重}}{\text{材料单耗}}\times 100\%$$

【例11-15】 某产品有关成本资料见表11-18。

表11-18 产品成本资料

项目	计量单位	计划数	实际数
直接材料消耗量	千克	800	800
实际消耗量	千克	720	768
直接材料利用率	%	90	96
单位产品成本	元	200	180
其中:直接材料成本	元	120	99

$$\text{单位产品成本降低额}=120\times\left(1-\frac{90\%}{96\%}\right)=7.5\text{ 元}$$

$$\text{单位产品成本降低率}=\frac{7.5}{200}\times 100\%=3.75\%$$

或

$$\begin{matrix}\text{单位产品}\\\text{成本降低率}\end{matrix}=\left(1-\frac{90\%}{96\%}\right)\times\frac{120}{200}\times 100\%=3.75\%$$

由以上分析结果可知,直接材料利用率实际比计划提高了,使单位产品成本减少了7.5元,降低了3.75%。

11.5 其他的成本分析

11.5.1 各种费用报表的分析

1. 各种费用报表分析的意义

企业的费用报表包括制造费用明细表、产品销售费用明细表、管理费用明细表和财务费用明细表。报表中的费用虽然有的是作为生产费用,计入产品成本,有的是作为期间费用,直接计入当期损益,各自的经济用途不同,但是它们都是由许多具有不同经济性质和不同经济用途的指标组成的。这些费用支出的节约或浪费往往与公司(总厂)的行政管理部门和生产车间工作的质量和有关责任制度、节约措施的贯彻执行情况密切相关。因此,有关部门、车间编报上述报表,分析这些费用的支出情况,不仅是促进节约各项费用支出,杜绝一切铺张浪费,不断降低成本和增加盈利的重要途径,同时也是推动企业改进生产经营管理工作,提高工作效率的重要措施。

2. 各种费用报表分析的内容和方法

由于上述各种费用都是整个公司(总厂)或分厂、车间、部门编制计划加以控制的,因而分析各种费用计划的执行情况,查明各种费用实际脱离计划的原因,只能按整个公司(总厂)或分厂、车间、部门来进行。

对于上述各种费用进行分析,首先应根据表中资料以本年实际与本年计划相比较,确定实际脱离计划差异,然后分析差异的原因。由于各种费用所包括的费用项目具有不同经济性质的用途,各项费用的变动又分别受不同因素变动影响,因此,在确定费用实际支出脱离计划差异时,应按各组成项目分别进行,而不能只检查各种费用总额计划的完成情况,不能用其中一些费用项目的节约来抵补其他费用项目的超支。同时,要注意不同费用项目支出的特点,不能简单地把任何超过计划的费用支出都看作是不合理的;同样,对某些费用项目支出的减少也要作具体分析。有的可能是企业工作成绩,有的则可能是企业工作中的问题。例如,制造费用中的劳动保护费、修理费、试验检验费,管理费用中的职工教育经费等费用的减少,并不一定是由于工作的改进。相反,不按计划进行上述活动或采取必要的措施,有可能使劳动生产率下降和产品质量下降,甚至影响安全生产。而在超额完成产量计划,增加开工班次的情况下,相应地增加机物料消耗和设备维护费、修理费、运输费也是合理的。总之,不能孤立地看费用是超支了还是节约了,而应结合其他有关情况,结合各项技术、组织措施、绩效来分析,结合各项费用支出的经济效益进行评价。

在按费用组成项目进行分析时,由于费用项目多,因此每次分析应能抓住重点,对其中费用支出占总支出比重较大的,或与计划相比发生较大偏差的项目进行分析。特别应注意那些非生产性的损失项目,如材料、在产品和产成品等存货的盘亏和毁损。因为这些费用的发生与企业管理不善直接相关。

分析时,除本年实际与本年计划相比,检查计划完成情况外,为了动态地观察、比较各项费用的变动情况和变动趋势,还应将本期实际与上年同期实际进行对比,以了解企业工作的情况,并将这一分析与推行经济责任制结合,与检查各项管理制度的执行情况结合,以使企业改进经营管理,提高工作效率,降低各项费用支出。

11.5.2 成本厂际对比分析

1. 成本厂际对比分析的意义

前面所介绍的成本分析都是企业本期实际与计划或上期实际指标进行的对比分析,这种自我对比分析,其对比范围仅限于企业内部,不便于了解同行业其他企业的成本水平,不利于企业开阔眼界,认清自己的优劣势,以充分挖掘降低成本的潜力。因此,企业还应经常以先进企业的单位成本资料作为标杆,同本企业的同种产品的单位成本和有关技术经济指标进行横向对比,以发现本企业在工艺技术、生产组织以及经营管理等方面存在的问题,使成本分析不断向生产、技术领域的广度和深度发展;同时,进行成本厂际对比分析,不仅是企业之间互相学习,取长补短、相互促进、共创经济效益新局面的一项重要手段,也是提高竞争意识和能力,促使企业增产节约、增收节支的一项必要措施;此外,从宏观经济角度看,国民经济领导部门通过成本厂际对比分析,可以为更合理地进行生产力布局、生产要素合理配置提供客观依据。

在市场经济机制下,企业成本资料属于商业秘密,因此厂际对比分析的范围有所缩小。但在企业集团的形式下,集团总公司可以对所属企业开展成本横向对比并进行分析。同时,同类型的国有企业一般仍然有上级主管部门,为了提高行业经济效益,主管部门往往树立经济效益好的企业作为同行业学习的榜样,从而在一定范围内可以进行横向对比。

2. 成本厂际对比分析对象的选择

产品成本厂际对比分析,其分析对象的选择可以根据以下几种情况确定。

(1)通常是以同一品种、同一规格产品的单位成本和项目成本以及直接有关的技术经济指标为分析对象。

(2)若同一品种产品的规格很多,则应采取一定的方法将不同规格的产品换算为标准产品,以标准产品的单位成本和各项目成本以及有关的技术经济指标作为分析对象。

(3)假如某些行业具有可比性的单位较少,也可以从产品成本中找出部分可比指标作为分析对象。例如,机械行业某些工厂之间,尽管产品单位成本无法直接对比,但可用铸件成本或者铸件的成品率、焦铁比指标等指标作为分析对象。

值得注意的是,对同类企业的同种产品单位成本进行对比分析,其基本前提是分析对象要具有一定程度的可比性。例如,成本项目的构成内容是否相同、费用的分配方法是否一致、价格是否一样等。对于由于成本计算方法等技术手段所造成的单位产品成本的不可比因素,以及价格不同的各项因素,在分析前应加以剔除或作相应的调整。否则,不加以区分地对不可比的对象进行分析,就不能得出正确的、令人信服的结论。

3. 成本厂际对比分析的内容和步骤

进行产品成本的厂际对比分析,其分析内容和步骤主要包括以下几个方面:

(1)对比分析单位产品成本总额和相应的各个成本项目,揭示成本总额及其各成本项目上存在的差异;

(2)进一步对比分析同成本水平相关的各个技术经济指标和消耗定额的差异情况,找出影响单位成本差异的主要原因,指出企业在成本管理中还存在哪些降低成本的潜力;

(3)发动全体员工,研究和制定进一步降低成本和改进企业工作的措施和方案,在可能的条件下,可请先进单位成本人员来厂讲座或组织本企业的领导干部、技术人员、成本人员和工人到先进企业参观学习,通过“请进来、走出去”,认真研究先进企业各方面的先进经验,结合本企业的实际情况贯彻推广。

【复习思考题】

1. 试述成本分析的作用。
2. 成本分析的方法有哪些?
3. 成本分析的程序应如何进行?
4. 简述可比产品成本降低额和降低率分析的意义和方法。
5. 产品成本计划完成情况分析依据的资料有哪些?
6. 主要产品单位成本分析有什么作用,怎样对产品单位成本进行分析?
7. 影响成本的技术经济指标有哪些,如何计算各项技术经济指标变动对成本的影响程度?

第12章　商品流通企业成本核算

【知识要点】

1. 数量进价金额核算法的内容；
2. 毛利率法的运用；
2. 售价金额核算法的内容；
4. 售价金额核算法的运用。

12.1　商品流通企业成本核算概述

12.1.1　商品流通企业的经营特点

所谓商品流通，是指商品由生产领域向消费领域转移的过程。商品流通企业是指以从事商品流通为主营业务的企业，是商品流通中交换关系的主体，主要包括商业、粮食、外贸、供销合作社、物资供销、医药商业、石油商业、烟草商业、图书发行等企业。商品流通企业是连接生产和消费的纽带，是沟通商品从生产领域向消费域转移的桥梁。

商品流通企业的生产经营活动主要分为购进和销售两个阶段。在购进阶段，商品流通企业组织商品购进，通过销售阶段，把购进的商品对外销售，以实现商品的进销差价。实现的商品进销差价用以抵减企业发生的各项费用和税金，然后将实现的利润在国家、其他投资者和本企业之间进行分配。

按照商品流通企业在社会再生产过程中的作用，商品流通企业可以分为批发企业和零售企业两类，二者在生产经营上有着各自不同的特点。

批发企业由于担负着组织货源，安排市场，储备商品，调节供求等重要任务，处于整个商品流通的起点和枢纽地位，企业以批量购销为主，业务主要特点是从生产企业大量采购，然后将商品转销给零售企业或其他批发企业，商品交易规模大但次数不很频繁，商品储存量大，经营的专业性强。

零售企业将商品从批发企业或生产企业购进，按零售价格供应给集体单位或个人消费者，是商品流通的最终环节。零售企业多数综合经营，商品的品种和规格多而复杂，库存量一般不大，业务主要特点是交易次数频繁但交易额不大，业务经营上要求商品勤进快销，结算方便及时，经营方式灵活多样。

12.1.2　商品流通企业成本费用核算的内容

前已提及，商品流通企业的业务经营活动主要分为购进和销售两大阶段，通过购、销、存等环节实现商品流通，获得经营利润。因此，与制造业相比，缺少产品的生产过程这一特点决定了商品流通企业成本费用的核算较制造业成本费用核算的内容少，并且比较简单。具体核算内容包括商品采购（进价）成本、销售成本和期间费用的核算。

1. 商品采购成本

商品采购成本是因采购商品而发生的有关支出。从理论上讲,商品采购成本应按实际成本计算,但由于商品流通企业以“勤进快出”为经营方针,一般不留有过多库存。为了简化会计核算手续,因采购商品而发生的有关费用也可以不计入商品采购成本,而以经营费用列支,同其他期间费用一并计入当期损益。确定商品采购成本的方法,依企业采购商品的来源不同而有所区别。

(1)国内购进商品采购成本。国内购进商品是指从中华人民共和国境内购进用于国内销售或出口的所有商品。国内购进商品的采购成本的核算一般包括两个部分:一是指专用发票上记载的应计入采购成本的金额,即实际支付款项扣除进项税额的金额。对于企业购进的免税农业产品,其采购成本为买价扣除按规定的扣除率计算的进项税额。对于企业购入货物直接用于非应税项目、直接用于免税项目以及直接用于集体福利和个人消费的,其专用发票上已注明的增值税额,计入所购货物的成本;对实行简易办法计算缴纳增值税的小规模纳税人购入货物支付的增值税额,也直接计入有关货物的成本。企业购入货物取得普通发票(不包括购进免税农业产品),其采购成本为实际支付买价。二是企业购进的货物发生的采购费用,包括运输费、装卸费、保险费等进货费用。值得说明的是,对于企业购进的货物发生的进货费用,也可以不计入采购成本而先行归集,期末根据所购商品的存销情况分别进行分摊,对于已售商品的进货费用,计入当期损益(主营业务成本);对于未售商品的进货费用,计入期末存货成本。企业采购商品的进货费用金额较小的,也可在发生时直接计入当期损益(销售费用)。

(2)国外购进商品的采购成本。国外购进商品是指在中华人民共和国境外采取自营进口、代理进口以及用其他方式购进的商品。其采购成本是指进价扣除按照海关提供的完税凭证上注明的增值税额。进价是指进口商品按对外承付货款之日银行公布的人民币市场价结算的到岸价(CIF),若进口合同签订的价格不是到岸价,在商品到达目的港以前,由我方以外汇支付的运费、保险费和佣金等,均加入进价。商品到达我国口岸目的港后发生的费用计入采购成本,金额较小的为简化核算,也可计入经营费用。

2. 商品销售成本

商品销售成本是指已销商品的采购成本。

3. 期间费用的核算

(1)销售费用。销售费用是指商品流通企业在销售过程中发生的各项费用。

(2)管理费用。管理费用是指企业为组织和管理企业生产经营所发生的管理费用。

(3)财务费用。企业为筹集生产经营所需资金等而发生的筹资费用。

本章根据商品流通企业经营业务特点和管理要求,重点对批发企业、零售企业商品采购和销售成本的核算进行介绍。

12.2 商品批发企业成本核算

12.2.1 批发商品流通的核算方法

商品流通的核算方法主要分为数量金额核算法和金额核算法两类。数量金额核算法是同时以实物数量和货币金额两种计量方式对商品实行控制的方法;金额核算法是以货币

金额计量方式对商品实行控制的方法。不同的商品流通企业根据经营管理的需要,在运用货币金额计量时,可以按商品的进价金额和售价金额进行。批发企业商品购销往往成批量进行,金额较大,而且商品储存数量也较大,一般多采用数量进价金额核算法。

数量进价金额核算法的主要内容如下。

第一,财会部门按商品进价金额登记"库存商品"总分类账户,总账下按品种、名称、规格等设置明细账,用数量和进价金额两个指标反映商品的进、销、存。

第二,为考核大类商品的经营情况,规模较大的批发企业可以在总账和明细账之间按商品类别设置库存商品类目账。

第三,为满足商品管理的需要,还可以在业务部门和仓储保管部门分别设置调拨账、保管账,实行数量控制。

第四,定期进行库存商品的清查盘点和账簿核对,保证账账、账实相符。

第五,根据商品购销特点和经营管理的需要,随时或定期计算并结转已销商品的进价成本。

库存商品采用数量进价金额核算时,库存商品账户的借、贷方及其余额均按进价金额反映。商品验收入库后,按其进价金额借记该账户,商品销售时,按其进价金额贷记该账户,该账户期末余额表示期末结存商品进价金额。

12.2.2　批发企业商品采购成本的核算

商品流通企业在采购商品过程中所支付的款项除了商品的买价(进价)外,还要发生与商品采购有关的采购费用,例如运杂费等。商品流通企业应设置"在途物资"账户,核算购入商品的采购成本。企业为了供应和销售给外单位而购入的各种商品,不论是否通过本企业仓库储存,只要是通过本企业结算货款的,都应当在该账户核算商品采购成本。企业购入商品时,根据增值税专用发票上列示的价款,借记"在途物资"账户;根据专用发票上注明的增值税额,借记"应缴税费——应缴增值税(进项税额)"账户;根据应付或实付的金额,贷记"应付账款""应付票据""银行存款"账户。待商品验收入库时,按进价借记"库存商品"账户,贷记"在途物资"账户。

【例 12-1】　某批发企业(一般纳税人,增值税率 17%)从同城的洗衣机厂购进洗衣机 500 台,每台购进价为 1 000 元,增值税进项税额 85 000 元,款项以银行存款支付,商品验收入库。

企业根据发票和转账支票等有关原始凭证,编制会计分录如下。

借:在途物资　　500 000
　　应缴税费——应缴增值税(进项税额)　　85 000
　　贷:银行存款　　585 000

企业将商品验收入库,根据商品入库单,编制会计分录。

借:库存商品　　500 000
　　贷:在途物资　　500 000

企业从异地购进商品,采用托收承付结算方式时,由于承运部门运送商品的时间与银行传递结算凭证的时间不一致,会出现两种情况,一种情况是先付款后收货,另一种情况是先收货后付款,会计核算程序有所不同。

【例 12-2】　某批发企业(一般纳税人,增值税率 17%)从上海百货批发公司购进一批

商品,购进价 100 000 元,供货方代垫运杂费 400 元,增值税进项税额为 17 000 元。

(Ⅰ)先支付货款,后收到商品的核算。

按照上例,如果企业先收到银行转来的结算凭证,经审核无误承付款项时,按购进商品进价金额及对方垫付的运杂费计入"在途物资"账户借方,同时将增值税进项税额计入"应缴税费——应缴增值税(进项税额)"账户借方。

编制会计分录如下。

借:在途物资　　100 400
　应缴税费——应缴增值税(进项税额)　　17 000
　贷:银行存款　　117 400

等到商品验收入库时,根据入库单,编制会计分录如下。

借:库存商品　　100 400
　贷:在途物资　　100 400

(Ⅱ)先收到商品,后支付货款的核算。如果商品已运达企业而结算凭证尚未收到,对于这类已收货而未付款的业务,为了简化核算手续,企业在收到商品时,通常可以不编制会计分录,直到结算凭证到达企业,实际结付款项时,再将收货和付款的业务一同入账。

按照上例业务内容,实际收到结算凭证时,编制分录如下。

借:在途物资　　100 400
　应缴税费——应缴增值税(进项税额)　　17 000
　贷:银行存款　　117 400
借:库存商品　　100 400
　贷:在途物资　　100 400

如果商品已验收入库而支付货款的结算凭证在月末时仍未到达企业,企业对已入库的商品需按应付货款额暂估入账,按暂估价借记"库存商品",贷记"应付账款"科目,下月初将此项分录用红字冲回。

承上例,月末仍为收到发票账单,按暂估价(90 000 元)入账。

借:库存商品　　900 000
　贷:应付账款——暂估应付款　　900 000

下月初,用红字冲回。

借:库存商品　　900 000
　贷:应付账款——暂估应付款　　900 000

等实际收到发票账单时,在进行采购付款、商品验收入库的账务处理。

12.2.3　批发企业商品销售成本的核算

1. 批发商品销售成本的计算

批发企业商品的销售成本是指已销商品的进价成本。由于同一种商品购进的时间和地点不同,各批商品的进价往往也不同,因此必须根据商品经营情况和管理要求等,采用一定的方法正确计算商品的销售成本。计算商品销售成本的方法主要有先进先出进法、加权平均法、个别计价法和毛利率法等四种方法,方法一经确定,为了保证会计信息前后期可比,不得随意变更。其中,先进先出法、加权平均法、个别计价法可以比照工业企业材料发出的核算,下面主要讲述毛利率法。

毛利率法就是根据本期商品销售收入和上季实际毛利率或本季计划毛利率匡算本期已销商品销售成本的一种方法。其计算公式为

$$\text{上季度实际(或本季度计划)已销商品毛利额}=\text{上季度实际(或本季度计划)商品销售收入}-\text{上季度实际(或本季度计划)已销商品进价成本}$$

$$\text{上季度实际(或本季度计划)毛利率}=\frac{\text{上季度实际(或本季度计划)已销商品毛利额}}{\text{上季度实际(或本季度计划)商品销售收入}}\times 100\%$$

$$\text{本月已销商品毛利额}=\text{本月商品销售收入}\times\text{上季度实际(或本季度计划)毛利率}$$

$$\text{本月商品销售成本}=\text{本月商品销售收入}-\text{本月已销商品毛利额}$$

或　本月商品销售成本 = 本月商品销售收入 × (1 - 上季度实际或本季度计划毛利率)

由于批发企业同类商品毛利率大致相同,而各类商品的毛利率相差较大,为了比较正确地计算商品销售成本,可先按商品类别计算出各类商品上季度实际毛利率或本季度计划毛利率和本月已销商品的进价成本,再汇总计算全部商品销售成本。采用这种方法,还应按商品类别增设“库存商品”和“商品销售收入”二级账。

【例 12-3】 某批发企业第二季度家电类商品销售收入为 800 万元,销售成本为 500 万元,7 月份该类商品销售收入为 400 万元,试计算 7 月份家电类商品销售成本。

该类商品 7 月份商品销售成本计算如下:

$$\text{第二季度家电类商品实际毛利率}=\frac{800-500}{800}\times 100\%=37.5\%$$

7 月份家电类商品销售成本 = 400 × (1 - 37.5%) = 250 万元

毛利率法下,由于本月毛利额是根据上季度实际毛利率或本季度计划毛利率匡算的,因而计算结果反映的并非是实际成本。为了提高每季度商品销售成本计算的正确性,每季度末应采用先进先出法、加权平均法、个别计价法或其他方法,在库存商品明细账中计算出该季度已销商品的实际成本,用该季度商品实际销售成本倒挤出前两个月匡算的销售成本,得出该季度第三个月应结转的销售成本。

【例 12-4】 某批发企业家庭日化类商品第二季度各月份销售收入分别为 20 万、25 万、30 万元。季初季末采用先进先出法计算的日化类商品的结存金额分别为 10 万元、7 万元。本季度购进日化类商品 40 万元。已知第 1 季度商品实际毛利率为 20%,试计算第二季度各月份商品的销售成本。

4 月份商品销售成本 = 20 × (1 - 20%) = 16 万元

5 月份商品销售成本 = 25 × (1 - 20%) = 20 万元

第二季度商品销售总成本 = 10 + 40 - 7 = 43 万元

6 月份商品销售成本 = 43 - 16 - 20 = 7 万元

毛利率法下,商品销售成本是按商品类别综合计算的,不是按商品品种、规格分别计算的,因而简化了成本计算工作。但如果各月毛利率水平相差比较大或者计划毛利率不够准确,各月成本计算的正确性会受到影响。

2. 批发商品销售成本的结转

批发企业商品销售成本的结转是指将计算出的商品销售成本从“库存商品”账户转入“主营业务成本”账户,会计分录如下。

借:主营业务成本

　　贷:库存商品

批发企业商品销售成本的结转按结转时间分,包括随时结转和定期结转两种。对批进批出、易于分清批次的商品,可于销售商品的同时结转销售成本;对进销次数频繁、不易分清批次的商品,可在月末一次结转销售成本。

批发企业商品销售成本的结转,按结转方式分为分散结转和集中结转两种。分散结转是按每一库存商品明细账逐一计算、登记商品销售成本和期末结存金额,然后汇总求出商品销售总成本并登记库存商品总账。集中结转是在每一库存商品明细账计算出期末结存金额,然后汇总求和,用库存商品类目账和总分类账结转前的余额倒挤销售成本。

12.3　商品零售企业成本核算

12.3.1　售价金额核算法

零售企业与批发企业相比,业务经营的特点是:经营商品品种繁多,销售对象为广大消费者,交易次数频繁,数量零星。因此,零售企业在进行会计核算时,不具备按照商品的品名、规格、等级设置库存商品明细账的条件。为适应零售商品经营特点,简化记账工作,零售企业除了少数贵重商品采用数量金额核算法,以及鲜活商品由于售价往往按照商品鲜活程度变动而变动,不宜采用售价金额核算法而采用进价金额核算法以外,其他商品一般均采用售价金额核算法。

售价金额核算法不仅是一种会计核算方法,还是一种商品管理制度。这种方法以商品售价核算库存商品,库存商品按商品柜组进行明细核算。为了反映商品进价成本,应将售价高于商品进价成本的差额,单独设置“商品进销差价”账户。

售价金额核算法主要内容如下。

1. 建立实物负责制

商品零售企业一般先根据所经营商品的特点或岗位责任制的要求,将商品划分为若干柜组,各柜组确定实物负责人,对其经营的全部商品负责,在柜组内部也要有明确分工,商品的购、销、存等环节均由专人负责。在会计核算上,“库存商品”明细账按商品类别或实物负责人设置明细账。

2. 售价记账、金额控制

财会部门对库存商品的增减变动均按售价登记,除贵重商品外,一般不记数量,只记金额,其账面余额就是各柜组实物负责小组所经营的商品。“库存商品”总账记载商品的售价总金额,以售价金额对实物负责人所经营的商品实行控制。这是售价金额核算的基本内容。同时,为了使会计核算与商品管理结合起来,使“库存商品”账户有利于实物负责人控制和保管商品,一般纳税人企业,“库存商品”账户应采用含增值税销项税额的售价记账。

3. 设置“商品进销差价”账户

“商品进销差价”账户是“库存商品”账户的备抵调整账户,用以反映“库存商品”账户中商品的售价与进价的差额,按照商品类别或实物负责人进行明细核算。商品售价大于进价的差额计入该账户的贷方,月末应根据商品存、销比例分摊和结转已销商品所实现的商品进销差价,该账户的期末余额为期末库存商品的进销差价。

当"库存商品"账户采用含税售价记账时,"商品进销差价"账户有两种不同的处理方式:一是将含税售价与进价的差额综合反映在"商品进销差价"账户,对商品不含税售价与进价的差额及购进的商品未实现的增值税销项税额不加区别,这种处理方法较为简单,但核算不准确;二是在"商品进销差价"账户设置"进销差价"和"待实现销项税"两个明细账户,分别核算商品不含税售价与进价的差额及购进的商品未实现的增值税销项税额,这种处理方法较准确,对一般纳税人企业比较必要。本节重点介绍第二种处理方法。

4. 建立商品实地盘点制度

由于"库存商品"账户只登记金额、不登记数量,因此,必须加强库存商品的实物管理来保证商品的安全与完整。期末,为了核算各实物负责小组库存商品的实有数额,必须进行一次全面盘点,以确定库存商品的数量,并分别乘以销售单价,求得库存商品按售价计算的结存商品,再与营业柜组库存商品明细账核对,以保证账实相符。

12.3.2 零售企业商品采购成本的核算

零售企业商品采购成本与批发企业一样,不但包括进价,还包括商品采购过程中发生的进货费用。按规定可以作为进项税额抵扣的增值税,不计入商品的采购成本。为了反映企业购入商品的采购成本,零售企业仍设置"在途物资"账户,核算购入商品的采购成本。企业购入商品时,根据增值税专用发票上列示的价款,借记"在途物资"账户;根据专用发票上注明的增值税额,借记"应缴税费——应缴增值税(进项税额)"账户;根据应付或实付的金额,贷记"应付账款""应付票据""银行存款"等账户。待商品验收入库时,按售价借记"库存商品"账户,按进价贷记"在途物资"账户,按售价与进价之间的差额,贷记"商品进销差价"账户。

为了分别对商品的售价和进销差价进行核算,商品验收入库时,由各柜组根据供货单位的发货单所列品种、规格、数量和单价进行验收,填制"收货单"。收货单中不仅应填列商品品种、规格、数量和进价,还应填列商品的售价以及进销差价。

【例 12-5】 某百货商店(一般纳税人,税率17%)从电视机厂购进彩电 10 台,每台购进价格 1 000 元,货款 10 000 元,税款 1 700 元,商品有家电柜组验收,核定含税售价每台 1 755 元。根据专用发票及转账支票存根等有关原始凭证,编制会计分录如下。

借:在途物资　　10 000
　　应缴税费——应缴增值税(进项税额)　　1 700
　　贷:银行存款　　11 700

财会部门收到家电柜组转来的收货单,结转商品采购成本为

$$\text{不含税售价} = \frac{1\ 755}{1+17\%} = 1\ 500\ \text{元}$$

商品进销差价 = (1 500 - 1 000) × 10 = 5 000 元

待实现销项税 = 1 500 × 17% × 10 = 2 550 元

根据计算结果,编制会计分录如下。

借:库存商品——家电柜　　17 550
　　贷:在途物资　　10 000
　　商品进销差价——进销差价　　5 000

科目	借方	贷方
——待实现销项税		2 550

假定本月购进的电视机全部销售,账务处理如下。

科目	借方	贷方
借:银行存款	17 550	
贷:主营业务收入		17 550
借:主营业务成本	17 550	
贷:库存商品		17 550

结转商品进销差价

科目	借方	贷方
借:商品进销差价——进销差价	5 000	
贷:主营业务成本		5 000
借:商品进销差价——待实现销项税	2 550	
贷:主营业务成本		2 550

计算该批商品应缴纳的增值税销项税额如下。

科目	借方	贷方
借:主营业务收入	2 550	
贷:应缴税费——应缴增值税(销项税额)		2 550

12.3.3 零售企业商品销售成本的核算

从上例中可知,采用售价金额核算法的零售企业,在商品销售后按售价贷记“主营业务收入”账户、借记“主营业务成本”账户,商品的销售毛利并没有反映出来。因此,月末还需计算已销商品实现的进销差价和销项税额,按已销商品实现的销项税额,借记“商品进销差价——进销差价”账户,贷记“主营业务成本”账户;按已销商品实现的销项税额,借记“商品进销差价——待实现销项税”账户,贷记“主营业务成本”账户,使“主营业务成本”账户最终反映的是已销商品的进价成本。

零售企业由于交易次数频繁,采用随时结转销售成本的做法工作量很大,为简化核算工作,商品销售时不计算和结转已销商品进销差价。购进商品的进销差价,平时集中在“商品进销差价”账户中归集。由于“主营业务成本”账户,销售是按售价登记,反映不出已销商品进价成本,因而账面上也就反映不出销售商品所实现的毛利。为了正确反映商品销售的经营成果以及期末结存商品的实际成本,每月月末需将全部商品进销差价在已销商品和结存商品之间分配,将已销商品应分配的进销差价月末一次转入“主营业务成本”账户的贷方,这样,“主营业务成本”账户按售价反映的借方发生额减去其贷方反映的应分配进销差价,结果就是按进价反映的商品销售成本。

已销商品应分摊进销差价计算一般有以下三种方法。

(1)综合差价率计算法。所谓综合差价率计算法,是按照企业全部商品的存、销比例分摊进销差价的方法。这种方法,先求出全部商品的综合差价率,,然后乘以本月商品的销售额,计算出已销商品应分配的进销差价。综合差价的计算公式为

$$\text{综合差价率}=\frac{\text{月末分摊前“商品进销差价——进销差价”账户余额}}{\begin{matrix}\text{月末不含税}\\ \text{库存商品}\\ \text{账户余额}\end{matrix}+\begin{matrix}\text{月末不含税}\\ \text{受托代销商}\\ \text{品账户余额}\end{matrix}+\begin{matrix}\text{月末不含税}\\ \text{主营业务成本}\\ \text{账户发生额}\end{matrix}}=100\%$$

$$\begin{matrix}\text{本月销售商品应}\\ \text{分摊的进销差价}\end{matrix}=\begin{matrix}\text{本月不含税主营业}\\ \text{务成本账户发生额}\end{matrix}\times\text{综合差价率}$$

【例 12-6】　某百货商店(一般纳税人,税率 17%)月末计算已销商品应分摊的进销差价,计算调整前的有关资料如下:

"商品进销差价——进销差价"账户余额 106 400 元;

"库存商品"账户余额 257 400 元;

"受托代销商品"账户余额 140 400 元;

"主营业务成本"账户发生额 4 914 000 元。

计算过程如下:

$$不含税“库存商品”账户余额 = \frac{257\ 400}{1+17\%} = 220\ 000\ 元$$

$$不含税“受托代销商品”账户余额 = \frac{140\ 400}{1+17\%} = 120\ 000\ 元$$

$$不含税“主营业务成本”账户发生额 = \frac{491\ 400}{1+17\%} = 420\ 000\ 元$$

$$综合差价率 = \frac{106\ 400}{22\ 000+12\ 000+42\ 000} \times 100\% = 14\%$$

本月已销商品应分摊的进销差价 $= 420\ 000 \times 14\% = 58\ 800$ 元

根据计算结果,编制会计分录如下。

借:商品进销差价——进销差价　　　　5 000

　贷:主营业务成本　　　　5 000

$$本月已销商品实现的销项税额 = \frac{491\ 400}{1+17\%} \times 17\% = 71\ 400\ 元$$

根据计算结果,编制会计分录如下。

借:商品进销差价——待实现销项税　　　　71 400

　贷:主营业务成本　　　　71 400

采用综合差价率法计算已销商品应分摊的进销差价,计算手续简便。但由于零售企业经营的商品品种繁多,各类商品差价率不同,各类商品的存销比重也有所不同,所以,全部商品按同一个差价率计算已销商品进销差价,结果不准确。因此,适合各类商品差价率比较接近的零售企业使用。

(2)分类(柜组)差价率计算法。所谓分类差价率计算法,是按照企业各类(柜组)商品的存、销比例分类计算各类(柜组)已销商品应分摊的进销差价的方法。这种方法的计算原理和综合差价率法的计算原理相同,只是按商品类别(柜组)先计算出各类商品的进销差价率和各类已销商品应分摊的进销差价,然后汇总求和,计算出已销商品应分摊的进销差价。

采用这种方法计算已销商品应分摊的进销差价,要求"库存商品"账户、"商品进销差价——进销差价"账户、"主营业务成本"账户、"主营业务收入"账户都必须按类别或按柜组设置明细账户。

【例 12-7】　某百货商店(一般纳税人,税率 17%)采用分类差价率法计算已销商品应分摊的进销差价,计算调整前的有关资料如表 12-1,计算出已销商品应分摊的进销差价见表 12-2。

表 12-1　各类商品进销差价计算资料汇总表

单位:元

商品类别	分摊前"商品进销差价"账户余额	月末不含税"库存商品"账户余额	本月不含税"主营业务成本"账户发生额
针织	40 800	120 000	220 000
服装	60 800	140 000	240 000
鞋帽	105 000	160 000	260 000
日化	36 000	80 000	160 000
文化	18 000	60 000	120 000
合计	260 600	560 000	1 000 000

表 12-2　各类已销商品进销差价计算表

单位:元

商品类别	分摊前商品进销差价账户余额 ①	不含税库存商品账户余额 ②	进销差价率 ③=①÷(②+④)	本月不含税主营业务成本账户发生额 ④	已销商品应分摊的进销差价 ⑤=③×④
针织	40 800	120 000	12%	220 000	26 400
服装	60 800	140 000	16%	240 000	38 400
鞋帽	105 000	160 000	25%	260 000	65 000
日化	36 000	80 000	15%	160 000	24 000
文化	18 000	60 000	10%	120 000	12 000
合计	260 600	560 000		1 000 000	165 800

由于分类(柜组)差价率法计算范围比重和差价率计算范围窄,所以,其计算结果较准确,但计算手续烦琐。

(3)实际差价计算法。所谓实际差价计算法,是企业通过库存商品的实地盘点计算出库存商品的进销差价,倒挤求出已销商品应分摊进销差价的方法。

采用实际差价法,必须和商品的实物盘点结合起来。在商品盘点清单上列出全部商品的实有数量,并逐一计算出全部商品的进价总金额、含税售价总金额、不含税售价总金额,计算出全部库存商品的进销差价;然后用分摊前"商品进销差价——进销差价"账户余额减去全部库存商品的进销差价,就是已销商品应分摊的进销差价。

【例 12-8】 某百货商店(一般纳税人,税率 17%)采用实际差价法计算已销商品应分摊的进销差价。年末进行库存商品盘点,按进价计算的结存商品总金额为 646 000 元,按含税售价计算的结存商品总额为 1 170 000 元,"商品进销差价——进销差价"账户余额为 488 000 元。

根据上述资料,计算过程如下:

库存商品不含税售价总金额 $=\dfrac{1\ 170\ 000}{1+17\%}=1\ 000\ 000$ 元

库存商品进销差价 = 1 000 000 − 646 000 = 354 000 元

已销商品应分摊的商品进销差价 = 488 000 − 354 000 = 134 000 元

采用实际差价法,核实得出的结存商品进销差价与分摊前"商品进销差价——进销差价"账户余额作比较,如果前者大于后者,属于负结转,说明以前月份多转了商品进销差价,少算了销售成本,虚增了毛利,应予以调整,借记"主营业务成本"账户,贷记"商品进销差价——进销差价"账户;如果前者小于后者,属于正结转,说明以前月份少转了商品进销差价,多计了商品销售成本,应借记"商品进销差价——进销差价"账户,贷记"主营业务成本"账户。

12.4　商品流通费用的核算

商品流通费用是指商品流通企业在组织商品经营过程中耗费的必要活劳动和物化劳动的货币表现。它是商品流通企业的一项重要经济指标。商品流通费的节约和浪费是决定企业营业利润高低的一个重要因素。因此,必须加强商品流通费用的管理与核算,尽可能节约开支,降低费用水平,以提高企业经济效益。

12.4.1　商品流通费用的内容

商品流通企业为了销售商品,必须先购进商品。在采购过程中,除了按买价支付采购成本外,还要支付采购费用,采购费用可以计入成本;在销售商品的过程中,还要发生一系列销售费用;企业行政管理部门为了组织和管理经营活动,还会发生管理费用;为了筹集业务经营所需资金,还要支付财务费用。因此,商品流通费用包括销售费用、管理费用和财务费用。

1. 销售费用

销售费用是指企业销售商品的过程中发生的各种费用,包括保险费、包装费、展览费和广告费、商品维修费、预计产品质量保证损失、运输费、装卸费等以及为销售本企业商品而专设的销售机构(含销售网点、售后服务网点等)的职工薪酬、业务费、折旧费等经营费用。

企业发生的与销售商品专设机构相关的不满足固定资产确认条件的日常修理费用和大修理费用等固定资产后续支出,也属于销售费用。

2. 管理费用

管理费用是指企业为组织和管理企业生产经营所发生的管理费用,包括企业在筹建期间内发生的开办费、董事会和行政管理部门在企业的经营管理中发生的或者应由企业统一负担的公司经费(包括行政管理部门职工薪酬、物料消耗、低值易耗品摊销、办公费和差旅费等)、工会经费、董事会费(包括董事会成员津贴、会议费和差旅费等)、聘请中介机构费、咨询费(含顾问费)、诉讼费、业务招待费、房产税、车船使用税、土地使用税、印花税、技术转让费、矿产资源补偿费、研究费用、排污费,以及行政管理部门发生的不满足固定资产确认条件的日常修理费用和大修理费用等固定资产后续支出等。

3. 财务费用

企业为筹集生产经营所需资金等而发生的筹资费用,包括利息支出(减利息收入)、汇兑差额以及相关的手续费、企业发生的现金折扣或收到的现金折扣等。

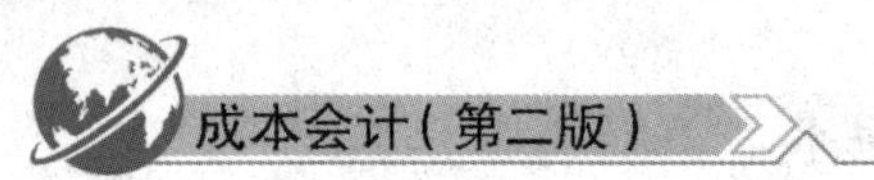

12.4.2 商品流通费用的核算

为反映企业商品流通费的发生情况，需开设“销售费用”“管理费用”“财务费用”三个损益类性质的会计科目。商品流通企业管理费用不多的，也可不设置“管理费用”科目，可将“管理费用”科目的核算内容并入“销售费用”科目核算。

1. 销售费用的核算

(1)企业在销售商品过程中发生的包装费、保险费、展览费和广告费、运输费、装卸费等费用，借记本科目，贷记“现金”“银行存款”科目。

(2)企业发生的为销售本企业商品而专设的销售机构的职工薪酬、业务费等经营费用，借记本科目，贷记“应付职工薪酬”“银行存款”“累计折旧”等科目。

(3)期末，应将本科目余额转入“本年利润”科目，结转后本科目应无余额。

2. 管理费用的核算

(1)企业在筹建期间内发生的开办费，包括人员工资、办公费、培训费、差旅费、印刷费、注册登记费以及不计入固定资产价值的借款费用等在实际发生时，借记本科目（开办费），贷记“银行存款”等科目。

(2)行政管理部门人员的职工薪酬，借记本科目，贷记“应付职工薪酬”科目。

(3)行政管理部门计提的固定资产折旧，借记本科目，贷记“累计折旧”科目。

(4)发生的办公费、水电费、业务招待费、聘请中介机构费、咨询费、诉讼费、技术转让费，借记本科目，贷记“银行存款”等科目。

(5)按规定计算确定的应缴矿产资源补偿费的金额，借记本科目，贷记“应缴税费”科目；按规定计算确定的应缴房产税、车船使用税、土地使用税，借记本科目，贷记“应缴税费”科目。

(6)期末，应将本科目的余额转入“本年利润”科目，结转后本科目应无余额。

3. 财务费用的核算

(1)企业发生的财务费用，借记本科目，贷记“银行存款”等科目。发生的应冲减财务费用的利息收入、汇兑差额、现金折扣，借记“银行存款”“应付账款”等科目，贷记本科目。

(2)期末，应将本科目余额转入“本年利润”科目，结转后本科目应无余额。

【复习思考题】

1. 数量进价金额核算法的主要内容有哪些？
2. 毛利率法的含义是什么，如何运用？
2. 售价金额核算法的主要内容有哪些？
4. 售价金额核算法具体怎样应用？
5. 毛利率法及进销差价率法在计算成本时应注意哪些问题？

第13章　施工企业和房地产开发企业成本核算

【知识要点】

1.施工企业成本核算的特点及成本计算对象的确定；
2.工程成本核算的科目设置；
3.工程成本核算费用归集与分配；
4.房地产开发企业成本核算的一般步骤；
5.房地产开发企业成本费用项目的设置。

13.1　施工企业成本核算概述

13.1.1　施工企业生产经营特点

施工企业是指从事建筑安装及其他专业工程施工的经营性企业。施工企业包括建筑工程和安装工程。由于其从事行业的特殊性,施工企业的生产经营有着不同于其他行业的特点。

(1)建筑产品具有固定性、单体性、多样性、形体庞大和使用寿命长等特点。

(2)建筑施工过程具有流动性、长期性、综合协作性等特点。

(3)生产经营管理具有生产经营业务不稳定、管理环境多变、机构人员变动大等特点。

13.1.2　施工企业工程成本核算对象

一般来说,施工企业应该以每一个单位工程作为成本计算对象。但是,一个施工企业要承包多个建筑项目,每个建设项目的具体情况往往很不相同:有的工程规模很大、工期很长;有的是一些规模小、工期短的零星改扩建工程;有时一个工地上有若干个结构类型相同的单位工程同时施工、交叉作业,共同耗用现场堆放的大堆材料等。因此,一般要根据与施工图预算相适应的原则,以每一个独立编制施工图预算的单位工程为依据,根据承包工程的规模大小、结构类型、工期长短以及现场施工条件等具体情况,结合企业施工组织的特点和加强成本管理的要求,确定建筑安装工程成本计算对象。具体来讲,主要有以下几种划分方法。

(1)建筑安装工程一般应以每一独立编制施工预算图的单位工程为成本计算对象。

(2)一个单位工程由几个施工单位共同施工时,各施工单位都应以同一单位工程为成本计算对象,各自核算自行完成的部分。

(3)规模大、工期长的单位工程,可以将工程划分为若干部位,以分部工程作为成本计算对象。

(4)同一建设项目中,同一施工单位、同一施工地点、同一结构类型、开竣工时间相近的若干个单位工程,可以合并作为一个成本计算对象。

(5)改建、扩建零星工程,可以将开竣工时间相近、属于同一建设项目的各个单位工程,合并作为一个成本计算对象。

(6)土石方工程、打桩工程,可以根据实际情况和管理需要,以一个单位工程为成本计算对象,或将同一施工地点的若干个工程量较小的单项工程合并作为一个成本计算对象。

(7)独立施工的装饰工程的成本计算对象应与土建工程成本计算对象一致。

(8)工业设备安装工程,可按单位工程或专业项目,如机械设备、管道、通风设备、工业筑炉的安装等作为工程成本计算对象,变电所、配电站、锅炉房等可按所、站、房等安装工程作为成本计算对象。

工程成本计算对象一经确定,在一定期限内不能随意更改,若要更改应及时通知施工企业内部相关部门,以统一工程成本的核算口径,减少因此造成的成本分析和考核上的潜在矛盾。为了集中反映各个工程成本计算对象的成本发生情况,财务部门应当为每一个成本计算对象分别设置工程成本明细账(卡),并按照成本项目设置专栏来组织核算。所有的原始记录都必须按照规定的成本计算对象写清楚,以便于归集和分配成本费用。

13.2 施工工程成本的核算

施工企业在进行工程成本核算时,关键是应该选择什么样的工程作为目标来归集和分配生产费用,以确定实际成本。工程成本核算的对象既可以根据企业施工组织特点、所承包工程实际情况和工程价款结算办法来确定,也可以根据与施工图预算相适应的原则来确定。

13.2.1 工程成本核算账户设置

为核算和监督施工过程中各项施工费用的发生、归集和分配情况,正确计算工程成本,施工企业要设置下列总分类会计账户,并在此基础上进行明细分类核算。

1.“工程施工”账户

“工程施工”账户核算施工企业实际发生的合同成本和合同毛利,并按建造合同分“合同成本”“间接费用”“合同毛利”进行明细核算。

企业进行合同建造时发生的人工费、材料费、机械使用费以及施工现场材料的二次搬运费、生产工具和用具使用费、检验试验费、临时设施折旧费等其他直接费用,借记本账户(合同成本),贷记“应付职工薪酬”“原材料”等。

发生的施工生产单位管理人员职工薪酬、固定资产折旧费、财产保险费、工程保修费、排污费等间接费用,借记本账户(间接费用),贷记“应付职工薪酬”“累计折旧”“银行存款”等。会计期末,将间接费用按照一定分配标准分配计入有关合同成本,借记本账户(合同成本),贷记本账户(间接费用)。

确认合同收入、合同费用时,借记“营业成本”,贷记“营业收入”,按其差额借记或贷记本账户(合同毛利)。

合同完工时,应将该账户余额与相关工程施工合同的“工程结算”账户对冲,借记“工程结算”,贷记本账户。

本账户期末借方余额,反映企业尚未完工的建造合同成本和合同毛利。

2.“机械作业”账户

“机械作业”账户核算施工企业(建筑承包商)及其内部独立核算的施工单位、机械站和运输队使用自有施工机械和运输设备进行机械作业(包括机械化施工和运输作业等)所发生的各项费用。企业及其内部独立核算的施工单位,从外单位或本企业其他内部独立核算的机械站租入施工机械发生的机械租赁费,直接在“工程施工”账户核算。

“机械作业”账户可按施工机械或运输设备的种类等进行明细核算。施工企业内部独立核算的机械施工、运输单位使用自有施工机械或运输设备进行机械作业所发生的各项费用,应按成本计算对象和成本项目进行归集。

该账户的借方登记企业发生的机械作业,包括人工费、燃料及动力费、折旧及修理费和其他直接费用,贷方登记分配结转的费用,期末应无余额。

会计期末,企业及其内部独立核算的施工单位、机械站和运输队为本单位承包的工程进行机械化施工和运输作业的成本,应转入承包工程的成本,即借记“工程施工”科目,贷记本科目。对外单位、专项工程等提供机械作业(包括运输设备)的成本,借记“劳务成本”科目,贷记本科目。

3.“工程结算”账户

“工程结算”账户核算企业根据建造合同约定向业主办理结算的累计金额,应按照建造合同进行明细核算。

企业向业主办理工程价款结算,按应收金额借记“应收账款”等账户,贷记本账户。合同完工时,将本账户余额与“工程施工”账户对冲,借记本账户。期末贷方余额反映企业未完工建造合同已办理结算的累计金额。

13.2.2　工程成本的归集和分配

1.材料费用的归集和分配

施工企业建筑安装活动中需要耗费大量的材料,材料品种多,大堆材料比重大。材料费应按照材料领用的不同情况进行归集分配。

(1)凡能点清数量和分清材料对象的,能直接用于工程的材料,如钢材、木材、水泥,通常都可分别按成本计算对象直接计入各工程成本的材料费项目中。

(2)凡能点清数量、集中配料或统一下料的,如油漆、玻璃、木材等,应在领料凭证上注明“工程集中配料”字样,月末由材料管理人员或领用部门根据用料情况,结合材料消耗定额,编制“集中配料耗用分配表”,在各成本计算对象之间分配。

(3)凡不能点清数量也很难立即分清用料对象的一些大堆材料,如砖、瓦、白灰、砂石等,几个单位工程共同使用,则先由材料员或领料部门验收保管。月末实地盘点结存数量,然后根据月初结存数量与本月进料数量,倒轧本月实际数量,结合材料耗用定额,编制大堆材料耗用计算单,据以计入各成本计算对象。

(4)对于其他不能点清数量的材料,也需要采用适当的方法分配计入各工程成本材料费项目。用于辅助生产部门、机械作业部门的各种材料应分别计入“辅助生产”“机械作业”科目的借方。

(5)实行材料节约奖的,应按材料节约的数额,直接计入各成本计算对象。

(6)成本计算期内已办理领料手续,但没有全部耗用的材料,应在期末进行盘点,填制退料单,作为办理退料的凭证,据以冲减本期材料费。工程施工后的剩余材料,应填制退料单,办理退料手续。施工过程中发生的残次料和包装物等应尽量回收利用,并填制“废料交库单”估价入账,并冲减工程材料费。

(7)周转材料应根据各个工程成本计算对象在用的数量,按照规定的摊销方法计提当月的摊销额,并编制周转材料摊销计算表。

月末,财会部门必须严格审核各种领退料凭证。并根据各种领料凭证、退料凭证及材料成本差异,编制材料费分配表,计算受益对象应分配的材料费。

2. 直接人工费用的归集和分配

人工费计入成本的方法,一般应根据企业实行的具体工资制度确定。

(1)如果施工企业采用的是计件工资制度,人工费的受益对象容易确定,根据工程任务单和工程结算汇总表,将所归集的人工费用直接计入工程成本中去。

(2)施工企业采用计时工资制度时,如果能够确定区分工人劳动的服务对象,就可以采用和计件工资制度下同样的方法,直接将人工费计入工程成本。如果建筑安装工人同时为多项工程工作,就需要将发生的工资在各个计算对象之间进行分配。分配的方法是,用当月工资总额除以工人的出勤日计算出平均日工资,然后用平均日工资乘以各工程当月实际用工数得到各工程应负担的人工费。

3. 机械使用费的归集和分配

施工企业使用的施工机械可分为租赁机械和自有机械两种。施工企业各工程项目租赁施工机械而支出的租赁费和进出场费,应根据结算账单直接计入各工程成本机械使用费项目,不用通过"机械作业"明细账户进行核算。自有施工机械使用过程中发生的费用应首先按机组或单机归集,计算每台班的实际成本,然后根据各个成本计算对象的使用台班数,确定应计入各成本计算对象的机械使用费。进行机械作业所发生的各项费用的归集和分配,通过"机械作业"账户进行,并按照机械设备的类别设置明细账户,按规定的成本项目归集费用。费用项目的确定通常应和机械台班预算定额的构成内容一致,以便计算出来的台班实际成本与定额相比较。费用发生时计入"机械作业"的借方,月末根据归集的费用和设备作业时间计算各类机械的台班成本或按适当的标准分配计入各项工程成本的"机械使用费"科目,同时贷记"机械作业"科目。

分配机械使用费可以采用以下方法:

(1)按施工机械的实际台时(或完成工程量)分配机械使用费。月末,根据各类机械明细账借方发生额及实际作业台班数计算台班成本,编制机械使用费分配表并计入"工程施工——合同成本"借方及工程成本计算单的"机械使用费"项目内,同时贷记"机械作业"账户贷方。当月"机械作业"账户发生的费用一般当月分配完毕,月末没有余额。

(2)先按施工机械的计划台时费对机械使用费进行分配,然后依据计划机械使用费与实际机械使用费之间的比值调整为实际机械使用费。为了简化计算手续,对于各种中型机械的机械使用费,可在月终先根据机械使用月报中各种机械的工作台时(或完成工作量)合计和该种机械台时费计划数,算出当月机械使用费计划数,再计算实际机械使用费占机械使用费计划数的百分比,然后将各个成本计算对象按台时费计划数计算的机械使用费计划数按照算得的百分比进行调整。计算公式为

机械使用费计划 = 机械工作台时合计 × 机械台时费计划数

某项工程应分配的机械使用费 = 该项工程使用的机械工作台时 × 机械台时费计划数 × 机械使用费实际数/机械使用费计划数

4. 辅助生产费用的归集和分配

施工企业一般都设置若干个非独立核算的辅助生产部门。辅助生产部门主要为工程

施工服务，包括木工车间、供水站、供电站、混凝土搅拌站、运输队等。

辅助生产部门所发生的各项费用，通过"生产成本——辅助生产"科目进行归集，并按辅助生产车间或单位、产品或劳务的品种设置二级明细账，按规定的成本科目归集费用。月末根据归集的费用计算产品、劳务的总成本和单位成本，然后按各工程和部门的受益数量分配计入各项工程成本、机械作业成本以及其他费用项目中。期末借方余额为在产品成本。

5. 其他直接生产费用的归集和分配

其他直接费用包括材料二次搬运费、临时设施摊销费、生产工具用具使用费、检验试验费、工程定位复测费、工程点交费及场地清理费等。

施工企业发生的其他直接费用，凡是能分清成本对象的，应直接计入各受益工程成本计算对象下的"其他直接费用"项目中。如果是几个工程共同发生的，不能直接确定成本计算对象的其他直接费用，可以先行汇总在"其他直接费用"明细账中归集，然后以定额用量预算费用或工程的工料成本作为分配基数，月末或竣工时编制其他直接费用分配表分配计入各成本计算对象。

6. 间接费用的归集和分配

建筑安装工程成本中除各项直接费用外，还包括企业所属各施工单位，如工程处、施工队、项目经理部，为施工准备、组织和管理所发生的各项费用。

间接费用属于共同费用，难以分清受益对象。为了归集和分配间接费用，企业应在"制造费用"账户下进行核算，汇总本期发生的各种间接费用，并按费用项目进行明细核算。当间接费用发生时计入"制造费用"科目的借方，月末将归集的费用采用一定的标准全数分配。借记相应的工程成本项目，贷记"制造费用"科目。"制造费用"科目月末应没有余额。

制造费用的分配标准因工程类别不同而有所不同。土建工程一般以工程成本的直接费用为分配标准。安装工程以人工费用为分配标准。在实际工作中，施工单位的工程往往既有土建工程又有安装工程，有时辅助生产单位生产的产品或劳务还会对外销售。因此施工单位的间接费用一般要经过两次分配。

间接费用的第一次分配是将发生的全部间接费用在不同类的工程、劳务和作业间进行分配。这次分配一般以各类工程、劳务和作业中的人工费为基础进行，其计算公式为

间接费用分配率 = 间接费用总额/各类工程（劳务、作业）成本中人工费总额 × 100%

$$\begin{matrix}\text{某类工程（劳务、作业）}\\\text{应分配的间接费用}\end{matrix}=\begin{matrix}\text{该类工程（劳务、作业）}\\\text{中的人工费}\end{matrix}\times\begin{matrix}\text{间接费用}\\\text{分配率}\end{matrix}$$

间接费用的第二次分配是将分配到各类工程、劳务和作业的间接费用在本类工程、劳务和作业中进行分配。这次分配一般以各个工程、劳务和作业中的直接费用或人工费用为基础进行。土建工程以工程的直接费用实际金额或已完工程直接费用预算金额为标准进行分配。安装工程以工程的人工费用实际金额或已完工程人工费用预算金额为标准进行分配。

另外，在实际核算工作中，对于间接费用的分配，若已给出间接费用定额，也可先计算本月实际间接费用与间接费用定额的百分比，再用该百分比对各项工程按定额计算的间接费用进行调整。

（1）未完工程成本的计算。未完工程成本的计算通常是由统计人员月末到施工现场实地丈量盘点未完施工实物量，并按其完成施工的程度折合为已完工程数量，根据预算单价

计算未完工程成本。计算公式为

未完工程成本 = 预算单价 × 未完工程实物量 × 完工程度

= 未完工程预算造价 × 完工程度

期末未完工程成本一般不负担管理费。如果未施工工程量占当期全部工程量的比重很小或期初与期末数量相差不大,可以不计算未完成工程成本。

根据计算结果填制未完施工盘点单,并计入工程成本计算单,即可据以结转未完工程实际成本。

(2)已完工程实际成本的计算。月末未完工程成本确定后,即可根据如下公式确定当月各个成本计算对象已完工程的实际成本,即

已完工程实际成本 = 月初未完工程成本 + 本月生产费用 - 月末未完工程成本

根据各成本计算对象成本计算单的实际成本,填写已完工程成本表中实际成本栏,据此结转本月已完工程实际成本,将已完工程的实际成本从"工程施工——合同成本"的贷方转入"营业成本"账户的借方。

【例 13-1】 某建筑工程公司的第一工程处目前有甲、乙两项工程。2017 年 10 月份的相关情况如下:

(1)材料费用分配表见表 13-1。

表 13-1 材料费用分配表

工程成本核算对象	主要材料						水泥预制作		其他材料	
	钢材		水泥		合计					
	计划成本/元	成本差异 8%	计划成本/元	成本差异 2%	计划成本/元	成本差异	计划成本/元	成本差异 1%	计划成本/元	成本差异 -3%
甲工程	150 000	12 000	60 000	1 200	210 000	13 200	300 000	3 000	7 000	-210
乙工程	80 000	6 400	30 000	600	110 000	7 000	90 000	900	4 000	-120
合计	230 000	18 400	90 000	1 800	320 000	20 200	390 000	3 900	11 000	-330

(2)第一工程处发生计时工资 90 000 元,其中甲工程耗用 3 000 工时,乙工程耗用 2 000 工时。

(3)按施工机械的实际台时分配机械使用费。第一工程处的一台吊车和一台挖土机分别计甲、乙两工程实施了机械作业。当月吊车的机械使用费为 27 360 元,甲工程使用吊车 96 小时,乙工程使用吊车 56 小时。当月挖土机的机械使用费为 48 755 元,甲工程使用挖土机 80 小时,乙工程使用挖土机 119 小时。

(4)公司运输队本月发生各种费用共计 165 200 元。本月运输队总共提供 206 500 吨公里的运输服务,其中为甲工程提供 72 000 吨公里的运输服务,为乙工程提供 45 000 吨公里的运输服务。

(5)第一工程处本月发生其他直接费用 13 600 元,其中分配给甲工程 7 500 元,分配给乙工程 6 100 元。

(6)按各工程的直接成本实际数分配间接费用。第一工程处本月发生间接费用28 000元。

(7)甲工程包含 A,B 两个分项工程。甲工程月初未完工程成本为 276 800 元。A 工程在本月全部完工,B 工程完工 40%,B 工程的预算造价为 400 000 元。乙工程为本月新动工工程,尚未完工。

2017 年 10 月,第一工程处计算并编制会计分录如下。

(Ⅰ)甲工程耗用的材料计划成本 = 210 000 + 300 000 + 7 000 = 517 000 元

甲工程耗用材料的成本差异 = 13 200 + 3 000 - 210 = 15 990 元

乙工程耗用的材料计划成本 = 110 000 + 90 000 + 4 000 = 204 000 元

乙工程耗用材料的成本差异 = 7 000 + 900 - 120 = 7 780 元

借:工程施工—— 合同成本——甲工程(直接材料)　517 000
　　　　　—— 合同成本——乙工程(直接材料)　204 000
　贷:原材料——主要材料　320 000
　　　　　——结构件　390 000
　　　　　——其他材料　11 000

借:工程施工——合同成本——甲工程(直接材料)　15 990
　　　　　——合同成本——乙工程(直接材料)　7 780
　贷:材料成本差异——主要材料　20 200
　　　　　　　——结构件　3 900
　　　　　　　——其他材料　-330

(Ⅱ)甲工程分摊人工费 = 9 000/(3 000 + 2 000) × 3 000 = 54 000 元

乙工程分摊人工费 = 9 000/(3 000 + 2 000) × 2 000 = 36 000 元

借:工程施工——合同成本——甲工程(直接人工)　54 000
　　　　　——合同成本——乙工程(直接人工)　36 000
　贷:应付职工薪酬　90 000

(Ⅲ)甲工程分摊吊车费用 = 27 360/(96 + 56) × 96 = 17 280 元

乙工程分摊吊车费用 = 27 360/(96 + 56) × 56 = 10 080 元

甲工程分摊挖土机费用 = 48 755/(80 + 119) × 80 = 19 600 元

乙工程分摊挖土机费用 = 48 755/(80 + 119) × 119 = 29 155 元

甲工程分摊机械使用费 = 17 280 + 19 600 = 36 880 元

乙工程分摊机械使用费 = 10 080 + 29 155 = 39 235 元

借:工程施工——合同成本——甲工程(机械使用费)　36 880
　　　　　——合同成本——乙工程(机械使用费)　39 235
　贷:机械作业——吊车　27 360
　　　　　　——挖土机　48 755

(Ⅳ)运输费用分配率 = 165 200/ 206 500 = 0.8

甲工程分配的运输费用 = 0.8 × 72 000 = 57 600 元

乙工程分配的运输费用 = 0.8 × 45 000 = 36 000 元

借:工程施工——合同成本——甲工程(辅助生产费用)　57 600
　　　　　——合同成本——乙工程(辅助生产费用)　36 000

贷:生产成本——辅助生产　　93 600

(Ⅴ)借:工程施工——合同成本——甲工程(其他直接费用)　　7 500
　　　　——合同成本——乙工程(其他直接费用)　　6 100
　　贷:工程施工——合同成本——其他直接费用　　13 600

(Ⅵ)甲工程当月直接成本 = 517 000 + 15 990 + 54 000 + 36 880 + 57 600 + 7 500 = 688 970 元

乙工程当月直接成本 = 204 000 + 7 780 + 36 000 + 39 235 + 36 000 + 6 100 = 329 115 元

甲工程分配的间接费用 = 28 000/(688 970 + 329 115) × 688 970 = 18 948.48 元

乙工程分配的间接费用 = 28 000/(688 970 + 329 115) × 329 115 = 9 051.52 元

借:工程施工——合同成本——甲工程(间接费用)　　18 948.48
　　——合同成本——乙工程(间接费用)　　9 051.52
　贷:制造费用　　28 000

(Ⅶ)甲工程中未完工程成本 = 400 000 × (1 - 40%) = 240 000 元

甲工程中已完工程成本 = 276 800 + 688 970 + 18 948.48 - 240 000 = 744 718.48 元

借:营业成本　　744 718.48
　贷:工程施工——合同成本——甲工程　　744 718.48

13.3　房地产开发企业成本核算

房地产开发项目具有资金投入大,建设周期长,成本核算环节多,投资风险高等特点。房地产开发企业的成本核算工作是一项复杂的会计核算工作,这是由房地产项目的特性所决定的。

房地产开发成本是指房地产企业为开发一定数量的商品房所支出的全部费用。就其用途来说,大致可分为以下三部分。

(1)土地、土建及设备费用。这是房地产开发成本的主体内容,大致占总成本的80%。其中最重要的是土地费用,土地费用主要包括置换成本、批租费用、动迁费用等。房产商在决定是否开发一个项目前,必须将预计的土地费用通过土地面积和容积率的换算,计算出未来所开发的每平方米商品房所占的土地成本(俗称楼板价),以此来进行项目的可行性评估。

(2)配套及其他收费支出。这主要是指水、电、煤气、大市政和公建配套费,学校、医院、商店等生活服务性设施也是不可缺少的。其他收费支出中有些虽属于押金性质,如档案保证金、绿化保证金等,但难以全部收回。这类收费项目种类繁多、标准不一,许多项目由垄断性企事业单位执行,随意性很强,标准普遍偏高。配套及其他收费项目是房地产开发成本中受外界因素影响最大的一块费用支出,一般占项目总投资的10% ~15%。

(3)管理费用和筹资成本。房地产开发与其他行业相比,有建设周期长、投资数额大、投资风险高等特点,因此大多数开发企业必须通过贷款来解决资金需要,这样就产生数额较大的利息支出。

13.3.1　成本核算的一般步骤

(1)根据成本核算对象的确定原则和项目特点,确定成本核算对象。

(2)按成本核算及管理的要求,设置有关成本核算会计科目和账簿,按成本核算对象归

集开发成本费用。

(3)按受益原则和配比原则,确定应分摊成本费用在各成本核算对象之间的分配方法、标准。

(4)将归集的开发成本费用按确定的方法、标准在各成本核算对象之间进行分配。

(5)编制项目开发成本计算表,计算各成本核算对象的开发总成本。

13.3.2　成本核算对象的确定

成本核算对象的确定应满足成本计算的需要,便于成本费用的归集,利于成本的及时结算,适应成本监控的要求。在上述原则下,参照下列条件,结合项目开发地点、规模、周期、方式、功能设计、结构类型、装修档次、层高、施工队伍等因素和管理需要等实际情况,确定具体成本核算对象。

(1)单体开发项目,一般以每一独立编制设计概算或施工图预算所列的单项开发工程为成本核算对象。

(2)在同一开发地点、结构类型相同、开竣工时间相近、由同一施工单位施工或总包的群体开发项目,可以合并为一个成本核算对象。

(3)对于开发规模较大、工期较长的开发项目,可以结合项目特点和成本管理的需要,按开发项目的一定区域或部位或周期划分成本核算对象。

①成片分期(区)开发的项目,可以以各期(区)为成本核算对象。

②同一项目有裙房、公寓、写字楼等不同功能的,在按期(区)划分成本核算对象的基础上,还应按功能划分成本核算对象。

③同一小区、同一期有高层、多层、复式等不同结构的,还应按结构划分成本核算对象。

(4)根据核算和管理需要,对独立的设计概算或施工图预算的配套设施,不论其支出是否摊入房屋等开发产品成本,均应单独作为成本核算对象。对于只为一个房屋等开发项目服务的、应摊入房屋等开发项目成本且造价较低的配套设施,可以不单独作为成本核算对象,发生的开发费用直接计入房屋等开发项目的成本。

成本核算对象一般应在开工前确定,以便于进行科目的设置和费用的及时归集。而且一旦确定,不应随意改变,以保证成本核算的准确性。

13.3.3　成本费用项目的一般设置

开发产品成本核算应视开发产品的具体情况,按制造成本法设置成本项目。成本项目一般包括下列六项:土地征用及拆迁补偿费、前期工程费、基础设施费、建筑安装工程费、配套设施费、开发间接费。

1. 土地征用及拆迁补偿费

一般设置土地征用费、拆迁补偿费、市政配套费、其他等四个科目进行费用的归集和核算。

(1)土地征用费。内容主要是支付的土地出让金、土地转让费、土地效益金、土地开发费、交纳的契税、耕地占用税、土地变更用途和超面积补交的地价、补偿合作方地价、合作项目建房转入分给合作方的房屋成本和相应税金等。

(2)拆迁补偿费。内容主要是有关地上、地下建筑物或附着物的拆迁补偿支出、安置及动迁支出、农作物补偿费、危房补偿费等;拆迁旧建筑物回收的残值应估价入账,分别冲减有关成本。

（3）市政配套费。内容主要是向政府部门缴纳的大市政配套费，征用生地向当地市政公司缴纳的红线外道路、水、电、气、热、通信等的建造费、管线铺设费等。

（4）其他。核算内容主要包括土地开发权批复费、土地面积丈量测绘费等。

2. 前期工程费

一般设置项目整体性批报建费、规划设计费、勘测丈量费、"三通一平"费、临时设施费、预算编审费、其他七个科目进行费用的归集和核算。

（1）项目整体性批报建费。内容主要是项目报建时按规定向政府有关部门缴纳的报批费。

（2）规划设计费。内容主要是项目立项后的总体规划设计及单体设计费，管线设计费，改造设计费，可行性研究费，制图、晒图费，规划设计模型制作费，方案评审费。

（3）勘测丈量费。内容主要是水文、地质、文物和地基的勘察费、沉降观测费、日照测试费、拨地钉桩验线费、复线费、定线费、放线费、建筑面积丈量费等。

（4）"三通一平"费。内容主要是接通红线外施工用临时给排水（含地下排水管、沟开挖铺设费用）供电、道路（含按规定应交的占道费、道路挖掘费）等设施的设计、建造、装饰和进行场地平整发生的费用（包括开工前垃圾清运费）等。

（5）临时设施费。内容主要是工地甲方临时办公室，临时场地占用费，临时借用空地租费，以及沿红线周围设置的临时围墙、围栏等设施的设计、建造、装饰等费用。

（6）预算编审费。内容主要是支付给社会中介服务机构受聘为项目编制或审查预算而发生的费用。

（7）其他。主要包括挡光费、危房补偿鉴定费、危房补偿鉴定技术咨询费等。

3. 基础设施费

一般设置道路工程费、供电工程费、给排水工程费、煤气工程费、供暖工程费、通信工程费、电视工程费、照明工程费、绿化工程费、环卫工程费、其他十一个科目进行费用的归集和核算。

（1）道路工程费。内容主要是小区内道路铺设费。

（2）供电工程费。内容主要是变（配）电设备的购置费、设备安装及电缆铺设费、供（配）电贴费、电源建设费、缴纳的电增容费等。

（3）给排水工程费。内容主要是自来水、雨（污）水排放、防洪等给排水设施的建造、管线铺设费用，以及向自来水公司缴纳的水增容费等。

（4）煤气工程费。内容主要是煤气管道的铺设费、增容费、集资费、煤气配套费、煤气发展基金、煤气挂表费等。

（5）供暖工程费。内容主要是暖气管道的铺设费、集资费。

（6）通信工程费。内容主要是电话线路的铺设、电话配套费、电话电缆集资费、缴纳的电话增容费等。

（7）电视工程费。内容主要是小区内有线电视的线路铺设和按规定应缴纳的有关费用。

（8）照明工程费。内容主要是小区内路灯照明设施支出。

（9）绿化工程费。内容主要是小区内人工草坪、栽花、种树等绿化支出和绿地建设费。

（10）环卫工程费。内容主要是指小区内的环境卫生设施支出，如垃圾站（箱）、公厕等

支出。

(11)其他。主要是小区周围设置的永久性围墙、围栏支出、园区大门、园区监控工程费、自然下沉整改费等。

4. 建筑安装工程费

一般设置土建工程费、安装工程费、装修工程费、项目或工程监理费、其他五个科目进行相应的费用归集和核算。其中,土建工程费一般又下设基础工程费、主体工程费、甲供材料费(有甲供材料的情况下)三个科目进行费用的归集和核算;安装工程费一般又下设电气(强电)安装工程费、电信(弱电)安装工程费、给排水安装工程费、电梯安装工程费、空调安装工程费、消防安装工程费、煤气安装工程费、采暖安装工程费、甲供材料设备费(有甲供材料及设备的情况下)九个科目进行费用的归集和核算。

5. 配套设施费

一般设置不会产生经营收入的不可经营性公共配套设施支出、营业收入归于经营者或业委会的可经营性公共配套设施的支出、大配套设施项目不能有偿转让和取得经营收益的支出三个科目进行相应的费用归集和核算。

6. 开发间接费

一般设置现场管理费用、借款利息费用、物业管理基金及公建维修基金或其他专项基金、质检费、其他六个科目进行相应的费用归集和核算。

13.3.4　成本费用的归集与分配

1. 土地征用及拆迁补偿费

一般能分清成本核算对象的,可直接计入房屋等成本核算对象的成本项目中;如果分不清成本核算对象,须两个或两个以上的成本核算对象分配时,既可按土地面积计征地价进行补偿缴纳市政配套费,也可按建筑面积计征或补偿。

(1)按土地面积计征地价进行补偿缴纳市政配套费。

方法一:先按小区的占地面积将地价和拆迁补偿费分配到各小区;再将分配到各小区内的地价和拆迁补偿费,按小区内房屋等成本核算对象和道路、广场等公用场所的占地面积进行直接分配;然后将分配到小区内道路、广场等公用场所占地面积的地价和拆迁补偿费,按房屋等成本核算对象的占地面积进行间接分配,计入房屋等成本核算对象的开发成本;房屋等成本核算对象的直接分配数加间接分配数,即为该房屋等成本核算对象应负担的地价和拆迁补偿费。

方法二:也可将公用占地面积先分摊到房屋等成本核算对象的占地面积上,房屋等成本核算对象自身的占地面积加分摊的公用占地面积,再乘以单位面积的地价及拆迁补偿费来分配。

(2)按建筑面积计征(或补偿)。不论是公共用地还是房屋等成本核算对象自身用地发生的费用,均应按房屋等成本核算对象的建筑面积来分摊。

2. 前期工程费

能够分清成本核算对象的,可直接计入房屋等成本核算对象的成本;应由两个或两个以上的成本对象负担的,可先进行归集,再按建筑面积(包括在建及未建面积)分配计入各成本核算对象的成本项目。

3. 基础设施费

一般能够区分成本核算对象的,应直接计入房屋等成本核算对象;如果在开发的建设场地上有多个开发项目,不能区分成本核算对象时,应先进行归集,待基础设施建设完毕后,将归集的费用按建筑面积(包括在建及未建面积)分配计入有关成本核算对象。

4. 建筑安装工程费

一般能够区分成本核算对象的,应直接计入房屋等成本核算对象。对几个工程一并招标出包且按标价结算的,应在工程完工结算时,按每个工程(或成本核算对象)的预算造价占各项工程预算造价之和的比例乘以各自的标价进行分配。

5. 配套设施费

凡是不能有偿转让的开发小区内配套设施所发生的支出,均应计入房屋等成本核算对象的“配套设施费”成本项目。

(1)配套设施和房屋等开发产品同步建设的情况下,能分清成本核算对象的,应直接计入房屋等成本核算对象的“配套设施费”;不能分清成本核算对象的,应先由“开发成本——配套设施开发”进行归集,再分配计入房屋等成本核算对象。

(2)配套设施和房屋等开发产品非同步建设(有前有后、穿插进行)的情况下,先通过“开发成本——配套设施开发”科目进行归集,待配套设施完工后,再按房屋等成本核算对象的建筑面积和分项平行结转法,分配计入房屋等成本核算对象。先开发房屋等开发产品,后建配套设施;或房屋等开发产品已开发完工移交或出售,而配套设施尚未全部完工的情况下:可按配套设施的预算成本(或计划成本)进行预提,并归集在“开发成本——配套设施开发”科目,再按房屋等成本核算对象的建筑面积,分配计入房屋等成本核算对象的成本。预提数与实际数的差额,应在配套设施完工时调整房屋等成本核算对象的相应成本。如果预提的配套设施费含有多种配套设施项目,应在每项配套设施完工时,逐项结转并随时调整房屋等成本核算对象的成本,不应等全部配套工程竣工后一次调整。凡是能有偿转让的配套设施(包括经营性和非经营性的)支出,不得计入房屋等成本核算对象的成本,能有偿转让的配套设施应分配的其他配套设施费,应计入其开发成本中。

6. 开发间接费

开发间接费应先通过“开发间接费”科目归集,根据实际发生数按建筑面积分配计入各项目的成本核算对象。

成本费用的归集和分配是房地产企业成本核算中最为重要的一个步骤和环节,其归集和分配的完整性和合理性对于核算对象成本分配的合理性至关重要。

【例13-2】 某房地产开发公司开发某商品房,发生下列经济业务:

(1)开发土地4 000平方米,用银行存款支付土地征用及拆迁费6 000 000元,前期工程费1 500 000元,基础设施费3 000 000元,建筑安装工程费1 000 000元。其会计处理如下。

借:开发成本——土地开发　　　　1 1500 000

　　贷:银行存款　　　　1 1500 000

(2)土地开发完工,其中2500平方米用于商品房的建设,结转其土地开发成本。

$$土地开发成本=\frac{2\ 500}{4\ 000}\times 11\ 500\ 000=7\ 187\ 500(元)$$

其会计处理为:

借:开发成本——房屋开发　　　　7 187 500

贷:开发成本——土地开发 7 187 500

(3)企业将房屋开发工程出包给A城建公司,商品房竣工,A城建公司提交工程价款结算清单,工程总价款82 000 000元,原已预付工程款40 000 000元。剩余款项以银行存款支付。其会计处理为:

借:开发成本——房屋开发 82 000 000

贷:预付账款 40 000 000

银行存款 42 000 000

(4)以银行存款支付房屋配套公共设施费900 000元,其会计处理为:

借:开发成本——房屋开发 900 000

贷:银行存款 900 000

(5)分配结转商品房应负担的间接工程费用280 000元,其会计处理为:

借:开发成本——房屋开发 280 000

贷:开发间接费用 280 000

(6)商品房建设完成竣工并通过验收,结转实际成本。

商品房实际成本=7 187 500+82 000 000+900 000+280 000=90 367 500元

其会计处理为:

借:开发产品——房屋(商品房) 90 367 500

贷:开发成本——房屋开发 90 367 500

【复习思考题】

1. 如何确定建筑施工企业工程成本的计算对象?

2. 建筑施工企业的机械使用费通过什么科目进行归集,如何进行分配?

3. 工程成本如何在已完工程和未完工程之间进行分配?

4. 房地产开发企业成本核算的一般步骤是什么?

5. 房地产开发企业一般设置哪些成本费用项目?

6. 某建筑工程公司目前有甲、乙两项工程。2017年8月份的相关情况如下:

(1)甲、乙两工程耗用钢材的计划成本分别为80 000元和210 000元,耗用水泥的计划成本分别为50 000元和120 000元,耗用其他材料的计划成本分别为65 000元和18 000元。钢材的成本差异率为-8%,水泥的成本差异率为-3%,其他材料差异率为2%。

(2)公司发生计时工资150 000元,其中甲工程耗用6 000工时,乙工程耗用4 000工时。

(3)按机械的实际台时分配机械使用费。公司的一台吊车当月的机械使用费为13 680元,分别对甲、乙两工程实施了机械作业,甲工程使用吊车90小时,乙工程使用吊车24小时。公司的一台挖土机当月的机械使用费为15 755元,全部为乙工程服务。

(4)公司运输队本月发生各种费用共计25 600元。本月运输队总共提供32 000吨运输服务,其中为甲项目提供9 500吨公里的运输服务,为乙项目提供32 000吨公里的运输服务。

(5)公司本月发生间接费用82 000元,按各工程的直接成本实际数进行分配。

(6)甲工程包含A、B两个分项工程。甲工程月初未完工程成本为879 600元,A工程在月末全部完工,B工程完工80%,B工程的预算造价为600 000元。乙工程为上月新动工的工程,尚未完工。

要求:编制该公司2017年8月份的有关会计分录。

参考文献

[1] 李会青.成本会计[M].上海:上海财经大学出版社,2006.
[2] 万寿义,任月君.成本会计学[M].2 版.大连:东北财经大学出版社,2010.
[3] 吴宝宏,常颖.成本会计[M].哈尔滨:哈尔滨工业大学出版社,2007.
[4] 于富生.成本会计学[M].4 版.北京:中国人民大学出版社,2006.
[5] 侯晓红,林爱梅.成本会计学[M].北京:机械工业出版社,2008.
[6] 赵桂娟,王伶.成本会计学:有效管理的工具(修订版)[M].北京:机械工业出版社,2008.
[7] 杨洛新,胥兴军.成本会计学[M].武汉:武汉理工大学出版社,2007.
[8] 欧阳清,杨雄胜.成本会计学[M].北京:首都经济贸易大学出版社,2003.
[9] 欧阳清.成本会计学[M].大连:东北财经大学出版社,2001.
[10] 林艳.成本会计[M].哈尔滨:哈尔滨出版社,2001.
[11] 王盛祥,欧阳清,韩殿文.成本会计学[M].大连:东北财经大学出版社,1996.
[12] 徐政旦.成本会计学[M].上海:上海三联出版社,1994.
[13] 王海民,唐云波.现代管理会计[M].西安:西安交通大学出版社,2009.
[14] 于富生,黎来芳.成本会计学[M].5 版.北京:中国人民大学出版社,2009.
[15] 唐婉虹,李怀栋,曹春华.成本管理会计[M].上海:立信会计出版社,2005.
[16] 孙茂竹,王艳茹.成本管理会计[M].大连:东北财经大学出版社,2011.
[17] 甘永生,闫德志.成本管理会计[M].武汉:华中科技大学出版社,2011.
[18] 余恕莲,李相志,吴革.管理会计[M].北京:对外经济贸易大学出版社,2009.
[19] 王瑞华,李九斤,孟岩.管理会计[M].哈尔滨:东北林业大学出版社,2010.
[20] 蒋彦振.英汉会计教程[M].北京:北京大学出版社,2004.
[21] 周佩,杨守杰,刘世云.成本会计[M].北京:中国原子能出版社,2012.